봉준호를 읽다

봉준호를
읽다

황영미·김시무 지음

솔

책머리에

봉준호 감독은 일곱 번째 장편영화 〈기생충〉으로 칸영화제 황금종려상과 아카데미 작품상을 비롯한 주요 부문 4관왕이 됨으로써 한국영화사뿐만 아니라 세계영화사를 새로 썼다. 어떻게 이런 일이 가능하게 됐을까.

이 책은 이 질문에 대한 답을 찾아가는 과정이다. 우리는 봉준호 감독의 장편 데뷔작 〈플란다스의 개〉에서부터 〈기생충〉까지 영화를 꼼꼼하게 살펴보면서 어떻게 이러한 결과가 가능했는지 끊임없이 탐구했다. 봉준호 감독은 〈플란다스의 개〉를 시작으로 20년 동안 치열하게 자신의 세계를 만들어왔다. 〈기생충〉에 대한 논문만도 1년 반 만에 스무 편이 넘는 지금, 봉준호 영화의 특징과 다양한 측면을 두 평론가가 각기 다른 시각으로 접근한 이 단행본은 독특한 지점을 갖는다.

이 책에서는 봉준호 감독과의 인터뷰를 비롯하여 봉준호 감독과 그의 영화에 대한 심층적 분석을 토대로 감독의 세계관과 그 뿌리를 살펴보는 작업을 보여주고 있다. 기존에 쓴 감독론과 개별 작품들에 대한 리뷰를 모아 제출한 원고가 '2020년 한국출판문화산업진흥원 우수출판콘텐츠 제작 지원'사업에 선정됐고, 이후 상호 간 협의를 거쳐 장문의 분석 글을 함께 작성하는 방식으로 본문을 완성했다.

본고를 책으로 출판해주겠다고 선뜻 나선 솔출판사의 임우기 대표님께 먼저 감사의 말씀을 드린다. 난삽한 원고들을 깔끔하게 정리해준 편집팀께도 감사의 말씀을 전한다. 바쁜 일정에도 인터뷰에 흔쾌히 응해주신 봉준호 감독에게도 다시 한번 감사드린다.

2020년 11월
황영미, 김시무

1장

감독론

1. 봉준호 감독과의 인터뷰
장르에 대한 열정, 부조리에 대한 인식을 엿보다

봉준호 감독은 〈기생충〉으로 한국영화 100년사에 당분간 넘어서기 어려운 기록으로 남을 뛰어난 업적을 세웠다. 봉준호 감독의 어떤 점이 칸영화제 황금종려상과 아카데미 시상식 주요 부문 4관왕 수상이라는 대기록뿐 아니라 천만 관객을 동원한 대중성까지 가진 결과를 배태하게 만들었는지 궁금하지 않을 수 없다. 봉준호 감독은 아카데미상 수상 이후에도 새로운 시나리오 집필 작업에 몰입하기 위해 인터뷰는 물론 국내 여러 영화 시상식에도 참석하지 못했다. 하지만 필자 황영미, 김시무 영화평론가의 이 책 『봉준호를 읽다』 단행본을 위해 짬을 내어 화상으로 인터뷰를 나누었다.

열정만으로 영화 동아리에 참여했던 시절 이야기부터 영

화 제작 시 뒷이야기와 〈플란다스의 개〉부터 〈기생충〉까지 작품에 대한 깊이 있는 분석으로, 허심탄회하게 진솔한 질문과 대답이 오갔다. 이번 인터뷰는 봉준호 감독이 20여 년 동안 왜, 어떻게 영화만을 보고 달려왔는지에 대한 탐구가 될 것이다.

최초의 충동을 밀고 나간다

(황)　감독님, 안녕하세요? 반갑습니다. 바쁘신데 시간 내주셔서 정말 감사합니다. 이제 세계적으로 유명한 영화제에서 잇달아 최고의 작품상을 수상하고, 국제적으로 인정받는 감독이 되셨는데요. 앞으로 영화를 시작하는 후배들이 명실공히 롤 모델로 삼고 싶은 감독이 되셨어요. 그래서 영화를 시작하는 후배들을 위해서 시나리오를 쓸 때 가장 고민하는 부분이나, 주제나 스타일 같은 것, 그리고 또 영화 찍을 때 '나는 이것에 대해서는 뭐 하나 놓치고 싶지 않다' 하는 것이 무엇인지 말씀해주시면 좋겠습니다.

(봉)　요즘도 시나리오 쓰며 새로운 스토리텔링이라는 상

황에 직면하다 보니까 쉽지 않은 부분이 있는 것 같은데요. 처음 시작하는 분들이 고생할 각오를 하셨으면 좋겠고, 결코 쉽게 써지지 않는다는 것을 유념하셨으면 합니다. 오히려 쉽게 써졌을 때, 의심해봐야 합니다. '어! 왜 이렇게 잘 써지지? 어제 쓴 것은 정말 내가 생각해도 잘 썼어.' 이런 생각이 들 때 오히려 의심해봐야 된다는 것이죠.

제가 다른 사람의 시나리오를 읽고 모니터를 해야 될 때가 많아요. 특히 조감독이나 연출부를 했던 친구들이 모니터를 부탁할 경우를 보면, 아주 거칠게 '집중력'이라 그러잖아요. 여러 가지 사건이라든가 상황, 인물, 감정이나 뉘앙스 이런 것들이 많은데, 항상 잘 쓰인 시나리오 또는 찬사를 보내고 싶은 시나리오들은 어떤 형태로든 집중력을 갖고 있다는 것이죠. 러닝타임이 1시간 반이든 2시간이 넘든 한 번도 놓치지 않는 어떤 것이 있다는 것이죠. 집중력이란 것은 매우 포괄적이고 폭넓게 적용될 수 있는 개념이긴 한데, 어쨌든 뭉뚱그려 말하자면, 첫 페이지부터 끝 페이지까지 집중력을 잃지 않는 시나리오들이 있는데 그런 부분을 항상 생각할 필요가 있어요. 이 시나리오는 무엇에 집중하고 있는가? 그것을 잃지 않았을 때 나중에 영화를 보는 사람들도 스크린에 집중할 수 있다는 생각이 들거든요. 자기 핸드폰을

꺼내 들지 않고요. 히치콕이 평생 하려고 했던 것도 그런 것
이라고 하더라고요. 관객들과 자기가 2시간을 어떻게 싸울
것인가? 어떻게 2시간 동안 관객을 붙들어 매고 멱살을 잡
고 가듯이 갈 것인가? 저도 그런 부분에 좀 강박이 있어서
그런지 집중력이란 단어 하나만은 일단 얘기하고 싶군요.

⑨ 　 영화 촬영에 임하실 때의 자세 같은 것을 듣고 싶습
니다.

🅑 　 영화를 찍을 때는 솔직히 말하면, 무사히 완성하고 싶
다, 그 생각밖에 없어요. 여러 가지 물리적인 어려움이 많기
도 하고 실제로 영화를 찍을 때 육체노동이 상당히 많잖아
요. 혼자 책상에서 구상하고 할 때는 혼자서 막 영화의 역사
를 아우르면서 달콤한 생각에 젖어들지만 막상 현장에 나가
면, 수백 명이 뒤엉켜 아수라장이 펼쳐지는 지옥의 불구덩
이 속으로 나가게 되면 정신이 없죠. 무사히 마지막 날까지
잘 찍었으면 좋겠다는 생각이 들고요. 폭풍우가 부는 악천후
에 배를 몰고 나가는 선장 같은 느낌이고, 무사히 항구에 돌
아갔으면 좋겠다는 생각밖에 없고 잘게 쪼개 보면, 하루하루
오늘 찍고 싶은 숏을 잘 찍고 싶다, 라는 그런 원초적인 생각

밖에 없는데요. 사실 그처럼 혼란스러울 때일수록 오히려 제일 처음에 이 스토리나 아이디어를 떠올렸을 때 자신을 흥분시켰던 게 뭔지, 그 충동이란 게 제일 중요하다고 생각하거든요. 창작자의 입장에서 최초 충동 같은 게 있는데, 그것을 사실 많이 잊어버리게 되는 것이죠. 한 편의 영화를 찍기까지 시간이 많이 걸리잖아요. 1년, 2년, 4년이란 긴 작업을 하다 보면 자기를 흥분시키고, 들뜨게 했던 그 최초 충동을 잊게 되는 경우가 많은데, 그것을 유지하는 것이 상당히 중요한 것 같아요. 이제 영화를 처음 시도하는 후배들에게는 아마 그 부분이 가장 절실하게 다가올 것 같은데요.

냄새에 대하여

㉠   감독님께서 집중력을 말씀하셨는데, 돌이켜 보면 영화 〈기생충〉은 냄새라는 화두에 집중했다는 인상이 강하게 들어요. 이 영화에는 여러 가지 장점들이 많지만, 특히 냄새라는 모티브에 집중하시게 된 계기를 말씀해주세요.

● 말씀하신 대로 특히 영화의 후반부를 지배하고 압박

하는 어떤 키워드가 냄새인 것 같아요. 영화 전반부에는 냄새가 거의 안 나오거든요. 부잣집 다송이 꼬마 녀석이 송강호 씨, 기택과 그의 와이프, 충숙의 냄새를 맡으면서 냄새에 대한 부분이 촉발되는데, 다송이가 박소담 씨, 즉 제시카 선생님한테도 비슷한 냄새가 난다고 지적을 하게 되죠. 신이 바뀌면 온 가족이 고기를 구워 먹으면서, 이게 반지하 냄새다, 하는 자조 섞인 말을 하면서부터 출발이 되는 것이죠. 영화의 정확히 전 후반 중간쯤 되는 지점인데, 이후부터 점점 냄새에 대한 반복적인 강박에 빠져들게 되고, 급기야 클라이맥스에서 기택이 갑자기 칼을 손에 쥐고 우발적인 살인을 하게 될 때도 보면, 이제 그 트리거가 이선균 씨, 즉 동익이 되는 것이죠. 그가 이렇게 손을 코로 가져가면서 인상을 쓰는데, 그 순간에 일이 벌어진 것이죠. 사실 이게 기택 자신에게 한 인간적인 모멸도 아닌 것이고, 지하실 남자 근세가 기택의 절친인 것도 아니지만, 그럼에도 불구하고 그 코를 막는 모습이 사실 어떻게 보면, 계급적인 분노 같은 것이잖아요. 좀 거창하게 치장을 하자면요. 거기서 본능적인 어떤 것을 스스로 제어하지 못하고 폭발하게 되는 건데, 이 냄새라는 것도 사실은 필연적으로 나올 수밖에 없었던 이 영화의 코드였던 것 같아요.

사실 공간도 어쩔 수 없이 부잣집과 반지하처럼 계층이나 계급에 대한 분리, 그 배열을 갖고 시작한 것이잖아요. 예를 들면 사운드 디자인 할 때조차도 청각적으로, 돌비 애트모스Dolby Atmos 녹음을 하면서 소음도 사실 계층 격차가 있다는 것이죠. 반지하 동네는 항상 와글와글한 노이즈들을 많이 배출했고, 사실 삼청동 부자 주택가라든가 실제로 영화를 찍은 성북동은 조용해요. 소음이 별로 없어요. 행인들도 별로 없고. 심지어 소음조차 계층 격차가 있는 것인데, 하물며 냄새라는 건 아주 원초적이고 강력한 부분이죠. 그리고 우린 인간에 대한 기본적인 예의를 지키고 있기 때문에 보통 냄새에 대해 서로 잘 얘기하지 않죠. 소리나 청각적인 것은 얘기하더라도 "당신 지금 무슨 냄새가 나요."라고는 좀 무례하기 때문에 얘기를 못 하잖아요. 이 영화는 사실 인간에 대한 기본적인 예의의 선을 넘는 영화잖아요. 어느 한 가족이 다른 한 가족의 사적인 세계까지 깊이 침투하는 얘기이기 때문에 처음에는 그 침투라는 게 달콤하고 재미있고 짜릿한 것으로 보여져요. 일자리를 얻으면서 침투하는 게 짜릿한 것이지만, 후반부에서 그 대가를 치르게 되잖아요. 그리고 듣고 싶지 않은 얘기를 듣게 되고, 들키고 싶지 않은 자기 냄새를 맡게끔 되잖아요. 테이블 밑에 숨어서. 냄새란 아주 가까이 있어야만 맡을 수 있는 것이잖아요. 정말 물리

18

적으로 가까이, 근처에 있을 때만 맡을 수 있는 것이 냄새죠.

이 영화의 스토리 자체가 사실 평소 전혀 만날 수 없는 계층의 인물들이 서로 냄새를 맡을 수 있을 만큼 가까이 근접하게 되는 얘기잖아요. 그로 인해서 폭력적인 사태가 나기도 하기 때문에 상당히 필연적인 부분인 것 같고, 그 냄새라는 키워드도 사실은, 아까도 사운드 얘기까지 했지만 계급이나 계층이라는 핵심적인 영화의 테마에 종속돼 있는 것 같아요. 어떻게 보면 예의의 선을 넘는 민감하고 무례하고 또는 불편하고 개인적인, 사적인 영역에서의 침범이죠. 동익의 대사에 그런 게 있죠. "뭐 김 기사 그 양반이 선을 넘을 듯 말 듯 안 넘고, 그건 내가 인정하는데, 대신 냄새가 선을 넘는다." 그러잖아요. 차가 앞으로 달리면 사실 냄새가 뒤로 넘어오죠. 좁은 자동차 공간처럼 부자와 가난한 사람이 그정도로 근접해서 오랜 시간 앉아 있는 곳도 사실 별로 없어요. 그런 밀접한 공간으로 부자와 빈자를 몰아넣는 영화이기 때문에 냄새라는 키워드가 나온 것은 필연적이고, 그것이 결국 영화의 클라이맥스까지 가게 됐던 것 같아요.

(황)   냄새를 인문학적으로 생각해보면 오감이고, 감각이잖아요. 데카르트가 감각보다는 지성이나 이성, 생각하는

존재로서 인간을 규명했는데, 현대에 와서 근대를 비판하게 되면서 감각이 이성보다 인간의 본질을 규명하는 데 더 가깝다고 보는 것으로 패러다임이 바뀌어가고 있는데요. 〈기생충〉에서의 냄새도 결국 인간의 본질이 사실은 이성이라는 것에 있는 것이 아니라, 본질적으로 감각이 인간을 규정하는 것이라는 입장에서 해석이 가능하다고 보거든요. 후각이 감각 중에 가장 원시적이고 본성적이라고도 하고요.

봉　네! 제가 인문학적 지식이 일천한 탓에 데카르트와 관련된 사항은 잘 모르지만, 말씀하신 맥락이 어떤 건지는 알겠어요. 맞는 말씀이고요. 그렇게 지성이라든가 특히 문자나 활자로 추상화된 형태처럼 시각, 청각, 후각 이런 것보다 논리나 이성 같은 것들이 더 우위에 있다, 라고 믿으면서 감각적인 부분을 의식적으로 우리가 약간씩 내리누르려고 했고, 이상하게 감각 중에도 시각이나 청각에 비해 후각을 특히 뒷전으로 밀어내는 경향이 있었던 것이죠. 그렇기 때문에 후각, 냄새에 대해서 서로 얘기를 한다는 건 왠지 약간 무례한 것이 되는 것이죠. 우리가 꽃향기가 아름답다, 그런 건 얘기하지만 상대에게서 악취가 난다든가 이런 것들에 대해서는 얘기하기가 불편한 것처럼 다루어온 경향이 있었던 것 같아요. 사실은 오히려 우리가 말을 하지는 않지만 마음속에서는 가장 즉각적이고 원초적으로 반응하잖아요. 냄새란 게 참 애매한 게, 그 사람의 계급적인 것은 물론이고 여러 측면에서 삶의 상황을 사실 솔직하게 드러내게 되거든요.

낮에 9시부터 해질 때까지 육체노동을 한 사람의 몸에서 땀 냄새가 날 수밖에 없는 것이고, 음식물 쓰레기를 새벽부터 몇 시간 동안 치우는 궂은일을 한 노동자한테는 또 그 냄새가 날 수밖에 없는 것이잖아요. 생활의 여러 환경 상황들을 노동이나 삶이 직접적으로 표현할 수밖에 없는 것이죠. 그래서 더 냄새에 대해 얘기하기가 꺼려지는 것 같아요. 영화에서도 그런 것들이 잘 다뤄지지 않는 편이죠. 하지만 사실은 우리 감각이 가장 원초적이고 우선적으로 반응을 하고 있잖아요. 그것을 서로 표현을 안 할 뿐이죠. 그런데 이 영화에서 그것을 큰 스크린에 직접 대놓고 코앞에 들이밀면서 표현을 하니까 그것이 영화가 가진 어떤 적나라함 또는 영화적인 무기가 되지 않을까 싶은 것이죠.

김 냄새와 관련해서 더 질문을 드리면요. 영화를 보면 마지막 시퀀스에서 기택이 박 사장을 칼로 찌르잖아요. 그 장면에 대해서 기택과 근세의 계급적 연대라고 해석하는 평론가도 있더라고요. 하층계급이 연대해서 부르주아를 제거했다는거죠. 저는 그보다는 기택이 박 사장을 칼로 찌른 것은 그가 근세의 몸에서 나는 냄새를 맡고 코를 찡그리는 순간이었는데, 그 순간 기택은 박 사장이 자기와 근세를 한통속으로 본 것에 대해서 격분을 했기 때문에 그런 행동을 했다고 보거든요.

봉 시나리오를 쓸 때는 직관적으로 쓰게 되는데 써놓고 저도 생각을 하게 되죠. 이것을 어떻게 해석해볼 수 있을까? 우리가 현실에서 이해하기 힘든 사건을 많이 맞닥뜨리게 되는 경우도 있잖아요. 뉴스를 봤을 때 어떤 맥락에서 이런 일이 저질러지고, 그리고 실제로 범행을 저지른 사람들도 도대체 내가 왜 그런 건지 스스로 이해를 못 하는 우발적인 범죄도 있잖아요. 묻지 마 범죄 같은 것들을 보면요. 일본에서도 아키하바라에서 어떤 남자가 갑자기 칼을 휘둘러 열 몇 명이 죽은 충격적인 사건이 있었는데, 그것의 근본적인 모티베이션, 그 사람이 왜 그랬는지에 대한 여러 가지 의견들이 분분했었죠. 대표적으로 1900년대 초에 프랑스 지식인 사회를 뒤흔든 사건이 있었어요. '파팽 자매 살인 사건'이라고 하는데, 그것에 대한 책과 영화와 연극도 나왔어요.

㉠　장 쥬네의 〈하녀들〉이 그 사건을 모티브로 삼았죠.

⬤ 네! 두 자매가 멀쩡히 하녀 생활을 잘 하다가 어느 날 갑자기 그 주인 가족을 완전 몰살시켰어요. 다리와 눈을 칼로 난자하고. 그리고 더 중요한 것은 도망도 안 가고 자신의 방에서 그대로 있다가 나중에 경찰들이 와서 잡아갔는데, 이건 명백한 정신병 증세 같은 것이 있었던 것도 아니고, 이후에 자매 중 언니가 감옥에 투옥돼서 점점 정신병적 분열 증세를 보였는데, 그렇기 때문에 그 당시에 여러 예술가나 인문학자들을 자극했던 것 같아요. 우리가 이것을 무슨 계급적인 분노 같은 이런 너무나 간단한 말로 재단할 수 있는 것인지, 거긴 개인의 문제라든가 또 그 자매가 친자매이면서 약간 연인 같은 관계였다는 이야기도 있거든요. 이렇게 상당히 복잡 미묘한 여러 가지 층이 있는 건데, 어쨌든 그 사건은 물리적으로 터진 것이죠. 그 터진 사건을 갖고 우린 여러 가지 해석을 하는 건데요.

　제가 기택과 동익 사이에서 벌어지는 그 마지막 폭력의 클라이맥스에서도 좀 그런 식으로 접근한 부분이 있어요. 이 일은 분명히 제 입장에서는 육체적 물리적으로 터지고야 마는 일인데, 일을 저지르고 나서 한 3초도 안 돼서 기택 본인도 후회를 하면서 어이없어하고, '내가 왜 이랬지?' 하는 표정을 짓죠. 시나리오에도 그렇게 되어 있고요. 그 사건은 관객의 입장에서나 그렇게 시나리오를 쓴 나조차도 영화가 끝난 후에 한번 생각해보고 싶어지는 그런 대목인 것이죠. 저자신도 궁금해하면서 쓰는 경우가 있어요. 무책임해지고 싶어서 그런 건 아니고요. 예를 들어서 〈살인의 추억〉에서 박해일 씨가 범인이냐 아니냐에 대해 배우 본인도 막 저한테 물어보고 그랬거든요. "감독님! 저는 알고 싶어요."라면서 얘기를 해달라고 하더라고요. 근데 저 자신도 의문스러워하면서 시나리오를 쓰는 것이죠. 그 모멘트에 기택이란 인물이 그런 행동을 폭발할 수 있는 어떤 멍석을 깔았다고 생각해요. 그 멍석이 뭔지는 얘기할 수 있겠죠.

근데 거기에는 방금 김시무 선생님이 말씀하신 것과 같은 층도 분명히 있는 것이죠. 그 짧은 찰나의 순간에 어떤 계급적인 연대를 느꼈을지에 대해서는 뭐 본능적으로 그렇게 했을 수도 있겠지만, 거기에 의문을 가질 수도 있어요. 왜냐하면 영화의 후반부에 나오는 기택의 주된 공포는, 공포라기보다는 끊임없이 선을 그으려고 하잖아요. "나는 반지하야. 당신 같은 완전 지하하고는 달라." 반대로 지하실 남자 근세는 "아니 땅 밑에 사는 사람이 한두 명이냐? 반지하까지 치면

더 많잖아요." 하잖아요. 근데 오히려 기택은 거기서 선을 그으려고 해요, 그 와중에. 그게 이 영화의 비극적인 부분인 것 같아요. 약자들끼리 서로 연대를 했으면 좋을 텐데 남자들끼리 치고받고 싸우다가 결국은 비극적 결말에 도달하잖아요. 화해를 할 수 있는 찬스가 한 번 있었죠. 기정이랑 충숙이 그 미트볼을 들고 뭐 내려가네 마네 하다가 찬스를 놓치고 결국은 비극이 터지는데, 기택은 끊임없이 선을 그으려고 해요. "당신은 아무 계획도 없지. 뭐 이런 데서도 살아지나?" 하면서 오히려 비하를 하잖아요. 사실 약간 슬픈 모습이죠. 결국에 가서는 지하실 남자랑 뭐 대만 카스테라 가게를 했었다는 얘기를 같이 하는데 거기서 잠깐 순간적인 어떤 공감 내지는 동질감 같은 게, 교감 같은 게 있기는 하죠. 저 녀석도 대만 카스테라 했다가 쫄딱 망했구나. 사채 빚을 졌구나. 비슷한 처지라는 것을 느끼게 하니까. 하지만 그게 과연 그렇게 거창한 계층적인 연대감까지 발전했는지는 사실 의문이에요. 그럴 여유도 없었고요.

오히려 송강호는 무서워했죠. "나는 아직까지 반지하야." 아마 기택 본인은 마음속으로 자기 스스로 반지상이라고 부를 것 같아요. 반지하나 반지상이라는 단어는 같은 상황이지만 반지상이란 표현을 더 좋아할 것 같고요. 지하실 남자

근세는 "왜 이러냐? 우리 다 같은 처지 아니냐?" 이러거든
요. 이렇게 선을 그으려고 했던 사람이 기택인데, 말씀하신
그 클라이맥스 순간에는 근세와 기택을 그은 선이 일시적으
로 지워진 것 같아요. 비록 순간적이지만. 그렇기 때문에 근
세가 손에 들었던 칼을 쥐고 이선균을 향해서 선을 넘는 것
이죠. 사실 이선균을 향한 선을 단 한 번도 넘지 않았거든요,
영화에서. 아무리 자기들끼리 치고받고 싸워도 이선균에 대
한 리스펙트는 계속 유지했거든요. 근세도 마찬가지죠. "이
분 덕분에 한 달에 우리 집에 오는 돈이 얼마야." 하면서. 사
실 심지어 박 사장을 죽인 후에도 죄송하다고 하면서 울잖
아요, 벽에 붙은 사진을 보면서. 결국 한 3초, 4초 정도 선을
넘은 것이죠. 칼로 찌르고 그래놓고 바로 금방 또 후회를 하
는 겁니다. 그래서 그 순간에 계급적 연대가 있었다거나, 없
었다거나 하는 그런 식의 너무 굵은 큰 덩어리의 규정을 내
리는 것보다는 그 장면에 대해서 이렇게 사람들이 여러 가
지로 해석하는 상황 자체가 더 좋고요. 파펭 자매의 사건을
놓고 프랑스의 인문학자나 지식인들이 다양하게 해석하려
고 했듯이, 〈기생충〉에서도 그와 비슷한 논의가 오고 갔으
면 했어요.

'고등동물'과 '플란다스의 개' 사이에서

(황)　이제 감독님이 처음 데뷔하던 때의 영화 이야기부터 하나하나 짚어나가기로 하죠.

(김)　감독님이 군대 제대하시고 '노란문'이라는 영화 동아리를 결성했는데, 이에 얽힌 사연을 말씀해주시지요.

(봉)　'노란문'은 1992년도에 만들었거든요. 지속된 것은 한 2, 3년밖에 안 됐는데, 전성기 때는 인원이 상당히 많았어요. 분과를 좀 나눠가지고 시나리오, 연출, 비평, 이렇게 팀을 세 분과로 나눠서 공부했는데, 그중에 대학원으로 갔던 누님들이 계셨고, 나중에 그 노란문 동아리 멤버들이 저의 첫 단편영화를 함께 찍었거든요. 제가 노란문 동아리를 만들었다고 하기에는 좀 어폐가 있지만 창단 멤버인 건 사실이고요. 처음에 한 다섯 명 정도가 시작을 했어요. 최근에 개봉된 〈저 산 너머〉라고 고故 김수환 추기경의 어린 시절을 다룬 영화가 있는데, 그것을 연출하신 최종태 감독님이 실질적인 창립자였죠. 그분이 동국대학교 연극영화과 대학원을 다니던 중이었는데, 저는 막 군복무를 마치고 본격적으로 합류

를 했어요. 직업적으로 영화를 하겠다고 마음을 굳힐 때였어요. 고등학교와 대학을 다닐 때는 혼자 영화를 독학으로 공부를 하던 때였죠.

제가 감독이 되겠다고 완전히 마음을 먹은 게 군 입대 후 18개월 방위병으로 출퇴근 생활을 할 때였는데, 그 당시에 마포에 있는 '영화 공간 1895'라고 지금은 작고하신 이연경 씨가 24시간 영화 학교라는 것을 개설하셨죠. 그 공간은 어찌 보면 대한민국 최초의 사설 시네마테크 같은 곳이었는데, 이연경 씨가 당시 불법 복제 테이프를 1000여 점을 관리하고 계셨죠. 아마 선생님들도 그 풍경이 기억나실 겁니다. 처음 제가 빡빡머리를 하고 거기를 갔어요. 24시간 영화 학교에 등록을 하고 영화 수업을 들어보고 싶었던 것이지요. 저는 사회학과는 그냥 들어간 것이었고, 마음은 영화에 있어서 영화를 전공하거나 영화 수업을 듣는 친구들이 부러웠죠. 우리 대학교에는 영화과가 없었고, 영화 공간 1895의 24시간 영화 학교에 갔더니 주진숙 선생님과 전양준 선생님이 수업을 하고 계셨어요. 주진숙 선생님이 하는 수업에서는 데이비드 보드웰의 『필름아트』, 그것도 역시 불법 복제된 이상한 해적판을 가지고 몇 달간 공부를 했어요. 나중에 제가 홍콩과 밴쿠버에서 보드웰을 직접 만나서 친해지고 지금은 친구가 됐죠. 그때 얘기를 하니까 좋아하더라고요.

아무튼 그런 식으로 영화 공부를 하다가 방위병 생활을 마치고 우리도 그런 공간을 하나 만들었으면 좋겠다는 생각을 하게 된 것이죠. 그러다가 후배 소개로 최종태 감독님을 만났는데, 그분도 그런 생각이 있으시길래 함께 노란문을 만들어 본격적으로 활동을 하게 됐어요. 거기서 영화이론 서적들로 공부를 많이 했어요. 되도 않은 실력으로 외국 원서를 번역하고 세미나도 했는데, 막 읽고 또 읽어도 이해가 잘 되지 않았지만, 그래도 이런 책들을 많이 읽고 그랬던 기억이 나는데요. 요즘은 교보문고에 가면 한 섹션이 다 영화 서적들로 꽉 차 있지만, 그 당시에는 번역서들도 거의 없었는데, 잭 엘리스의 『세계영화사』, 제임스 모나코의 『영화, 어떻게 읽을 것인가?』 등이 전부였죠. 그래서 아예 우리가 번역해서 공부하자는 분위기였죠. 비디오테이프가 닳고 닳도록 고전 영화들을 보면서 신을 분석하기도 했는데, 제가 〈대부〉에 나오는 어떤 살인 장면을 직접 콘티를 그려가면서 분석을 했고, 그것을 세미나에서 발표도 하고 그랬죠. 워낙 중구난방이고 어설펐지만, 그래도 아주 열심히 공부했던 기억이 나네요. 그리고 그 동아리가 흐지부지되고 말았지만, 우리가 젊었을 때 그런 동아리를 만들어서 공부도 하고,

저로서는 〈백색인〉이라는 단편영화도 만들었죠. 그 멤버들과 단편영화를 만들었을 즈음에는 거의 해체가 되었던 같아요. 저는 영화아카데미에 합격을 해서 꿈에도 그리던 진짜 정규 영화 수업을 처음 듣게 된 상태였죠.

㋜   감독님이 영화아카데미 졸업하고 〈플란다스의 개〉로 데뷔를 하셨잖아요. 사실 영화 제목이 무척 아이로니컬한데, 그 제목은 이미 잘 알려진 제목이고 또 막상 기대했던 것과는 차이가 있는 그런 이야기라서 제목과 내용의 충돌이 흥미를 불러일으키는 것 같아요. 영화는 흥행에는 실패했지만, 관련 전문가들이 높게 평가해 첫 작품으로 가능성을 보여주었죠. 감독님이 제목을 그렇게 붙인 데에는 어떤 의도가 있으셨나요?

㊀   사실 제가 붙였던 제목은 아니에요. 제가 원했던 제목이 아닌데, 제가 시나리오 쓸 때의 제목은 '애니멀'이었어요. 말하자면 개와 이상하게 얽혀 있는 사람들의 이야기인데, 영어 제목은 'Higher Animal', 즉 고등동물이라고 붙였어요. 고등한 인간이 개만도 못한 그런 상황에 처하게 되는 이야기를 보여주려고 했죠. 이 영화에서 이성재는 대학교수가 되려고 발버둥을 치는데, 그런 인간을 고등동물이라지

만, 개에 비할 때 뭐 얼마나 더 고귀하고 훌륭한가 하는 시니컬한 관점에서 고등동물이라는 영어 제목을 붙였던 것이죠. 그런데 제가 데뷔하는 신인 감독이다 보니까 마케팅이나 이런 영역에 있어서 제가 고집을 부릴 만한 파워가 없었죠. 제작사에서 붙인 제목이 〈플란다스의 개〉였는데, 그때 싸이더스에 있었던 차승재 대표가 '애니멀'이라는 제목은 너무 지식인 느낌이 나고, 또 소설 제목 같다는 거예요. 그 영화에서 보면, 노래방 신이 하나 있어요. 거기서 이성재가 〈플란다스의 개〉라는 만화영화의 주제가를 부르거든요. 그것에 착안을 하셨는지 차 대표가 〈플란다스의 개〉가 재밌지 않냐 그러시는 거예요.

(김) 관객들은 대부분 그 만화영화를 알고 있었죠.

(봉) 그래서 아니 이게 이러면 사람들이 다 너무 예쁘고 동화적인 얘기처럼 알고 있는데, 우리는 막 아파트 지하실에서 보신탕 끓여 먹고, 강아지 연쇄 살해 사건 뭐 이런 것도 다루고 있는데, 너무 아이로니컬한데 괜찮으냐고 했죠. 대표께서는 그러니까 더 역설적이고 아이로니컬한 게 아니냐 하시더군요. 아이로니컬하고 역설적인 것이라면 뭐 나도 좋

다, 그래서 저도 동의를 하게 된 것이고, 나중에 영어 제목은 〈Barking Dog Never Bite〉라고 붙이게 된 것이죠. 그것은 해외 배급사에서 붙인 제목이었어요. 『플란다스의 개』하면 원래 벨기에의 동화잖아요. 그리고 일본에서 애니메이션으로 만들었는데, 외국 바이어들이 헷갈릴 수가 있잖아요. 그래서 결론적으로는 한국 제목이나 영어 제목이 저의 의도대로는 안 됐고, 제작사와 해외 세일즈사의 의견대로 된 것이죠.

그 후로는 그런 경우가 없어서 〈살인의 추억〉 때부터 현재 〈기생충〉에 이르기까지 제목은 다 저의 의도와 고집대로 했는데, 〈기생충〉 때는 제목 탓에 마케팅 팀은 좀 불안해하기도 했죠. 이게 뭐랄까, 무슨 충蟲 그러면 또 요즘 인터넷에서 비하 발언할 때 많이 쓰이잖아요. 그건 저도 인정을 하고 오히려 위험하고 좀 불안하면 다른 걸 한번 제시해달라고 했는데, 뭐 제작사나 마케팅 팀이나 다들 딱히 또렷이 뭔가를 제시하지 못하더니 본인들도 좀 위험하지만 〈기생충〉밖에 없는 것 같아요, 라고 결론을 내리더라고요. 여러분들이 OK 하면 나도 좋다 했더니 〈기생충〉으로 됐고, 영어 제목도 〈Parasite〉로 된 것이죠. 〈괴물〉이나 〈마더〉 등등은 다 저의 뜻대로 했던 제목이고요.

그래서 〈플란다스의 개〉를 찍을 때, 사실 워낙 개인적인 체취들이 많이 들어가게끔 무언가 사적인 영화처럼 만들고 싶은 마음이 많이 있었어요. 영화를 보면, 이성재 씨나 배두나 씨가 뛰어다니는 복도식 아파트가 나오는데, 제가 실제 살았던 아파트였어요. 대학교수가 되려고 하는 이성재와 영화감독이 되려고 하는 저의 신세 같은 것들이 약간 비슷하게 대입된 것이죠. 제가 조감독 생활할 때 느꼈던 것인데, 아파트 단지에 사는 모든 사람들은 다 출근하는데, 저는 그냥 백수처럼 가만히 쓰레기 분리수거를 하면서 보냈어요. 오전 10시쯤에 아파트 단지에 있으면 온갖 소음들이 들려오죠. 개 짖는 소리도 들리고 애 우는 소리도 들리고 피아노학원에서 들리는 소리라든가 그런 분위기를 제가 잘 알았어요. 어정쩡한 성인의 상태, 제대로 된 오피셜한 직업적 세계에 아직 진입을 못 하고 어정쩡하게 붕 떠 있는 상태, 영화 속의 이성재의 상태를 저는 누구보다 아주 잘 안다고 느꼈던 것 같아요.

저도 그때 조감독 생활을 했는데, 말이 조감독이지 일이 없을 때가 많았거든요. 일거리도 없고 백수로 지낼 때가 많았는데, 그래서 아르바이트도 많이 했어요. 결혼식 비디오도 찍으러 다니고 회갑연이나 돌잔치 비디오도 찍었는데, 제가 그때 찍은 비디오테이프를 갖고 계신 분들도 많을 거예요.

제가 찍고 편집도 다 하고 그랬어요. 먹고살아야 되니까. 저는 그때 이미 결혼해서 아이가 있는 상태였는데, 저나 아기 엄마는 아르바이트도 많이 했어요. 저도 직업이 없었고, 요즘하고는 많이 달랐어요. 지금은 표준근로계약도 하고, 연출부 막내들도 200~300만 원씩 월급을 받고 완전 정상화가 됐으니까. 미국이나 일본처럼요. 과거엔 지금으로선 상상도 할 수 없는 황당한 임금을 받고 일을 했죠. 그때는 참 어이가 없었는데, 극 중의 이성재 씨의 상황이나 감성에 대해서 상당히 잘 안다고 생각했어요. 제 형이 대학교수인데, 그 당시에는 기약 없는 조교 생활을 오래 하고 있었어요. 조교도 하고 시간강사도 했는데, 한 발짝 너머에서 형을 바라보면서 이성재 캐릭터를 구상했는데, 저의 개인적인 체취들이 많이 묻어 들어간 캐릭터였죠.

반면 배두나 씨 캐릭터는 실제로 여상을 나와서 경리를 하시는 분들을 사무실에서 만나 인터뷰도 하면서 구상했는데, 저 자신의 투영이라기보다는 내가 관찰한, 어떻게 보면 제 환상 같은 게 좀 들어가 있는 다분히 만화적인 캐릭터이기도 하잖아요. 〈기생충〉을 찍은 후에 다시 두 캐릭터를 이렇게 돌이켜 보니까 어떤 비슷한 면이 있는 것 같아요. 평소에 만나기 힘든 두 계층에 속하는 사람들이 아주 엉뚱한 사건으로 만나게 되는 얘기잖아요. 여상을 졸업한 관리사무소의 경리와 대학원을 나와서 결국 교수가 되는 남자가 강아지 소동 때문에 서로 얽히게 되는데, 그 스토리가 끝나면 그 두 사람은 다시 만날 일이 정말 없을 것 같다는 것이죠. 〈기생충〉에서도 만나기 힘든 두 계층이 가정부, 운전기사, 과외 선생이라는 가내노동으로 엉키게 되는 얘기잖아요. 비슷한 상황이 있다는 것을 〈기생충〉의 시나리오를 쓸 때는 몰랐는데, 나중에 보니 그런 느낌이 다시 환기가 되더라고요.

ⓗ   지금 말씀하시는 것처럼 그때는 첫 장편영화를 찍는 감독에게 투자를 해야 되는 상황이잖아요. 그때 감독님으로서는 아르바이트를 하면서도 비전을 가지고 미래에 이런 사람이 되리라 다짐하셨을 텐데, 무명 시절 조감독도 하고 또 아르바이트도 하고 첫 영화를 시작할 때까지도 계속 그런 상태였을 것 같아요. 요즘 청년 실업 문제가 굉장히 심각해지면서 비전도 잃어가는데, 특히 우리 한국영화 시장에서 코로나19 때문에 더 위축되기도 하고, 또 대박과 쪽박이라는 극단 속에서 여러 가지 제작 상황 때문에 굉장히 어렵잖아요. 그때 그 시기에 어떤 힘이 봉준호 감독님을 추동했는지, 감독님도 대학 졸업하고 그냥 취직해야 하나 하는 갈등

도 있었을 테고요. CF 회사나 엔터테인먼트 회사에 가볼까 하는 생각을 하셨는지, 아니면 내가 정말 감독으로서 나의 족적을 찍고 싶다는 그 생각도 하셨을 텐데, 그것을 추진해 나가는 동력은 어떤 게 있었을까요? 난 영화에 미쳐서 그랬다, 혹은 뭐 여러 가지가 있을 수 있잖아요. 나는 영화 외에는 정말 하고 싶은 게 없었어, 라던지 말이죠. 영화를 계속할 수 있었던 동력 같은 것이 궁금합니다.

봉 질문에 이미 답이 포함된 것 같은데, 정말 영화 찍고 싶어서 그랬어요. 다른 별생각은 없었던 것 같고, 영화를 너무 만들고 싶었고, 그 생각을 어릴 때부터 했었고요. 예를 들면 배창호 감독님은, 유명한 일화지만, 대기업에서 근무하시다가 박차고 나와 감독이 되셨죠. 물론 그게 더 대단한 것일 수도 있는데, 저는 사실 다른 직업을 생각해본 적이 없어요. 다른 직업이나 직장 생활을 해본 적이 없고 고교 시절에 잠시 TV 드라마 PD나 감독이 되면 어떨까라는 생각을 했었던 시기는 잠깐 있었어요. 그때 제가 MBC 드라마 같은 걸 많이 보면서, 황인뢰 감독이나 김승수 PD의 팬이었거든요. 그 당시 MBC 드라마 퀄리티가 높았어요. 훌륭한 단막극도 많았고요. 그때 보면 장선우 감독님이 다른 이름으로 드라마 연출도 하셨죠. 오히려 오늘날에 TV 피처feature처럼 완성도 높았던 매혹적인 드라마들이 꽤 있어서 TV 드라마 연출자가 될까 하는 꿈을 꾼 적이 잠깐 있긴 했지만 그것을 제외하면 사실 다른 어떤 회사를 다녀본 적도 없고 다른 직업을 고민했던 적은 없었던 것 같아요.

잠깐 만화가가 될까 생각했던 적이 있었어요. 대학신문의 만화를 아르바이트 삼아 그린 적도 있었고, 그렇게 혼자 개인적으로 만화를 끄적거린 적은 있었죠. 한번은 이름만 대면 알 만한 유명한 만화가 선생님한테 찾아간 적이 있었는데, 제 그림을 보고 그분이 아주 냉정하게 "자네는 데생의 기본이 안 되어 있네. 할 생각하지 말게." 하시더라고요. 마음에 크게 상처를 받았고 그날 이후로 안 하게 됐죠. 외부에 공개된 적은 없는데, 제가 영화 동아리 할 때 한 20분짜리 인형 애니메이션을 찍은 적이 있어요. 영화 동아리 사람들만 모아놓고 보여준 적이 있는데, 만화에 대한 꿈이 있었기 때문에 애니메이션을 만들어볼까? 하는 생각도 했죠. 결국은 TV 드라마나 애니메이션이나 다 비슷한 테두리 안에 있었던 것 같아요.

중학교 때부터 사실은 영화감독이 되고 싶다는 집착이 있었어요. 원래 성격이 좀 집착이 강해서 신경정신과 의사들

에게 강박증 판정을 여러 차례 받았는데, 강박이 심해서 그
런지 딴생각을 할 틈은 없었던 것 같아요. 그냥 그런 개인적
인 집착 같은 게 많은 동력이 됐던 것 같고, 자신감이나 마냥
낙관적인 비전 같은 것은 별로 없었던 것 같아요. 계속 하루
하루가 불안했죠. 일할 때도 찍을 때도 불안했고, 〈플란다스
의 개〉를 찍을 때도 불안했죠. 그 영화도 속칭 충무로의 표현
으로 '엎어진다'고 하는데, 한 번 엎어진 적이 있었어요. 특
정 배우의 이름을 거론하고 싶지는 않은데, P씨라고 원래 정
해져 있던 배우가 있었어요. 그분과 의상 피팅과 대사 리딩
까지 같이 다 했었는데, 크랭크인 일주일 전에 그분이 잠적
해버린 거예요. 도망가버린 것이죠. 그 후로 20년간 저는 그
분의 연락을 못 받았어요. 저는 신인 감독이고, 시나리오도
아주 이상한 스토리인데, 사실 그분의 스타 파워로 영화 제
작이 가능했던 거였죠. 그분이 사라짐으로써 연출부들은 울
면서 책상 치우고 이제 저희는 거의 철수하는 분위기였어
요. 그러다가 차승재 대표가 그러면 이렇게 예산을 좀 줄이
고 뭐 해서 약간 더 신인급 배우로 하면 어떻겠냐고 하시더
라고요. 저는 당연히 한다고 했죠. 그래서 이성재 배우가 캐
스팅되고, 좀 더 줄어든 예산으로 하게 된 것이죠. 그때 김태
균 감독님이 〈화산고〉란 영화를 준비하고 있었는데, 거의

모든 투자자들이 이 영화에 관심을 보였죠. 차승재 대표가 "야 너희들 〈화산고〉에 투자하고 싶으면, 대신 〈플란다스의 개〉에도 좀 투자해야 돼." 하고 수완을 발휘하셨죠. 김태균 감독님 덕분에 거기에 꼽사리 껴서 제가 데뷔를 할 수 있었던 것이죠.

㉠ 감독님이 〈플란다스의 개〉로 충무로에 입성하셨는데, 감독님이 만든 영화들을 보면 어떤 연속성의 느낌이 있습니다. 〈플란다스의 개〉에서는 장미가 길가에 세워둔 자동차 사이드미러를 발로 차 떼어냅니다. 〈마더〉에서도 역시 진태가 주차장에 세워둔 자동차의 사이드미러를 박살내버립니다. 어떤 연관성이 있을 듯합니다. 또 〈살인의 추억〉과 〈마더〉와의 연관성도 중요하게 보이는데요. 〈살인의 추억〉의 라스트 시퀀스 부분에서 아버지와 형사들을 피해 달아나던 백광호가 철로에서 기차에 치여 죽잖아요. 그런데 호각을 불면서 이상한 손짓을 한단 말이죠. 그런데 〈마더〉에서도 도준이 비슷한 행동을 보입니다. 여고생을 살해하고 흥분한 상태에서 핸드폰으로 호각을 부는 시늉을 하면서 역시 이상한 손짓을 합니다. 여기에는 어떤 연관성이 있어 보입니다. 감독님이 나름대로 어떤 의도를 가지고 그러한 배열을 했

다고 여겨지는데, 이에 대해서 감독님의 설명을 듣고 싶습
니다.

봉 　솔직하게 말씀드리면, 이게 어떤 인장을 찍는다거
나, 시그니처를 남기려고 그러는 건 아니고 사실은 그 반대
예요. 특히 저는 직접 시나리오를 쓰는 감독이잖아요. 작가
겸 감독이다 보니까 결국은 내가 애쓰지 않아도 어찌 됐든
나의 찌꺼기가 나올 것이다, 영화에. 흔적은 저절로 남게 된
다고 생각하죠. 오히려 더 중요한 것은 영화를 준비할 때 어
떻게 하면 더 새로운 것을 할 수 있을까? 어떻게 하면 이전
에 이미 했던 것을 반복하지 않을 수 있을까에 대해서 더 고
민을 많이 하게 되죠. 영화를 더 많이 하면서, '아! 이 감독이
또 이런 것을 할 수 있네, 이런 식으로 자기 바운더리를 넓혀
갔네.'라는 쪽에 초점이 가 있죠. 근데 말씀하신 대로, 어쩔
수 없이 또 그런 흔적이 남는 것 같아요. 결국은 한 명의 사
람이고 동일한 창작자이다 보니까 그런 것이죠. 그런데 사
이드미러에 왜 그렇게 집착을 했는지 모르겠어요. 제가 어
렸을 때 그 아파트 단지에 살 때였는데, 한밤에 어떤 좀 불량
한 고교생들이 고급 승용차에서 사이드미러를 뜯어서 도망
가는 것을 제가 본 적이 있어요. 어린 마음에 그게 굉장히 인

상적이었나 봐요. 주차장에서 그러고 있는 걸 뒤에서 조용히 봤거든요. 술을 먹은 고교생들이었나? 왜 그랬는지 그 이유를 모르겠어요. 마치 무슨 기념품을 챙기듯 사이드미러를 떼어 가더라고요. 그런 식으로 각인된 기억들이 영화에 나오게 되는 것 같아요.

제가 다른 인터뷰에서 여러 차례 얘기했었는데, 〈마더〉에서 그 라스트신, 관광버스에서 어머니들이 춤을 추는 장면이 나오잖아요. 그런 모습도 사실 저뿐만 아니라 많은 사람들이 자주 봤잖아요. 이제는 불법으로 금지돼 있지만, 옛날에 고속도로 가다 보면 버스가 출렁출렁거리면서 관광객들이 신나게 춤을 추고 그랬었죠. 그것도 제가 대학생 때 오대산에 갔을 때인데, 심지어 주차장에 세워진 버스 안에서 아주머니들이 춤을 추고 계셨어요. 목적지에 도착했는데 등산할 생각은 안 하시고 계속 춤을 추시는 거예요. 그게 너무 인상적이어서 그런 것들을 계속 보게 되는 것 같아요, 강박적으로.

그리고 많은 분들이 지적하셨는데, 지하실이나 지하 공간에 또 왜 이렇게 집착을 하느냐는 것이죠. 근데 하도 그런 질문을 받다 보니까 '제가 뭐 초등학교 2학년 때 지하실에서 무슨 사건이 있었습니다.' 뭐 이런 얘기를 하나 지어내야 하는 게 아닌가 싶은 생각이 들 정도였어요. 근데 모르겠어요. 그게 저의 어떤 강박적인 측면인데, 이번 영화에서 꼭 지하실을 넣어야지 아니면 뭐 이런 발차기하는 게 꼭 나와야지 하고 의식적으로 작업했던 경우는 없는 것 같아요. 오히려 이전 영화와 달랐던 부분과 이전 영화에서 한 번도 시도하지 않았던 부분들이 실제 작업할 때 제가 포커싱하고 있는 부분이라는 생각은 들어요. 그런데 평론하는 분들의 입장에서는 창작자에게서 반복되는 부분들에 당연히 관심이 있을 것 같아요. 그 반복의 이유에 대해서는 솔직히 스스로 설명은 잘 못하겠어요.

〈살인의 추억〉이 가진 모호성

(황)   제가 〈살인의 추억〉을 여러 번 보다 보니 로만 폴란스키 감독의 〈차이나타운〉이 생각이 나는데요. 스릴러 구조가 비슷하잖아요. 이런 얘기가 나오는가 하면 또 다음에 다른 얘기가 펼쳐지고, 또 이런 얘기인가 하면 또 다른 얘기가 펼쳐져서, 끊임없이 관객을 배반하면서 몰입하게 만들고, 결국 끝에 가서 하는 얘기는 처음 시작과는 전혀 다른 결말이

나는 방식이요.〈살인의 추억〉도 처음에 이 범인이 백광호인가, 아닌가? 그러면서 범인으로 계속 몰아가는데도 끝까지 범인이 밝혀지지 않는 그런 구조를 보면서 생각을 했죠. 감독님 혹시 〈차이나타운〉을 좋아하시나요?

봉 네. 창작자 개인의 여러 가지 일들, 특히 도덕적 문제를 차치한다면, 그냥 그런 전력을 알기 전에 봤을 때, 그분의 작품들을 상당히 존경했죠. 특히 저는 〈로즈마리 베이비〉(〈악마의 씨〉의 DVD 출시명)를 아주 좋아했는데, 정말 압도적인 이상한 형태들의 공포가 와닿았죠. 비교적 최근작인 〈유령 작가〉도 좋아했고, 그의 초기 작품들인 〈물속의 칼〉과 〈테넌트〉 같은 영화도 매혹적인 영화들입니다. 〈차이나타운〉도 물론 걸작이고 상당히 좋아하는데, 〈살인의 추억〉을 준비할 때 〈차이나타운〉은 별로 의식하지는 못했던 것 같아요.

그것보다는 〈살인의 추억〉을 찍을 때 실제 자료 조사를 상당히 많이 했었는데, 관련자 분들 인터뷰도 많이 했고요. 지금은 진범인 이춘재 씨가 감옥에 있지만, 시나리오 쓸 때는 영구 미제 사건이었잖아요. 그 시나리오를 쓰면서 당연히 가장 만나보고 싶은 사람이 범인인데, 그건 불가능하잖아요. 그래서 그 갈증을 해소하고 싶어서 실제 연쇄살인마를 다른 영화들을 봤어요. 이마무라 쇼헤이 감독의 〈복수는 나의 것〉 같은 이런 영화를 보면, 실제 연쇄살인범을 쫓아가는 영화잖아요. 그리고 그런 영화들을 보면서 이 화성 연쇄살인 사건의 범인도 저랬을까? 아니 달랐겠지? 저런 건 비슷했을 수도 있겠네, 하는 그런 생각을 하면서 만날 수 없는 실제 범인에 대한 갈증을 그런 텍스트들을 보면서 해소할 수 있었던 것 같아요. 〈차이나타운〉보다는 일단 그 화성 연쇄살인 사건, 이제는 '이춘재 살인 사건'이라고 명칭이 바뀌었는데, 실제로 그게 맞는 명칭이죠. '이춘재 살인 사건'이라는 사건 자체의 감당하기 어려운 범인에 대한 실체가 있고, 그 다음에 김광림 선생님의 원작 희곡이 있잖아요?

(황)　네.「날 보러 와요」라는 희곡이죠.

(봉)　네. 오리지널 아이디어가 아니라 각색해서 영화를 만들 때는 원작 자체와 피할 수 없는 대결을 해야 하거든요. 원작의 어떤 부분을 가져오고 어떤 부분을 바꿀 것이며, 어떤 것을 나의 온전한 오리지널리티로 넣을 것이냐 하는 그것도 상당히 큰 대결이죠. 그래서 실제 사건과의 대결, 그리고 김광림 선생님의 아주 훌륭한 원작과의 대결, 이 두 가지 대결

만으로도 저는 정신을 차릴 수 없는 상태였죠. 서스펙트 1, 서스펙트 2, 서스펙트 3 이렇게 나오는 구조인데, 이것은 김광림 선생님의 원작에서 상당히 훌륭한 지점이에요. 그 영구 미제 사건을 풀어나가는 플롯으로써 김광림 선생님의 공연, 그 희곡에 있는 부분이죠. 그 화성 연쇄살인 사건을 풀어낼 수 있는 방법, 스토리텔링은 수만 가지 방법이 있을 거예요. 형사 관점일 수도 있고, 기자 관점일 수도 있고 여러 가지가 있는데, 그렇게 용의자 1, 용의자 2, 용의자 3, 결국은 영원한 블랙홀로 빠지고 마는데, 이러한 구조를 잡아내신 게 김광림 선생님이 쓴 원작의 위대한 업적이라고 보고요.

사실 디테일로 들어가면 또 원작과 많이 다르거든요. 영화 자체는 사실, 말씀하신 대로 플롯의 구조, 그다음에 시골 형사 박두만의 캐릭터 묘사 부분들, 그래서 이제 3분의 1 정도는 김광림 선생님의 원작에서 온 부분이고, 3분의 1 정도는 실제 사건에서 온 디테일들이고, 3분의 1은 제가 창작자로서 넣은 부분들, 이렇게 세 가지가 비슷한 비율로 용광로처럼 뒤섞이면서 나온 것이 〈살인의 추억〉의 시나리오라는 생각이 듭니다. 〈차이나타운〉은 많이 생각을 못 했고요. 근데 그 영화 자체로 봤을 때, 영화 팬으로서 워낙 고전으로 회자되는 시나리오잖아요. 교과서적인 시나리오니까 영화를

공부하는 분들이라면 꼭 한 번씩 읽어볼 만한 스크립트라고
생각합니다.

㉠   저는 〈살인의 추억〉을 여러 번 봤는데, 그 영화의 포
스터에 "미치도록 잡고 싶었다."라는 문구가 나오는데, 영
화에서는 범인을 못 잡으니까, 그럼 나라도 잡자고 다짐을
했죠. 그래서 제가 영화비평 수업 시간에 학생들에게 진범
을 찾아보라고 했죠. 당연히 범인이 나오지 않지만, 범인을
암시하는 부분들이 있다는 전제로 그렇게 한 것이죠. 제가
그 영화를 보고서 놀란 부분 하나만 말씀드리면, 박현규가
최대 용의자이면서 결국 범인이 아니라고 하잖아요. 그게
그 피해자에게서 나온 정액 샘플을 미국에 보냈는데, 그 결
과가 도착해서 박현규가 범인이 아니구나 하고 있었죠. 그
런데 그 샘플을 어디에서 채취했느냐가 앞부분에 나오는
데, 그게 피해자의 몸이 아니라 옷이었죠. 그럼 그 살인을 행
한 자와 정액의 당사자는 별개의 인물일 수 있다는 여지를
남긴 것이고, 그렇다고 한다면 박현규가 100퍼센트 범인이
아니라고는 할 수 없고 그는 여전히 용의자로 남아 있다는
해석이 가능한 것이죠. 저는 이 부분을 접하면서 감독님이
상당히 정교하고 디테일하게 시나리오를 썼구나 하는 느낌

이 강하게 들었어요. 어떤 특정 용의자를 염두에 두고 시나리오를 쓰신 건가요?

봉 선생님께서 말씀하신 그 추론, 그런 입장을 개인적으로 하신 형사 분도 있었어요. 그렇게 되면 그분 입장에서는 유전자 검사 결과를 인정할 수 없다는 것이잖아요. 지금 시점에서 이춘재라는 자가 진범임이 과학적으로 입증이 됐고, 그 사람이 이제 교도소에 있잖아요. 그것은 차치하고 영화의 시나리오를 쓰던 2001년, 2002년 당시로 돌아가서 다시 생각하면서, 제한적으로 그때 얘기를 해보자면, 저도 그 부분에 대해서 어떻게 입장을 정리해야 될지 큰 고민을 했어요. 영화에서는 미국 FBI에 샘플을 보내는 것으로 나오는데, 실제는 일본이었어요. 그때 사실 한국 과학수사가 심하게 낙후된 것은 아니었는데, 타이밍이 좀 애매했어요. 일본은 유전자 조사가 이제 시스템을 갖추고 한국도 그것을 도입하려고, 요즘으로 치면 기재부 같은 데서 절차를 밟고 있는 시점이었는데, 그것을 기다리려면 몇 년이 걸리니까 형사들이 답답해서 일단 일본에 먼저 보냈죠. 일본은 사실 DNA 검사를 한 지가 그렇게 오래되지 않았는데, 굴욕을 당했죠. "야 우리 것도 산더미처럼 밀렸는데, 너희들 것은 해줄 수 없어." 뭐 그런 통보를 받고 간신히 졸라서 결과가 왔는데, 아니라고 한 거예요. 그 당시 그것을 보냈던 형사 분들은 거의 99퍼센트 확실하다고 믿고 보냈죠.

반대로 그 용의자는, 뭐 이제 세월이 지났으니까 얘기할 수 있지만, 당시 피리를 만드는 악기 회사에서 일하고 있었어요. 우리 어렸을 때 음악 시간에 많이 불었잖아요. 그 피리 공장이 화성에 있었는데, 그분의 이름을 얘기하고 싶지는 않은데, 윤모 씨라는 분이 사건 당시 용의자 중 하나였죠. 당시 『경인일보』라는 지역신문에도 나오는데, 그분이 사실상 거의 범인처럼 발표까지 됐었거든요. 실명을 거론하는 것은 실례인데, 그분이 1997년도에 폐암으로 이른 나이에 돌아가셨어요. 지금은 범인이 이춘재 씨로 밝혀졌으니까 다 상관없는 얘긴데, 그 윤모 씨가 유전자 검사에서 아니라고 나왔음에도 불구하고 끝까지 나는 그 사람이 범인이라고 믿는다, 또는 믿고 싶다는 형사 분들이 있었죠. 그분들의 이론은 방금 김시무 선생님이 말씀하신 접근과 비슷한 것이에요. 그럼 저는 감독의 입장에서 박현규 캐릭터는 솔직히 말하면, 그 윤모 씨를 모델로 했어요. 개봉 당시 그분한테 피해가 가면 안 되니까 그런 얘기는 안 했어요. 어떻게 보면 영화 자체가 갖고 있는 위험한 부분이잖아요. 실제 관련자들이 있는데, 영화가 그들을 지목한다는 것은 윤리적으로 문제를 야기할 수가 있죠.

올리버 스톤 감독의 〈JFK〉를 예로 들 수 있는데, 이 영화를 보면 매우 구체적으로 범인을 지목하잖아요. 케네디를 암살한 자는 오스왈드가 아니라 그 당시 군산복합체의 누구누구 하는 식으로 지목을 하는데, 이는 정치적인 사건이고 특정 집단의 문제였기 때문에 올리버 스톤이 이렇게 과감하게 발언을 했던 것이죠. 저는 사법적으로 확실하지 않은 부분에 있어서 특정 개인을 이 영화로 다시 지목한다면, 억울하게 끌려가서 고초를 겪은 불쌍한 피해자나 용의자들도 많았는데, 이 영화가 개봉하면서 누군가에게 피해를 주면 안 되니까 상당히 조심스러웠어요. 그래서 박해일 씨가 맡은 배역이 사실은 실제 사건의 모델이 있었어요. 정액 유전자 검사를 받은 피리 공장에서 일했던 윤모 씨라는 노동자였어요. 영화가 갖추어야 될 최소한의 윤리적인 마지노선이 있기 때문에 우리 모두가 범인을 못 잡았던 것이 형사들도 그렇고 그 시대에 살았던 우리 모두에게 큰 상처이자 트라우마이고 통한의 어떤 것인데, 그러다 보니 영화를 보면 후반부에서 당연히 박현규가 범인이라고 너무나 강하게 믿게 되고, 믿고 싶은 열망이 투사되는 것이죠. 그 들끓는, 미치도록 잡고 싶은 마음 때문에 그렇게 되는데, 한편 그것은 윤리적으로 위험할 수도 있기 때문에 박현규가 범인이 아닐 수도 있다는 최후의 마지노선만큼은 남겨놨어야 됐어요. 그래서 영화가 최후의 모호성을 갖고 끝날 수 있게 저는 무척 신경을 썼었구요. 그래서 검은 터널 속으로 사라지는 것인데, 영화가 갖고 있는 윤리적인 위험성은 여전히 있죠.

영화가 어쩔 수 없이 시골 형사들의 감정에 동화되게끔 흘러가게 되는데, 사실 엄밀히 따지면 형사들이 아주 혐오스러운 인간들이잖아요. 백광호 같은 사회적 약자를 마구 두들겨 패서 폭력을 행사하고 허위 자백을 받기도 하고. 그래서 제가 나름대로 또 최소한의 어떤 면죄부라고 하면 좀 그렇지만, 영화를 보면, 조용구 형사가 다리가 잘리잖아요. 한 다리를 절단시켜버리잖아요. 그게 제가 영화적으로 할 수 있는 최소한의 단죄였죠. 박현규라는 인물에 대해서는 이 사람이 범인이 아닐 수도 있다는 1퍼센트의 가능성만큼은 끝까지 남겨놨어야 됐죠. 영화 후반부에 '저놈이 범인이었으면 좋겠다, 저놈의 유전자 검사가 맞게 나왔으면 좋겠다.'라는 열망으로 형사와 관객들이 감정적으로 일체가 돼서 영화를 보게 되는데, 사실은 그 부분이 윤리적인 점에 있어서 위험성이 있죠.

최소한 범인이 아니다, 라는 부분은 끝까지 유지하고 싶었고, 그렇기 때문에 범인의 신체 일부가 화면에 나와요. 영화에서 보면 뭐 끈으로 목을 조르는 손이라든가 뒷모습, 그게 너무 걱정이 되는 것이에요. '어! 저거 뒷모습이 박해일이네, 뭐 손이 박해일 맞네. 감독은 지금 박해일이 범인이라고, 피리 공장 노동자 윤모 씨를 모델로 한 박현규가 범인이라고 감독이 지목하고 있는 것이네.'라고 관객이 받아들이면 너무 위험해지거든요. 그것만큼은 피하고 싶었어요. 그래서 사실 범인의 신체 일부 역할을 세 명이 해요. 조감독이 하는 것도 있고, 그 당시 연영과 대학생이었던 단역배우가 하기도 하고, 박해일이 직접 하는 뒷모습도 있고, 이렇게 세 명을 뒤섞어 놓았어요. 범인으로 잠깐 뒷모습이 나오는데, 또는 범인의 손이 나오는데, '어! 저거 박해일이 연기했어. 감독은 박현규가 범인이라고 영화적으로 암시하고 있는 거야.'라는 말이 안 나오게 하고 싶었어요. 저는 그게 의도였고, 모든 걸 그런 식으로 배치해서 찍었고, 개봉 후에 인터뷰할 때는 아주 조심을 했죠.

근데 이런 설정 때문에 제일 고생한 것은 배우 박해일 씨 본인이었어요. 촬영 크랭크인하기 며칠 전 새벽 2시에 저한테 전화를 해서 "감독님! 제가 범인이에요? 아녜요? 지금

제가 미칠 것 같아요." 그러는 거예요. 그래서 "아니 나도 몰라. 나도 모르면서 쓴 것이야. 나도 궁금해." 그랬더니, 박해일 씨가 "그렇지만 저는 배우인데 연기를 하는 저는 마음속으로라도 알아야 되지 않나요?" 하고 너무 힘들어하길래, 그냥 얘기를 했어요. "해일아! 넌 범인이 아니야. 너는 결백해. 무식하고 폭력적인 형사들이 너를 그렇게 몰아붙이는 거야. 너는 그냥 그렇게 연기해. 하지만 어쩔 수 없이 내러티브의 상황에 따라서 형사와 관객들은 너를 범인으로 볼 거야. 너를 범인으로 보고 싶어 할 거야. 네가 투수가 아니어도 마운드에 올라가면 사람들은 너를 이미 그 마운드의 포지션에 있는 투수라고 생각해. 너는 투수로 거기에 등판하는 거야."라고 했더니, 아! 자기는 뭐 그런 설명 다 상관없고, 자기는 이제 알았으니까 됐대. 자기는 결백하게 연기할 거라고 하더라고요. 그래서 박해일 씨 연기는 억울한 용의자로서 연기를 한 것이죠. 하지만 관객들의 욕망은 그렇지 않죠.

(황) 저희들이 볼 때는 상당히 뻔뻔하게 보여서 자기최면을 걸었나 했어요. 어쨌든 관객들에게 임팩트 있게 보인 효과는 굉장히 컸던 것 같아요.

장르영화에 대한 사랑과 부조리한 현실

㈜ 〈살인의 추억〉을 보면, 결국 범인을 못 잡잖아요. 범인을 못 잡기 때문에 단죄할 수가 없죠. 이 영화가 실화를 바탕으로 해서 그렇기도 하고요. 감독님의 일련의 영화들에서 어떤 특정한 범인이 단죄를 받는 경우가 거의 없어요. 〈플란다스의 개〉에서 윤주가 강아지를 죽였는데도 처벌은 그 노숙자가 받고, 〈마더〉에서 도준이 범인인데도 무고한 지적장애인이 살인범으로 몰려 구속이 되죠. 심지어 〈기생충〉에서도 박 사장을 살해한 기택은 체포되지 않고 지하 벙커로 잠적해버리고요. 일련의 어떤 징후들이 있거든요. 이렇게 봤을 때, 감독님이 공권력에 대한 어떤 불신을 깔고 있는 게 아닐까 하는 생각을 하게 됩니다.

㊽ 네. 말씀하시는 그런 측면이 분명 있는 것 같아요. 그러나 공권력에 국한해서 얘기할 수 있는 부분은 아닌 것 같고, 그냥 한국 사회 자체를 보는 관점이, 넓게 보면 세상사 자체를 보는 관점이 이렇게 부조리하다, 원인과 결과가 이렇게 딱 맞아떨어지지 않는다, 라는 관점이 저한테 있다는 것이죠. 저는 잊고 있었는데, 얼마 전에 어떤 기사를 보니까

제가 8~9년 전에 미국에 있는 한 대학교에서 마스터 클래스를 할 때, "가장 한국적인 게 뭐라고 생각하세요?"라는 질문을 받았을 때, 제가 심플하게 "부조리다."라고 대답을 했더라고요. 보통은 뭐 한이라든가 무슨 역사적인 무엇이라고 대답할 텐데, 부조리라고 했던 거예요.

　그런데 그런 관점이 어릴 때부터 있었던 것 같아요. 부조리에 상당히 민감했던 것 같고요. 그러다 보니 제가 쓰는 영화의 어떤 시나리오는 항상 뭔가 찜찜한 것이나 결핍이 정확하게 해소되는 결말이 아니라 항상 부조리하게 귀결되는 경우가 많은 것 같아요. 그것이 과연 사건이 해결됐다고 볼 수 있는 건지 아주 애매한, 막막한 결말이 많잖아요. 그것이 제가 세상사를 보는 관점이 그래서 어쩔 수 없이 그런 것 같아요. 그런데 제가 장르에 대한 충동이 많잖아요. 장르영화를 사랑하고, 어릴 때부터 장르영화와 호흡하면서 제 혈관이나 세포 속에 장르영화의 영화적인 흥분이나 장르 컨벤션에 대한 사랑이 있는데, 그렇기 때문에 어떤 장르영화를 찍는 것처럼 막 가다가도 결국 막판 끄트머리에 가서는 부조리에 대한 관점을 이기지를 못하는 것 같아요. 장르가 부조리 앞에 무릎을 꿇는다고 해야 되나?

(김)　　장르영화는 결말을 깔끔하게 마무리해야 되잖아요.

(봉)　　장르영화는 대충 어떤 결핍이나 부조리한 그런 것들이 해소되면서 끝나는 것이잖아요. 그런 결핍을 해소시켜주고 해결을 보면서 히어로가 승리하고 사랑을 얻으면서 이렇게 미션을 완수하고 연인과 키스를 하면서 딱 끝나는 거잖아요. 그런 결말에 제가 도달을 못 하는 것이죠. 그런 결말에 도달하기에는 내가 스스로 깔아놓은 부조리의 돌부리들이 너무 많은 거죠. 내가 심어놓은 그 돌부리들에 내가 발이 걸려 넘어지는 건데, 그럼 코피를 질질 흘리면서 이상한 지점에, 이상한 결말에 도달하는 것이죠. 나 자신에게 있어서는 그게 상당히 자연스러운 과정인데, 영화를 처음 보는 분들은 그런 부분을 아주 당황스러워하더라고요.

〈살인의 추억〉 때도 제 주변의 일부 프로듀서들이나 어떤 사람들은 가상의 범인을 설정해서 영화 속에서 그 범인을 통쾌하게 때려잡으면서 끝내야 되지 않냐? 그래야 이게 관객들이 용서를 하지, 기껏 돈을 내고 영화를 보고 범인도 못 잡고 이렇게 극장을 나가면 찜찜해서 어떻게 할 것이냐? 근데 저는 그런 제안에 한 번도 솔깃해본 적이 없었어요. 이것은 실제 사건이고 범인을 못 잡았다는 것을 알고서 관객이

영화를 보러 가는 건데, 그걸 배신하는 것은 오히려 더 짜증
스러운 영화가 될 것이다, 라는 확신은 있었어요.

ⓘ   〈괴물〉에 대한 얘기를 하면요. 〈괴물〉의 배경인 한강
의 촬영 장소는 구체적으로 어디였나요?

⬤ 봉   한강 둔치 여러 곳에서 〈괴물〉을 찍었는데, 그 주된
주인공 가족인 변희봉 일가족이 운영하는 매점이 있었던 곳
은 서강대교와 마포대교 사이였고요. 괴물의 은신처로 나오
는 곳은 원효대교 북단에 실제로 있는 큰 하수구, 우수구라
고 하는데요, 빗물을 흘려보내는 곳이었죠. 지금은 매점이
없어지고 다 편의점으로 바뀌었잖아요. 그 당시 제가 시나
리오 쓸 때 실제 매점 하시는 분들을 좀 만나보고 했는데, 그
때 한강 매점 운영권을 받았던 분들의 한 절반 정도, 상당수
가 상계동 철거민이셨더라고요. 김동원 감독님의 유명한 다
큐멘터리 〈상계동 올림픽〉에서 보면 결국 주민들이 비극적
으로 다 철거가 되고 쫓겨나잖아요. 거기 그분들을 무마하
기 위해서 또는 뭐 어떻게 반대급부를 주기 위해서 이제 한
강 매점 운영권을 서울시에서 준 사연이 있어요.
    영화의 스토리에 제가 그런 부분을 노골적으로 드러내지

는 않았는데, 그런 막연한 설정이 있었어요. 변희봉 선생님 하고도 그런 얘기를 했는데, 원래 이게 뭐 대단한 권리금을 내거나 권리를 갖고 이런 장사를 시작한 게 아니고 사실은 그냥 이렇게 흘러들어 온 상계동 철거민 출신이라는 것이 죠. 이 가족도 그렇다는 것입니다. 계급까지는 아니더라도 약자에 대한 관점이 중요했거든요. 송강호 가족이 어떤 약자, 국가 시스템의 도움을 못 받는 약자를 대변하잖아요. 딸이 괴물한테 그렇게 잡혀갔는데, 군인이나 경찰이 별로 도와주지 않고요. 와중에 전염병 보균자라고 오히려 전염병예방법 위반으로 쫓기는 신세가 된단 말이죠. 코로나 19 시대에 다시 보면 또 느낌이 남다를 것 같은데요. 어쨌든 그 보균자라고 해서 오히려 전염병예방법 위반으로 쫓기기 시작한단 말이죠. 돈도 없고 '빽'도 없는 약자라는 개념이 중요해서 매점 가족이 주인공이 된 것이고, 거기에 이제 한층 더 약자가 나오는데, 세진, 세주라고 하는 형제가 그렇죠. 계급적인 접근까지는 아닌데, 어쨌든 그것도 약자에게 층위를 나눠가지고 약자 가족이 나오고 더 약한 형제가 나온다는 것이죠. 괴물이 출몰하는 사건 때문에 애들이 같이 그 하수구(우수구)에서 만나게 된다, 뭐 이런 접근이었던 것이죠.

(황)   감독님 영화를 보면 지금 말씀하신 것처럼 어떤 사회 부조리나 약자에 대한 맥락에서 보면, 여성이 굉장히 중요한 역할을 하잖아요. 여자가 주인공이라고 할 수 있는 영화는 〈마더〉나 〈옥자〉 정도지만 〈살인의 추억〉에도 중요한 키 포인트는 다 여자들이 쥐고, 또 하나는 이렇게 무거운 이야기, 가슴 조이는 스릴러 장르가 대부분이면서도 굉장히 유머러스하죠. 감독님들은 보통 주제를 향해서 가는 게 목적이기 때문에 유머가 자연스럽게 배어 나오지 않으면 아주 어려울 것 같거든요. 유머는 태생적으로 되는 것 같아요. 박태원 작가가 수필이나 잡문 같은데도 보면 상당히 유머러스하셨고, 모임에서 좌중을 웃기는 게 취미셨대요. 그래서 박태원 작가가 오면 이제 다 웃을 준비하고 이야기를 듣고 했다는데, 아버님이라든가 가족 분위기에서 자연스럽게 감독님 몸에 밴 유머 감각 같은 게 있으신지요? 시상식마다 정말 유머러스한 멘트로 존경과 인기를 한 몸에 받았잖아요. 그러니까 그런 유머 감각이나 또 여성이나 약자에 대한 배려를 연결해서 듣고 싶습니다.

(봉)   뒤에서부터 말씀드리자면 시나리오 쓸 때 뭐 이제 이 신에서 혹은 이 대사에서 관객들이 꼭 웃어야 돼, 이런 목표

의식을 갖고 쓰지는 않거든요. 실생활이나 제 성격 탓인 것 같아요. 외할아버지 박태원 작가께서 유머가 많으셨단 얘기는 저도 들었어요. 아드님들, 그 중 저의 외삼촌이 유머가 많으세요. 달변가시고요. 근데 잘 모르겠어요. 유전이 어떻게 되는지도 모르겠고, 또 저희가 이산가족이라 북한에서 돌아가셨기 때문에, 제가 한 번도 뵙지를 못해서 잘 모르겠어요. 그런데 저희 아버지가 생전에 보면 약간 기괴한 독설 같은 걸 많이 하셨어요. 미술하시는 분인데, 글을 쓰시면 진짜 이상해요. 그림하시는 분이라 그런 건지는 모르겠는데, 문장이 이상하게 비문으로 돼서, 저나 형한테 교정을 맡기시면 저희가 교정하다가 포기할 정도였어요. 여기서부터 여기까지가 한 문장인데, 주어와 술어, 목적어가 이상하게 뒤엉켜 가지고, 언어로 표현이 안 될 정도였어요. 그 정도로 상당히 이상한 분이셨는데, 실제 말을 할 때는 아주 재밌으셨어요. 상당히 기괴하고 그로테스크한 어휘 사용을 많이 하셨어요. 그래서 아버지가 그렇게 얘기하실 때 아주 재밌다는 생각을 많이 했어요. 상당히 재밌는 표현을 많이 하신다거나 이상한 표현을 쓰신다거나 하셨던 영향을 받았을 수도 있겠다는 생각이 들기도 하는데요.

어쨌든 시나리오 작업을 할 때 의식적으로 '여기서는 코미디가 들어가야 돼.'라는 식의 작업을 하지는 않아요. 우리가 실제 삶이나 생활에서도 뭐 웃기고 유머러스한 순간과 슬프고 불편한 순간 같은 것들이 많이 섞여 있잖아요. 사실은, 이렇게 일상의 무슨 순간들이 장르가 나뉘듯이 딱딱 구분이 안 되고 섞여 있는데, 저는 그것 자체를 고스란히 이렇게 담고 싶은 마음이 좀 있는 것 같아요. 그러다 보니 이제 장르의 틀만 갖고 제 영화를 보게 되면, 좀 낯설고 신기할 수도 있겠죠. 저는 신마다 장르를 전환해서 이 시퀀스는 호러였고 이 시퀀스는 코미디다, 그렇게 나눠서 생각한 적은 없거든요. 오히려 그냥 제 나름대로의 리얼리즘이라고 생각하는 것 같아요. 그런 복합적인 감정들이 유머와 공포, 슬픔이 동시에 분출되는 것이죠. 우리 실생활이 그렇기 때문에 나도 당연히 이렇게 찍는다는 식의 접근인 것 같고, 〈옥자〉, 〈마더〉, 〈플란다스의 개〉는 명백하게 여주인공이 있었던 것 같고요.

　오히려 그런 여성 캐릭터가 주인공으로 나서는 것에 있어서는 왜 여성이어야 되냐를 굳이 따져본 적은 없는데, 자연스럽고 당연한 일인 것 같아요. 어차피 옥자처럼 동물이나 곤충이나 로봇이 주인공이 아니라면 당연히 인간이 주인공일 것이고 인간은 여성과 남성이니까, 자연스럽게 7편 중에 반 정도, 3편 정도는 여성 주인공이 된 것이라고 보는 것이고요. 그걸 굳이 "왜 옥자에서 소년이 아니라 소녀가 주인공이냐?"라고 누가 질문한다면 "아니 (주인공이 소녀인 게) 자연스럽지 않냐? 당연한 일 아니냐?"라고 그냥 대답할 것 같아요. 오히려 여성 캐릭터가 처한 상황에 대해서 〈살인의 추억〉에서는 의식적으로 다룬 부분이 있었어요. 거기 보면, 여자 순경이 나오거든요.

㉣ 그렇죠. 굉장히 중요한 역할을 하죠.

● 네, 중요한 역할을 하고, 그 박현규 캐릭터를 잡아들이게 된 'FM 라디오 신청곡' 그것을 상당히 논리적으로 추리해서 그렇게 중요한 단서를 제공하는 그런 캐릭터가 김광림 선생님 원작에는 없어요. 다방 종업원이 있죠. 여기자가 있고, 원작에서는요. 저는 이제 그것을 아주 중요한 여순경 캐릭터인 귀옥으로 했어요. 고서희 씨가 연기한 귀옥이 중요한 지적을 하는데, 결국은 또 그냥 "커피 타 오라!" 그래요, 80년대에는.

㉣ 그러니까요. 그게 너무 재밌었어요.

봉　"추리소설 많이 봤지, 수고했어."라고 하면서 커피 타 오라 그러고…….

황　맞아요. 그래서 또 커피 타 가잖아요.

봉　"설탕을 몇 개 넣어라, 마라!" 뭐. 이게 어떻게 보면 80년대 현실인 것 같아요. 그리고 뒤에 또 송강호 씨가 멱살을 잡고 싸우는 게 있어요. 거기서도 이제 그 여순경이 "꽥!" 소리를 지르고, 진정시킨 다음에 지금 FM 방송국 노래 나온다고 하면서 노래 나오는 걸 틀어주죠. 그 남자 캐릭터들, 그 당시 마초(?) 형사들은, 물론 그 형사들도 범인을 미치도록 잡고 싶었던 그 진심은 이해하고 존중하지만 그들은 또 그런 한계가 있었던 것 같아요. 그런 식으로 커피 타 오라고 하고, 뚜렷한 시대적인 한계죠. 그리고 이제 그렇게 커피 타 오라, 뭐 설탕을 넣지 마라 하는데, 또 이 여순경은 계속 자기 나름에는 더 집중하고 있었던 것 같아요. 그래서 FM 라디오에서 다시 노래가 나왔을 때, 그 간부들과 자기 상사들한테 소리를 '꽥!' 지를 수 있는 그런 에너지가 있었던 것이죠. 어느 시대에나 특정 상황에서 여성 캐릭터가 처한 상황을 구체적으로 의식했던 것은 오히려 〈살인의 추억〉이었던 것 같고요. 말씀하신 〈옥자〉, 〈마더〉, 특히 〈마더〉는 또 처음부터 '엄마'에 관한 얘기였고, 〈마더〉나 〈옥자〉나 〈플란다스의 개〉의 경우에는 여성 주인공의 등장은 특별히 설명할 게 없는 자연스러운 것이었어요.

'측은한 괴물'의 구상

㉠　〈괴물〉을 보면서 이 괴물이 다른 외국의 〈고질라〉나 이런 류에 나오는 괴수에 비해서 크지 않다는 것이 인상적이었어요. 물론 초반에는 공포스럽게 나오고 사람들을 닥치는 대로 잡아먹고 그러지만요. 처음 볼 때는 몰랐는데, 나중에 다시 보면서 보니까, 이게 괴물이 현서를 비롯한 꼬마 애와 몇 사람들을 그 하수구에 토해내죠?

　말하자면 음식을 저장해놓는 듯한 느낌을 받았어요. 쟁여놓는다고 할까요? 왜 굳이 음식을 저장해놓는지, 괴물이 처한 상황을 보여준다는 느낌이 있었어요. 그런 부분이 감독님이 의도적으로 괴물을 그렇게 설정하신 게 아닐까 하는 좀 독특하다는 느낌이 들었어요.

봉   처음 괴물영화를 구상했을 때부터 첫 번째 제가 통과해야 되는 관문이 이제 괴물의 사이즈였죠. 그것에 따라 사실 '괴물'이 얼마만큼 큰가? 또는 장면에 따라서 '에일리언'처럼 성인 남자 사이즈랑 큰 차이가 없는데도 오히려 상당히 무서운 괴물도 있구요. 〈고질라〉처럼 일본 괴수영화답게 뭐 빌딩보다 더 큰 괴수도 있고. 그 사이즈를 어떻게 정하느냐에 따라 영화의 강렬함이랄까요? 아무리 같은 '괴수, 괴물 장르'라고 하더라도 영화의 성격이나, 느낌이 달리 규정되기 때문에 이제 저는 되도록, 이제 동시대 우리가 일상적으로 매일 버스로 한강의 교각들을 지나다니고, 뭐 이렇게 올림픽대로에서 보면 한강이 보이는 그런 가장 가까운 일상적인 공간에서 '몬스터'가 나온다, 거기서 오는 약간 '생경함', 거기서 오는 '영화적 흥분'을 주고 싶었어요.

막상 올림픽대로 바로 옆에 있는, 우리한테 너무나 친숙한 공간에서 '괴물'이 나온다는, 저는 그 이상한, 낯설면서도 사실적인 느낌과 그 생경함이 영화의 출발점이었어요. 따라서 괴물의 사이즈도 뭔가 있을 법한 사이즈여야 된다, 한 대 쳐서 63빌딩을 부시고 이러면 이 영화의 톤하고는 너무 안 맞는다고 생각했어요. 그래서 되도록 작게, 작아야 사실적이라고 생각했죠. 그렇지만 관객 입장에서는 무섭기도 하고 등장인물의 관점에서는 무섭고 위협적인, 위압적인 느낌이 있어야 되니까 그런 사이즈의 어떤 정확한 절충점이 영화에서 보신 '그것'이었어요. 버스와 버스 사이에 이렇게 약간 가려지는 장면도 있잖아요. 초반 장면에서 보면, '고속 버스 뒤에 숨을 수 있을 만한 사이즈'라고 이제 크리처 디자이너한테 주문을 했었고, 그 상태에서 이제 모든 것들을 준비해나가는 상황이었어요.

말씀하신 것처럼 이 괴물이 물론 무섭지만 보다 보면 약간 측은한, 그렇게 보이게 만들자는 생각도 있었어요. 사실 얘가 뭔 죄가 있냐? 기형으로 태어난 후 약간 통증이 있는 느낌? 몸이 어디가 계속 아프면 사람이 막 신경질이 많아지고 히스테리가 많아지는 약간 그런 느낌. 옛날에 그 낙동강 페놀 폐수 사건 때 보면, 등이 굽은 물고기가 발견됐잖아요? 저와 크리처 디자이너가 처음 괴물 디자인을 상의할 때부터 이렇게 그 기형 물고기의 느낌, 이 괴물 디자인을 보면 이렇게 등이 굽어 있는 물고기 디자인인데요, 육지를 뛰어다니고 할 때 나타나죠. 환경오염 때문에 영화에서는 구체적으로 '맥팔랜드 사건' 독극물 방류 이런 것도 나오는데, 오염된 물에서 나온 기형 물고기다. 기형이니까 몸이 어딘가 아프고 신경질이 나고 그러니까 난폭한 행동을 하지만 알고

보면 약간 측은하기도 한 것이죠. 연령대를 보면 약간 질풍
노도의 시기, 그 신경질이 많은 하이틴 나이대. 자기 통제가
안 되고 그런 게 처음 괴물 디자인하는 친구와 나눴던 의견
이에요. 스토리를 처음 만들어갈 때, 제가 가장 기뻤던 어떤
모멘트가 자연 다큐멘터리를 보다가 펠리컨이 나오는데,
펠리컨의 부리 밑에 주머니가 있잖아요. 거기에 물고기를
먹이를 운반해요. 출렁출렁하면서.

(황)   맞아요.

⬤ 봉   그걸로 해서 물고기를 옮겨가지고 새끼도 먹이고 자
기도 먹기도 하는 것을 보고 제가 아이디어가 떠오른 것이
에요. 보통 괴수영화에서 괴물은 그냥 사람을 죽이잖아요.
아니면 그 자리에서 먹어버리거나. 이 영화는 '괴물'이 희
생자를 운반하죠. 심지어 운반을 했는데, 그중에 일부 애들
이 살아 있는 거예요. 거기서부터 이 영화 플롯의 가장 독특
한 독창적인 부분이 나오게 되죠. 괴물이 사람을 죽이는 영
화가 아니라, 괴물이 유괴kidnapping를 하는. 어떻게 보면 이
게 유괴 영화예요. (괴물영화가 아니라) 근데 유괴범이 괴물
인 것이죠. 유괴범으로부터 애를 구하려고 가족들이 돌아다

니는 것을 보니까, 송강호 가족이 애를 찾아다니는 플롯이 된 것이죠. 그러다 보니까 여태껏 괴수영화에서 한 번도 나온 적이 없는 스토리텔링이 나오고 그랬죠. 그래서 그 아이디어를 얻었을 때 정말 기뻤고, 자연계에 그런 동물들은 실제로 좀 있거든요. 먹을 것을 자기 둥지나 은신처에 이렇게 쟁여놓는 동물들이 있어요. 펠리컨뿐만이 아니라 비버도 자기 집을 짓고 이렇게. 그 아이디어가 그래서 어떻게 보면 〈괴물〉 시나리오 쓸 때 결정적인 순간이었죠.

〈기생충〉도 그 '지하실에 가정부의 남편이 있다.'라는 아이디어가 떠오른 순간이 있었어요. 시나리오를 완성하기 한 4개월 전에, 그 거의 3~4년의 기간을 거의 뭐 반지하 가족과 부자 가족, 그 두 가족만 가지고 쭈욱 끌고 오다가 사실은 지하에 숨겨놓은 남편이 있다. 그래서 '이게 한 지붕 세 가족 얘기다.'라고 된 것은 불과 석 달 반 전에 나온 것이거든요. 시나리오 완성할 때, 그 이전의 3~4년 동안은 그냥 두 가족만 있었어요. 저와 같이 일했던 공동 작가들은 몰랐어요. 그 부잣집에 지하실이 있는지. 제가 혼자 마지막 석 달 동안 (시나리오를) 쓸 때, 그게 나온 건데, 시나리오 작업이라는 건 그런 어떤 결정적인 모멘텀이 딱 나오면, 그 뒤는 정말 아주 급속도로 풀려요. 〈괴물〉도 그랬어요. 한 몇 년간은 그냥 혼한 재난영화처럼 하다가 잘 안 풀리고 그러다가 그 자연 다큐멘터리 덕분에 '애를 납치한다.'라는 플롯이 나오면서 모든 게 다 풀려가게 됐어요. 그것은 지금 돌이켜보면 결정적인 순간이었고, 그래서 상당히 독특해진 것이죠.

　그러면서 또 다른 남자애를, 꼬마 애를 데리고 오잖아요, 괴물이. 그러다 보니 고아성 캐릭터 '현서'가 자기보다 더 조그만 아이를 또 은신처에서 만나게 되잖아요. '괴물'이 운반을 하는 바람에. 그 후반부에 약자가 더 약자를 만나게 되는 플롯도 사실 그 아이디어 때문에 가능해진 것이죠. 사실 결정적인 모멘트였어요. 그 〈기생충〉 때 '그 부잣집에 지하실이 있다. 거기에 숨겨놓은 남편이 있다.'라는 게 떠오른 순간, 그리고 〈괴물〉에서 '희생자를 죽이고 먹는 게 아니라, 운반한다.' 이런 게 떠오르는 순간, 우리가 소위 말하는 "그분이 오셨다."라고 표현하는 것이죠. 그게 인간의 의지대로 되는 게 아니고, 어쩌다 들어온 것이기 때문에 어려운 것 같아요. 예를 들어 뭐 '12월 24일에 그분이 온다.' 이렇게 딱 정해져 있고, 이제 그날 일하러 가면 그게(영감이) 오고 이러면 좋을 텐데, 의지대로 되는 게 아니고 정말 그분이 오셔야 오는 것이기 때문에 이런게 시나리오 작업의 고통인 것 같아요.

600번의 인터뷰, 100번의 GV

(황)　감독님께서 인터뷰를 많이 하셨잖아요? 칸영화제 할 때도 그렇고, 〈마더〉 때도 해외 인터뷰할 때 나온 질문 중에서 우리나라에서는 잘 안 나오는 질문 같은 것, '한국 관객 혹은 한국 기자와는 좀 다른 측면을 보네? 이런 것도 질문하네?' 하는 그런 질문이 기억나는 것이 있으실까요. 외국에서 좀 달리 본 포커스가 있었을까요?

(봉)　〈기생충〉은 칸에서부터 오스카까지 특히나 오스카 캠페인 과정에서 정말 정확히는 안 세어봤는데, 한 600번 이상의 인터뷰를 했어요.

(황)　그러셨다고 들었어요.

(봉)　로테이션할 사람이 없어서 제가 완전히 거의 탈진 상태까지 갔는데, 몸이 힘들어가지고 약을 먹으면서 인터뷰할 정도였으니까. Q&A, 관객과의 대화도 뭐 한 100회 이상 했구요. 근데 또 〈설국열차〉 때도 비슷하게 또 많이 했어요. 여러 나라를 방문했으니까. 〈괴물〉 때부터 제 영화들이 해외

개봉을 많이 했거든요. 모든 나라, 개봉하는 모든 나라에 가서 인터뷰를 하는 건 아니지만, 주요 테리토리, 주요 국가들, 큰 마켓들 그러니까 뭐 북미랑 일본, 프랑스, 독일, 영국 이런 나라들은 항상 포함이 되어 있었던 것 같아요. 그러다 보니까 그런 나라들을 돌면서 계속 인터뷰를 해야 되고, 개봉 프로모션을 하다 보니까 그것 자체도 원래 감독의 본업이 아님에도 불구하고 그냥 큰일처럼 되어버려 가지고 상당히 힘든 경우가 많았는데, 그게 사실 한 60~70퍼센트는 비슷해요, 질문이. 한국이고 외국이고 할 것 없이 다 비슷해요. 그래서 나중에는 저 자신이 상당히 지치다 보니까 어떨 때는 막 거짓말을 할 때도 있어요. 자기가 직접 한 것처럼, 픽션을 만들어내서 대답할 때도 있고, 농담을 할 때도 있고.

〈기생충〉 때 텍사스에 있는 오스틴의 어느 영화제에 가서 인터뷰를 할 때, 오스틴 쪽이 '사우스바이사우스웨스트'라는 아주 유명한 영화제도 있고, 거기가 이제 영화 마니아들이 득실대는 고장이에요. 제가 인터뷰를 했던 극장도 의자 앞에 긴 테이블이 있고 거기 생맥주랑 햄버거를 놓고 먹으면서 영화를 볼 수 있게 되어 있는 시설이 있고, 극장 안에 직접 직원들이 와서 먹을 것을 막 파는 골수 마니아들이 득시글거리는 극장이었죠. 그렇게 햄버거 먹으면서 밤새 미드나

잇 스크리닝에서 6시간짜리 영화를 연속으로 보고 이랬는데, 거기서 그간의 반복되지 않는 특이한 질문들을 좀 받아서, 재미있었던 기억이 있어요. 〈마더〉 때는 뉴욕영화제나 스페인 산세바스티안 같은 데서 외국 기자들이 원빈 씨에 대한 질문을 좀 했어요. 국내에서는 원빈 배우가 너무 수려한 외모 때문에 연기에 대해서 약간 손해를 본 점이 있어요. 그래서 영화 〈마더〉에서도 연기에 대한 평가가 김혜자 선생님이나 진구 씨에게 집중돼 있었죠. 특히 진구 씨가 남우조연상을 많이 받았거든요. 그래서 그 배우 두 분이 포커스를 많이 받았는데, 뉴욕영화제나 그 미국이나 유럽의 기자나 평론가들이 오히려 그 원빈 씨가 꽃미남 배우라는 편견이 없어서 그런지 아들 역할에 대한 질문도 김혜자 선생님 못지않게 아주 많았어요.

그 아들 역할이 사실 상당히 어려운 역할인데, 약간 살짝 미친 것 같기도 하고 바보 같기도 하고, 그 미묘하고 어려운 연기를 배우가 정말 참 잘했다, 저 배우가 뭘 했던 배우냐? 누구냐? 그 질문을 많이 했어요. 꽃미남 배우다, 한류스타다, 이런 편견이 없기 때문에 아시아나 일본이나 한국에서 원빈 씨에 대해 나온 질문하고, 북미나 유럽에서 나온 질문이 상당히 달랐어요. 그 경우에 그런 원빈 씨 캐릭터나 원빈 씨의 훌륭한 연기에 대한 칭찬이나 진지한 질문이 많았었고요. 이런 얘기를 제가 귀국해서 원빈 씨 본인한테 많이 해줬는데, 본인은 자꾸 "감독님 괜히 저 위로하려고 응원하려고 그런 얘기 하시는 것이죠? 거짓말하지 마세요." 본인은 또 절대로 안 믿어요. 사람이 아주 겸손해가지고. 〈마더〉에서의 원빈 씨 연기는 북미나 유럽 쪽에서 더 많이 다루어준 것 같아요. 제대로 평가해준 것 같은, 그런 차이는 있었어요.

(황) 아무튼 아카데미 캠페인 때 무지 고생을 많이 하셨다고 들었어요.

(봉) 저뿐만 아니라 그 레이스에 끼어든, 그러니까 그 레이스에 호출돼서 나온 그들은 이렇게 말해요. 그러니까 부름을 받은 것이라서 그건 해야 된다고, 어쩔 수 없이. 친한 미국 감독들 하고 얘기해보니까, 이게 어차피 인생을 살면서 그렇게 부름을 받고 불려 나가는 일이 몇 번 없다. 그래서 부름을 받으면 이게 너무 고단하고 힘든 건 알지만 그냥 웬만하면 다들 열심히 한다고 하더라고요. 그렇게 자주 있는 일이 아니기 때문에 자기들도. 그 〈결혼 이야기〉의 노아 바움백 감독이나 〈조조 래빗〉의 타이카 와이티티 감독하고 행사

를 같이 다니니까 거의 한 몇 달 내내 계속 봤어요. 월화수목금 맨날 보니까 뭐 "괜찮냐?" "너는 어때?" 묻는, 이런 동병상련의 처지였는데, 그런 얘기를 많이 했어요. 대신 이제 뭐 스코세이지 정도 되는 거물급 감독님들은 이제 좀 매일 나오진 않으시더라고요. 행사 한 두세 번하면 한 번 정도 나오고, 대신 그럴 때는 프로듀서들이 나와서 돌아가면서 이렇게 메워주면서 로테이션하고 이제 저나 노아 바움백이나 이런 젊은 감독들은 오스카 캠페인도 거의 처음 하는 것이고, 거의 모든 행사에 다 불려가는데 저 같은 경우는 누구 메워줄 사람이 없잖아요, 프로듀서들이. 미국 매체에서 원하는 게 다 저니까 제가 사실 거의 모든 걸 다 해야 되니까 이제 본의 아니게 엄청 고생을 했죠. 다행히 뒤에 후반에 가서는 송강호 선배나 배우들도 짬을 내서 미국에 많이들 오고 그래서 하중이 좀 분산되기도 하고, 제작사 곽신애 대표도 오고 후반에 한두 달은 그렇게 했는데, 막판에 이제 한두 달, 그리고 전체 한 6개월의 과정을 보면 많이 힘든 일정이긴 했었죠.

지금 와서 돌이켜보면 좋은 경험이었던 것 같고, 그 과정에서 또 제가 어릴 때부터 존경하고 동경했던 그 아티스트들과 크리에이터들을 많이 만날 수 있었어요. 텔루라이드

Telluride가 첫 캠페인 시작인데, 거기에 베르너 헤어조크 감독님도 계셨고, 프리미어 상영 때도 헤어조크 감독님이 〈기생충〉을 보시고 상당히 흥분하셔서 저와 송강호 선배가 있는 쪽으로 직접 오셔가지고 뭐 여러 가지 감상도 많이 얘기해주시고, 이후에 캠페인 과정에서 계속 좋은 감독님들이나 배우 분들을 여러 차례 계속 만나게 되니까, 로버트 드니로를 일주일에 세 번 이상 보게 되는 그런 상황까지 계속 가게 되니까요. 프란시스 코폴라 감독님도 뵀고 많은 분들과 그런 세미나 또는 토크쇼 형식으로 감독조합 행사 때 또 감독들과 같이 대담도 많이 했고, 거기서 스파이크 존스나 또 데이비드 러셀 같은 감독들이 〈기생충〉 관객과의 대화를 진행도 해줬고, 그래서 그러다 보니까 자연스럽게 많은 아티스트들을 만나고 대화를 해볼 수 있었던 것은 오스카 캠페인의 좋은 면이었던 것 같아요.

'히어로 돼지'가 아닌 현실의 돼지, 〈옥자〉

㉠　〈옥자〉를 보면서 제가 느꼈던 것을 말씀드리자면, 옥자가 뭔가 굉장히 지능이 있고 능력 있는 그런 일종의 피조

물이잖아요. 미자가 벼랑에서 떨어졌을 때 살려내기 위해서 몸을 던져서 미자를 구해내는 그 정도면 옥자는 굉장히 지능과 어떤 능력이 있는 그런 생명체라고 보는데, 그래서 옥자가 뭔가 초능력을 가지고 활약을 할 것 같다는 그런 기대감을 줘요, 영화 초반에는. 그런데 막상 뉴욕에 갔을 때는, 아주 비참하고 굉장히 무기력해지잖아요. 그래서 초반에서의 활력과 미국에서의 그 비참함이 아주 대비가 되죠. 바로 이 지점에 단순히 장르를 넘은 감독님이 어떤 메시지가 있는 것이 아닌가 하는 생각을 많이 했어요. 그것에 대한 보충 설명을 듣고 싶어요.

봉 네, 말씀하신 흐름이 맞구요. 그 초반에 절벽 시퀀스죠. 미자가 추락할 뻔했을 때, 사람보다 더 영리하게 도르래 원리를 이용해서 실제 옥자 자신은 이제 밑으로 떨어지고, 미자를 위로 확 끌어 올려서 구해내게 되잖아요. 정말 스마트한 동물인데, 말씀하신 것처럼 후반부에 뉴욕에 끌려가고 나서는 상당히 비참하고, 특히 그 실험실에서 제이크 질렌할에게 아주 트라우마틱한 상황을 겪잖아요. 어떻게 보면 거의 성폭행이라고 할 수 있는데, 그게 실제로 돼지들이 겪는 상황이에요. 축산 인더스트리를 다룬 다큐멘터리를 보면

상당히 끔찍한 장면이 나오는데, 그중에 하나는 필요한 시
기에 계속 새끼를 낳게 만들어야 되니까 사람들이 주도해서
인위적으로 교미를 진행시켜요. 동물의 입장에서는 자기가
끌리는 파트너를 선택한 것도 아니고, 동물들도 원하는 시
기가 있고, 하고 싶을 때가 있고 하기 싫을 때가 있는 건데,
교미를 막 강제로 진행시키거든요. 사실 상당히 끔찍한 순
간인데, 특히 암컷 동물들의 입장에서는. 실제 다큐멘터리
를 보면, 그게 아주 무시무시한 것이죠.

　그게 영화에서도 나와 있는 것인데, 그 트라우마를 겪고
실험실에서 상당히 모진 상황들을 연이어 겪으면서 원래 옥
자가 아니라 붉은 눈의 이상한 생물체처럼 되고, 심지어 친
구인 미자도 못 알아보잖아요. 그게 어떻게 보면 상당히 비
참한데, 아마 막상 뉴욕에 가고 나서 좀 전에 얘기한 절벽 신
에서 그랬던 것처럼 맹활약을 기대했던 분들에게는, 예컨
대 킹콩이 엠파이어스테이트 빌딩에 올라가서 활약했듯이,
그런 액션을 기대했던 분들에게는 실망이 됐을 텐데요. 제
가 본래 또 그런 실망을 별로 두려워하지 않거든요. 오히려
동물들이 처한 현실, 실제 돼지들이 처한 현실 같은 느낌을
주려 했던 것이죠. 돼지들이 축산업에서 다루어지는 방식은
끔찍한데, 요즘은 이제 친환경적인 축산도 많이 하고, 동물

복지 축산에서는 안 그렇지만, 대규모 공장식 축산에서 돼지들이 당하는 취급이 영화 〈옥자〉에서 당하는 것과 상황이 비슷해요.

대중들이 돼지라고 하면, 머리가 별로 안 좋고 미련하고, 똥이나 진흙 이런 것들이 묻어 지저분한 동물이라고 생각하는 경향이 있는데, 사실은 상당히 예민하고 우리가 키우는 강아지 정도의 지능이 있고, 개랑 거의 지능이 동등해요. 사실 아주 깔끔한 동물이에요. 돼지를 반려동물로 키우는 집도 있어요. 사실은 그런 동물인데, 뒤로 180도 회전도 할 수 없고, 몸을 뒤로 돌릴 수도 없는 크레이터라고 하는 금속으로 된 케이지에 딱 가두어놓고, 거기서 비참하게 주는 사료를 먹으면서 새끼를 낳고 키워요. 그런 처지이기 때문에 공장식 축산의 컨베이어벨트에 들어가면, 그 과정에 편입되고 나면 그런 신세가 돼버리거든요. 〈옥자〉에서 그 옥자가 뉴욕에 간 후에 상황은 사실상 그런 것이었죠. 뭐 이런저런 일을 거친 후에 결국 도살장까지 도달하게 되잖아요. 그래서 아마 후반부에 킹콩 스타일의 맹활약을 기대했던 관객들은 좀 실망했을 텐데, 사실은 크리처가 활약하는 영화라고는 처음부터 생각하지 않았었고, 크리처의 활약상은 사실 회현 지하상가까지가 마지막인 것이었죠.

뒷부분은 이제 그 무시무시한 공장식 축산 인더스트리로 끌려가서 옥자가 어떻게 되는 건가, 마치 주인공이 아우슈비츠에 끌려가는 상황처럼 묘사해나가는 게 후반부의 핵심이었거든요. 공장식 도살장과 그 비육장Feed Yard에 돼지들 수천 마리가 있잖아요. 철조망으로 둘러싼 비육장이 실제로 있어요. 리서치를 위해 콜로라도에 갔었는데, 거의 비슷하게 생긴 그런 시설이 있더라고요. 그런 넓은 필드에 소들을 수천 마리 가두어놓고 계속 사료를 먹이면서 무게가 일정 정도 도달하는 애들을 하루에 몇백 마리씩 도살장으로 보내는 것이죠. 마치 가스실에 보내듯이. 영화의 후반부에서 옥자가 그런 식으로 도살장에 도달하는 과정에 집중을 하다 보니까, 막상 뉴욕에서 옥자가 활약할 여지는 없었고, 대신 활약은 다 미자 쪽의 몫이었죠.

극장에서 영화를 본다는 것

(황)　지금 비디오 스트리밍 플랫폼 방식의 넷플릭스 제작으로 〈옥자〉가 관객을 만나게 됐잖아요. 앞으로 많은 부분들이 우리가 극장 관람에서만 영화를 접하는 것이 아니라 스

마트폰으로 볼 수도 있고, 여러 가지 채널을 통해서 영화를 보게 될 텐데, 감독님들이 영화를 만들 때, 다양한 장소에서 영화를 대하는 관객들의 태도가 다른 상황에서 영화를 보게 됨으로써 영화를 만들 때나 시나리오 쓸 때, 찍을 때도 변화가 있을까요? 그것과는 상관없이 그냥 '마이웨이'가 될까요?

봉 저는 최후의 순간까지 어떻게든 '마이웨이'를 하려고 애를 쓰는 편인데, 영화는 우선적으로 극장에서 봐야 된다는 입장이고요. 물론 스트리밍도 좋은 영화 보는 방식 중의 하나지만 일차적으로는 극장에서 보는 게 좋겠다는 생각입니다. 한국에서 넷플릭스와 최초로 작업했던 사람으로서 이게 할 소리냐? 하겠지만, 이것도 어떻게 보면 부조리죠. 넷플릭스도 4K 화질이라든가 돌비 애트모스 등 그들이 제시하거나 유지하려고 하는 기술적 스탠더드가 있어요. 화질이나 음질에 대한 집착이 있고, 그런 부분은 아주 좋은 것 같아요. 중간 광고나 자막 이런 것도 안 넣잖아요.

그런 면에서는 영화에 대한 리스펙트도 있고, 어떻게 보면, 내 영화가 넷플릭스에 업로드되게 되면, 영원히 디지털 아카이빙된다는 느낌으로 긍정적으로 그럴 수도 있죠. 그들이 끝까지 잘 관리해야 한다는 전제하에. 반면 넷플릭스 같은 여러 회사들, 한국도 웨이브라든가 이런 스트리밍 그런 것들이 나오고, 디즈니+, 애플TV+, HBO Max 등 많은 스트리밍들이 나오는데, 영화를 보는 여러 가지 좋은 방법 중에 하나였으면 해요. 오로지 그것만으로 다 올리지는 않았으면 해요. 제 책장에 DVD와 블루레이들이 많이 있는데, 영화를 물리적으로 소장함으로써 오는 그 둔중함 같은 게 있거든요. 책을 읽고 버리는 게 아니라 책장에 꽂듯이, 한 편의 영화가 아주 훌륭한 패키지로 부클릿booklet도 들어 있고, 만질 수 있는 물체로서 진열장에 있는 것을 콜렉터로서 제가 집착하는 부분인데, 이런 형태도 없어지지 않고 계속 갔으면 좋겠어요. 영화를 보는 하나의 방식으로 계속 갔으면 좋겠다는 것이죠. 그것만이 지배적인 방식이 아니라는 것이죠.

그리고 결정적인 차이는 다른 인터뷰에서도 얘기했는데, 극장이 함께 몇백 명이 와서 함께 울고 웃는 공동의 체험을 하는 것도 중요하고, 뭐 초대형 화면에 엄청난 사운드를 듣는 것도 중요하지만 가장 근본적으로 다른 것이 수용자가, 관객이 스톱 버튼으로 정지시킬 수 없는 유일한 곳이 극장이고 약속된 그 시간에 맞춰서 우리가 한번 착석을 하면 멈추지 않고 그것을 놓치지 않으려고 신경을 쓰면서 끝까지 보게 되는 것이죠. 이게 저는 극장의 가장 중요한 핵심이라고 생각하고, 이렇게 저처럼 영화를 만드는 사람의 입장에서는 영화가 진행되는 동안 영화라는 것이 하나의 2시간짜리 덩어리로서 그 전체 호흡이나 흐름이나 리듬에 상당히 집착을 하는데, 리듬이 깨지지 않고 첫 숏부터 마지막 숏까지 마치 음악을 조율하듯이, 오케스트레이션을 조율하듯이 내가 열심히 후반 작업을 하고, 다듬고 조율해서 2시간이라는 리듬의 덩어리를 이렇게 내놓는 건데, 그 중간에 끊기거나 수용자가 어디를 가버린다고 생각하면, 참 뭐라고 할까요. 스코세이지가 그런 말을 했어요. 자기와 친한 주치의에게 진찰을 받으면서, 자기가 만든 〈아이리시맨〉을 봤냐고 물었더니, 그 의사가 "어! 지금 15분씩 끊어서 계속 보고 있어."라고 대답했다는 거예요. "지금 중간 어디까지 보고 있다."고 농담인지 진담인지 그렇게 말을 했다는 것이죠.

(황) 미드로 생각하고 보셨네요.

봉 이렇게 일단 15분씩 끊어서 보고 있으니까 열흘쯤 보면 다 볼 거야. 괜찮아! 뭐 그랬다는 것이에요. 저는 〈아이리시맨〉을 극장에서 봤거든요. 그 압도적인 흐름과 갱스터 영화를 넘어서는 정말 인생의 어떤 피로감과 인생에서 돌이킬 수 없었던 어떤 선택과 그런 중후한 호흡이 쌓이는 건데, 그런 영화를 15분씩 끊어서 본다는 친구의 말이 기막힌 것이죠. 저는 〈아이리시맨〉을 극장에서 본 것을 정말 다행스럽게 생각하고 있어요. 그런 것 같아요. 그 스톱 버튼을 누를 수 없다는 것은 영화를 만든 사람의 입장에서 그게 정말 특히 더 귀한 것 같아요.

㉠ 감독님께서 극장에서 관람하는 것을 강조하셨는데, 전면적으로는 아니었지만 〈옥자〉도 개봉을 했잖아요.

⬤ 한국에서는 80~90개 상영관에서 개봉했죠.

㉠ 그래서 저도 당연히 극장에서 봤는데, 리뷰를 쓰기 위해 나중에 다시 넷플릭스를 통해 보긴 했지만, 그때 큰 화면에서 본 것과 느낌이 아주 달랐죠. 영화는 극장에서 보는 게 중요한 것 같습니다.

⬤ 지금 코로나 유행 시점에 다시 이런 얘기를 나누니까 의미가 깊으면서도 가슴이 아픈 것 같아요. 요즘 우리가 계

속 기다리면서 이렇게 흥분했고, 기대했던 기대작들이 넷플릭스로 직행한다는 둥 이런 뉴스가 계속 나오잖아요. 거듭 말하지만, 넷플릭스 자체가 나쁘다는 게 아니라 극장에서 하고, 넷플릭스에서 또 오랜 기간 볼 수 있으면, 그게 좋은 것이죠.

이제 정말 코로나 백신이 좀 빨리 나왔으면 좋겠어요. 그래서 이 위기를 빨리 돌파하고, 극장의 건재함을 다시 좀 확인할 수 있으면 좋겠어요. 이게 이 상황에 너무 과민 반응을 해서 이제는 극장을 접어야 된다, 우리가 스트리밍으로 영화 산업 자체의 무게중심을 옮겨야 된다, 라는 너무 성급한 진단을 내리지 않았으면 좋겠어요.

혁명가의 영화는 아니지만

김　　제가 준비한 마지막 질문은 〈설국열차〉에 대한 것인데, 이 영화를 재차 보면서, 이 영화가 계급투쟁에 대한 이야기를 다루고 있고, 또 그런 비평도 많이 나왔죠. 어떤 평자는 이 영화가 너무 전형적으로 계급투쟁을 다루고 있다고 비판적으로 쓰기도 했는데, 결말을 보게 되면 커티스 일행이 계속 열차의 앞문을 부수면서 엔진 칸까지 전진을 하잖아요. 그런데 결국 영화의 마지막에는 옆문을 뚫고 밖으로 나가는 것으로 결론이 나잖아요. 그러니까 커티스는 열차 안에서만 문제 해결을 시도했고, 내부에서의 개선을 추구했는데, 그 것만으로 부족했다는 것이죠. 그래서 밖으로 나가는 방법을 찾으면서 반전이 일어나는데, 그러기 위해서는 물론 대가를 치르게 되는 것이죠. 저는 그런 설정이 대단히 인상적이 었는데, 이것이 단순히 계급투쟁의 문제가 아니라, 자본주의 체제를 넘어서서 무언가 새로운 메시지를 전달하고 있다고 본 것이죠. 그런 부분에 대해서 감독님의 말씀을 듣고 싶습니다.

봉 지금 선생님이 말씀해주신 부분이 너무나 간결하지만, 너무나 정확하게 설명을 해주신 것이라서, 저는 그냥 몇 가지 부연 설명만 해드리면 될 것 같은데요. 그 부분이 이제 프랑스 원작 만화와는 다른 부분이죠. 원작과는 다른 부분이 남궁민수가 옆문을 깨고 우리가 밖으로 나가야 된다, 라는 그런 설정이죠. 밖으로 나가야지, 열차 맨 앞 칸으로 가는 게 뭔 소용이냐? 단지 지배하는 사람만 바뀐다뿐이지 지배하는 시스템은 그대로인데. 커티스는 앞으로만 가려고 했

84

고, 남궁민수는 이제 기차 밖으로 나가야 된다고 하고, 그래서 이제 송강호라는 인물이 원작 만화에는 없었는데, 제가 시나리오에 넣게 된 이유이고, 그것이 바로 이 영화의 주제이고, 원작 만화와의 차이점이 된 것이죠. 제가 말하고자 했던 핵심도 바로 그것이었죠.

혹자는 뭐 이게 무슨 체제를 전복하자는 그런 영화냐? 하는데, 그건 너무 과격한 단순화인 것 같고, 우리가 흔히 말하는 혁명이라든가, 전복 뭐 이런 것들에 사실 여러 개의 층위가 있다는 것이죠. 밖으로 나가자, 라는 좋게 말하면 근본적인, 약간 부정적인 뉘앙스로 표현하면, 지나치게 급진적인 그 테마를 송강호가 전달하는 건데, 그걸 이제 시각화한 것이 벽과 문에 대한 차이였죠. 기차 밖으로 나가는 문을 쓰지 않고 17년간 얼어붙은 채로 있어서 원래는 문이었는데, 이제는 우리가 벽으로 생각하게 되는 것이고, 그렇게 받아들이는 것이죠. 그것은 단지 계급이나 혁명이나 이런 걸 떠나서 우리 인생사나 세상사에 폭넓게 적용될 수 있는 부분인 것 같아요. 그게 어떻게 보면, 넓게 봤을 때 더 큰 주제인 것 같아요. 개인이 자기 스스로 마음이건 감정이건 어떤 자기의 경험이나 트라우마가 있어서든 분명히 문을 손잡이를 돌리고 나갈 수 있는데, 못 나가는 경우들이 많이 있잖아요. 문을 방치하고 오랫동안 한 번도 열지 않고 남겨두는 문들은 어느 시점부터 우리가 벽으로 생각하게 되잖아요.

제가 썼던 송강호의 대사, 원작하고는 전혀 다른 맥락이지만, 그 대사가 제가 표현하고자 했던 많은 주제가 농축된 대사였다고 생각해요. "벽이라고 생각했지만, 원래는 문이었다." 문이란 것은 열어야 된다는 것이죠. 여는 건 왜 열겠어요? 나가려고 그러는 것이겠지요. 그래서 거기에 최대한 무게를 실어서 시나리오를 썼던 것이죠. 대신 그 시퀀스는 너무 대사가 많아서, 커티스는 자기도 뭐 사람 고기를 먹었다고 길게 얘기하고, 또 송강호는 송강호대로 길게 얘기하고, 그래서 항상 영화를 다시 볼 때마다 저 시퀀스는 너무 길다, 너무 말을 많이 한다는 후회가 들긴 하죠. 그러나 이제 뭐 피할 수 없는 부분인 것 같아요. 말로써 설명해야 되는 부분이니까요.

근데 선생님이 얘기하신 것처럼, 문을 열고 나가면 되는데, 그 대가가 너무 혹독하죠. 이미 그런 시도를 했다가 얼어 죽은 7명을 마치 무슨 동상처럼, 표본처럼 보여주는 장면이 있죠. 교실 칸에서 어린애들을 앉혀놓고 선생님이 프로즌 세븐Frozen Seven이라고 하면서, 그들이 겁도 없이 이렇게 체제를 부정하고 체제 밖으로 나가려고 했다가 얼어 죽은 그 비참한 모습을 애들한테 주입시키잖아요. 그게 그 시스템을 유지하는 방법인 것 같아요. 이 시스템을 벗어났다가는 너희들이 얼마나 혹독한 대가를 치르는지 너희도 두 눈으로 똑똑히 보라는 것이죠. 그 교육을 받고 큰 애들이 기차 밖으로 나갈 생각을 하겠는가? 전혀 하지 않게 되는 것이죠. 그렇기 때문에 남궁민수, 그 송강호가 어떻게 보면 진정한 혁명가, 또는 아나키스트라고 볼 수 있겠는데, 처음에는 그가 약간 마약에 취한 듯했는데, 알고 보니 그게 마약이 아니라 체제를 폭파시키는 폭탄이었던 것이죠. 약간 혁명가라기보다는 아나키스트가 더 맞을 듯한데, 어쨌든 그는 벽을 벽으로 보지 않았던 유일한 사람이었던 것만은 확실한 것 같아요. 그게 그 사람의 존재 이유이기도 했고요.

(황)　그 점이 굉장히 창의적으로 느껴졌는데, 밀란 쿤데라는 카프카에 대해서 얘기하면서, "카프카는 벽을 넘은 사람이 아니라 벽에 구멍을 낸 사람이다."라고 했어요. 저는 그 말이 아주 인상적이었어요. 〈설국열차〉에서도 우리가 생각하지 못했던 것, 그래픽 노블에도 없었던 것을 감독님이 생각하신 발상의 전환이랄까, 우리 생각을 열게 하는 그런 점이 감독님 영화에 우리가 반하게 되는 것이고, 감독님의 창

의성이 돋보이는 것 같아요.

편안한 연기는 최소한의 디렉팅에서

㉰ 우리가 인터뷰를 많이 준비했지만, 시간상 이제 마무리를 해야 하는데요. 감독님은 사실은 화면에 안 나오시고, 감독님 머리에 있는 것을 다 배우나 스태프를 통해서 구현해야 되는 것이잖아요? 특히 〈기생충〉은 미국 배우조합의 앙상블상까지 받았는데, 감독님 영화에서는 배우들이 정말 앙상블이 잘 맞고, 연기도 너무 자연스럽고, 여기에 어떤 비결이 있는 것 아닌가요? 배우랑 같이 호흡을 잘 맞추고, 감독님이 구상한 것을 어떻게든 배우를 통해서 구현될 수 있도록 하는 그런 비결이 있을까요?

㉯ 그냥 비결이라기보다 이미 캐스팅 단계에서 반 이상이 결정되는 것 같아요. 전 아주 연기를 잘하는 배우들을 설득해서 모셔 와요. 신인배우나 아역 배우들이 있을 때도 있지만, 그런 분들은 제가 좀 더 신경을 쓰죠. 하지만 이미 잘하는 분들, 또 내가 쓴 캐릭터에 잘 어울릴 것 같은 분들을 모

셔오기 때문에, 이미 자연스럽게 잘할 가능성이 농후한 분들을 모셔 와서, 그분들이 내가 쓴 대사들을 하는데, 걱정이 안 되지 않겠어요? 이미 어떻게 하리라는 것도 머릿속에 많이 예상이 되고, 또 그 예상을 깨고 더 재밌는 걸 보여주면, 더욱 즐거운 것이죠. 뭔가 즉흥연기랄까, 임프로비제이션improvisation을 하라고 많이 부추기는 편이죠. 그러기 위해선 배우들이 편해야 되거든요. 긴장한 상태에서는 좋은 연기가 안 나오니까. 오히려 야! 이 캐릭터는 이런 거야, 이 캐릭터는 과거에 이런 일이 있었어, 그런 것에 대해 괜히 부담 주고 설명을 안 하려고 해요. 그냥 세트장에 놀러왔다가 슬쩍 슬쩍 하고 연기하라고 하고, 그래도 좋네, 하는 것이죠. 오히려 배우들에게 좀 너무 과도하게 집중하라고 하기보다는 편안한 분위기를 만들어 주려고 많이 노력하는 편이죠.

(황) 그게 비결이네요. 쉽지 않을 것 같은데요?

● 저나 송강호 선배가 많이 그런 편이에요. 그래서 현장에서 그렇게 얘기 많이 안 해요. 캐릭터에 대해서. 대신 저는 배우들이 물리적으로 처한 상황에 있으니까. 카메라가 여기서 이렇게 움직이고, 이 상태에서 포커스는 한 박자 빨리 이

쪽으로 오니까, 이때 사실 이 위치에 도달을 해주셔야 되고, 이런 물리적이고, 기계적인 것은 어쩔 수 없는 그런 상황들, 그런 것을 최대한 친절하게 잘 해주고, 그런 것만 리허설을 해요. 그것도 최대한 적게 하려고 하고, 미리 감정이나 에너지가 소모되지 않길 바라죠. 리허설이 덜 된 상태에서 좀 먼저 찍어버리면, 뭔가 합이 안 맞은 상태에서 약간 어색하면서도 생경하게 뭐가 나오는데, 그게 오히려 상당히 리얼해 보일 때가 많아요. 우리가 실생활에서 서로 합을 맞추지 않잖아요? 블로킹을 짜지도 않고요. 오다가다 마주쳐서 어색하게 얘기하다 헤어졌다가 또 준비가 덜 됐는데, 누가 갑자기 오기도 하고 막 그러잖아요, 실제 생활에서. 그런 느낌을 주려면 아주 테이크를 많이 연습하고 반복해서 그렇게 정교하게 하든가, 아니면 그런 연습을 하기 전에 좀 덜 익었을 때 카메라를 돌려버리거나 그냥 둘 중에 하나인 것이죠.

제가 초창기에는 테이크 수가 아주 많았어요. 〈살인의 추억〉이나 〈괴물〉을 찍을 때 보면, 기본이 10번 테이크 이상 가고, 많을 때는 뭐 15번, 20번 테이크 OK가 많은데, 요즘은 안 그래요. 〈기생충〉은 대부분 4번, 5번, 6번 테이크에서 쓴 게 많고, 딱 한 번인가 두 번인가 두 자릿수까지 간 적이 있는데, 대부분 상당히 중요한 숏이라고 여겨지는 장면에서 테이크 3, 4, 5번까지 갔고, 대부분 일찍 끝냈죠. 배우들에게도 최대한 말을 적게 하려고 애썼어요. 감독들이 배우들 디렉팅한답시고 온갖 쓸데없는 소리를 해서 오히려 배우들을 방해할 때도 많았거든요. 이미 배우들이 잘하고 있는데, 또 배우들이 나름대로 자기 해석을 해서 준비를 많이 해 와요. 그게 내가 생각한 것과 너무 다르거나 이상할 때만 얘기하고 정리를 하는 것이죠.

(황) 네. 그렇군요. 지금 감독님이 집중하시는 작품이 있잖아요? 내용을 어느 정도 공유해주실 수 있을까요?

(봉) 네. 지금 작품을 준비 중인데, 하나는 최근에 시나리오 초고를 완성했고요.

(황) 아! 또 어떤 작품이 나올지 기대됩니다.

(봉) 그러려고 계속 온갖 행사를 피하며, 혼자 있는 시간이 많았죠. 그래야 또 시나리오를 쓸 수 있으니까. 하나는 한국 프로젝트이고, 다른 하나는 미국 프로젝트인데, 두 가지를 준비하고 있고 이제 그중의 하나는 시나리오 초고 작업

을 얼마 전 9월 초에 다 했고요. 2차 작업에 들어가면서 또 다른 작품 하나도 지금 슬슬 시동을 걸고 있는데, 연말쯤 되면 두 개 중에 어떤 것이 먼저 들어가고, 어떤 것이 두 번째가 될지, 어느 게 차기가 되고, 어느 것이 차차기가 될지 구체적으로 정리가 될 것 같아요.

(황)　바쁘신 와중에 귀한 시간을 내주셔서 감사합니다.

(김)　오늘 감독님과의 대화를 통해서 그동안 쌓인 궁금한 점들이 많이 해소되어 유익한 시간이었습니다. 감사합니다.

2. 부조리한 사회에 대한
패자들의 유쾌한 반란

봉준호 감독이 던지는 부메랑

봉준호 감독이 〈기생충〉(2019)으로 칸영화제 황금종려상 수상에 이어 미국 아카데미상의 작품상, 감독상, 각본상, 국제장편영화상 등 4관왕 수상을 이뤘다는 소식은 전 세계의 톱뉴스가 됐다. 아카데미상 수상은커녕 후보 전력조차 없었던 한국영화계로서는 모든 뉴스를 제칠 만큼 큰 화제였다. 아카데미상은 미국에서 3회 이상 상영된 영화를 대상으로 하기 때문에, 자막을 통해 봐야 하는 외국어 영화가 본상을 받는 경우가 매우 드물었다는 점을 고려하면 더욱 큰 의미가 있다.

연세대 사회학과와 한국영화아카데미를 졸업한 봉준호 감독은 습작 시절부터 일찌감치 기대주로 주목받았다. 〈백색인〉(1994)으로 처음 단편영화를 만들었고, 16mm 단편영화 〈프레임 속의 기억들〉(1994)과 〈지리멸렬〉(1994)은 1994년 밴쿠버와 홍콩국제영화제에 초청받았으며, 2000년 장편영화 〈플란다스의 개〉로 홍콩영화제 국제영화비평가상과 뮌헨영화제 신인감독상을 차지했다. 이후 우리에게 '봉준호'라는 이름을 각인시킨 초기 대표작 〈살인의 추억〉(2003)을 만들어낸다. 이 영화로 봉준호 감독은 흥행과 작품성 모두에서 세계적으로도 주목받게 되면서, 스타 감독의 반열에 올랐다.

이후 〈괴물〉(2006)은 1300만 관람객을 동원했다. 이러한 기록의 원인으로는 여러 가지를 살펴볼 수가 있겠지만 가장 큰 원인은 텍스트가 다층적이어서 공감대가 넓다는 점일 것이다. 즉 이미지나 서스펜스에 예민한 사람들은 괴물이 등장하여 활보하는 기이함과 느닷없이 출몰하는 괴물이 주는 긴장감에 관심을 가졌을 것이고, 사회를 조금 비판적으로 보는 시각이 있는 사람들은 사회의 모순성을 그린 점에 공감할 것이며, 또 이것저것 따지지 않고도 영화가 가족애라는 보편적인 감성을 건드리고 있다는 점, 그리고 무엇보다도 영화에 유머러스한 터치가 녹아들어 있다는 점 때문에 공감의 폭이 넓었을 것이다.

봉준호 감독은 장편 데뷔작 〈플란다스의 개〉에서부터 〈살인의 추억〉, 〈괴물〉, 〈마더〉(2009), 〈설국열차〉(2013), 〈옥자〉(2017), 〈기생충〉에 이르기까지 인간의 모순성과 이로 인한 사회의 모순성을 말하고 있다. 모순을 지닌 부족한 인간들이 모여 불러일으키는 오해가 봉준호 감독이 삶과 세상을 보는 시각이다. 진실된 것은 아무것도 없으며, 있다 하더라도 진실을 볼 수 없게 만드는 오해나 편견이 영화를 출발시키고 있다. 〈플란다스의 개〉에서 시끄럽게 짖는 강아지라고 생각해 지하실에 가두었던 강아지는 성대 수술을 시킨 강아지였으며, 〈살인의 추억〉에서는 주먹구구식 수사와 과학적 수사가 대립하며 치열한 와중에 용의자로 지목돼 심문한 사람들은 번번이 오해로 인한 것이었으며, 자료에 의존한 과학적 수사까지도 진실을 밝힐 수는 없게 된다. 〈괴물〉에서 믿었던 선배는 배신하며, 동생은 형을 무시하며 그를 때리는 것도 서슴지 않는다. 정작 도와주어야 할 정부는 무고한 시민을 가해자로 몰며 생체실험까지 감행한다. 이렇듯 우리가 알고 있는 실제는 대부분이 제대로 되지 않은 엉터리라는 것을 보여주는 것이다.

이뿐인가. 인간은 모순덩어리며 그런 모순덩어리가 모인 사회 역시 모순덩어리일 수밖에 없다는 것을 말하고 있다.

그런데 이런 모순덩어리들이 극적인 위기 상황에서 뭉치면서 하나가 되는 재미가 바로 봉준호 감독이 우리에게 전하고 싶은 메시지다. 산불이 나면 토끼도 사자도 함께 도망갈 수밖에 없는 아이로니컬한 해프닝이 바로 봉준호 감독이 그리는 그림이다. 산불이 꺼지고 나면 사자는 여전히 토끼를 쫓을 것이고, 토끼는 또다시 도망 다닐 수밖에 없게 되는 상황은 여전히 계속되겠지만 산불은 토끼와 사자를 동료로 만든다. 적과의 동침이 빚어내는 웃지 못할 아이러니 속에서 그 누구도 적이 아니며 적에 대한 분노가 바로 나 자신을 향하고 있다는 것을 깨닫게 한다. 적은 바로 나 자신이라는 것이라는 반성과 비판이 봉준호 감독이 우리에게 던지는 메시지이다.

이 글은 봉준호 감독이 영화에서 말하는 메시지가 어떤 디테일로 나타나고 있는지에 대해 주목할 것이다. 감독의 메시지는 인물의 행동과 사건, 그리고 공간 속에 숨어서 알게 모르게 우리를 감독의 시각으로 유도하고 있다. 이 글은 〈플란다스의 개〉, 〈살인의 추억〉, 〈괴물〉, 〈마더〉, 〈설국열차〉, 〈옥자〉, 〈기생충〉 등의 공통점을 도출하여 봉준호 감독의 영화 문법을 밝히고자 한다.

일상 공간의 공포성이 주는 긴장감

봉준호 감독의 영화에는 모두 살해 사건이 등장한다. 그런데 이 살해 사건은 인물들이 사는 일상 공간에서 벌어진다. 〈플란다스의 개〉에는 강아지 살해도 있지만, 이야기로 전해지는 '보일러 김 씨'의 살해 사건도 있다. 이런 살해 사건이 중심축이 되면서 영화들은 모두 스릴러의 구조를 띤다. 사건이 어떻게 진행되는지, 언제 어디서 또 사건이 터질는지 궁금증을 유발하며, 관객에게 밀도 있는 긴장감을 자아낸다. 일어나는 사건들은 다른 인물과 관련되고 예상을 뒤엎으며 진행되고 있어 끊임없이 관객들이 추리하면서 영화를 보게 만든다. 이러한 긴장감을 자아내는 데 큰 기여를 하는 것이 공간의 디테일한 활용이다.

〈플란다스의 개〉의 주 공간은 아파트이다. 봉준호 감독은 아파트라는 익숙하고 일상적인 공간 속에서도 사람들의 눈길이 닿지 않는 옥상이나 지하실 같은 인적이 드문 공간에 주목하여 그곳을 범죄가 벌어지는 공포스러운 공간으로 만든다. 〈플란다스의 개〉에서 실제 살인 사건은 아니지만, 아파트 경비원(변희봉)의 이야기에 의하면 벽 속 어딘가에 '보일러 김 씨'의 시신이 있다는 것이다. 이는 스쳐 지나갔던 지하실이 바로 소름이 오싹 돋는 공포의 공간이 될 수도 있다는 것을 말해준다. 또한 경비원이나 노숙자(김뢰하)의 공간인 아파트 지하실은 강아지를 시퍼런 칼로 난도질해 가죽을 벗겨 영양탕으로 만드는 공간이기도 하다. 아파트 옥상은 할머니가 무말랭이를 말리는 일상적 공간이지만, 노숙자가 강아지를 쇠꼬챙이에 꽂아 불에 구워 먹는 공간이기도 하다. 이렇듯 일상적 공간의 구석진 곳에서 사건을 발생시켜 일상 속에 잠재한 공포성을 드러낸다.

〈살인의 추억〉에서의 오프닝은 경운기가 지나가는 누런 황금벌판을 전경으로 잡고 있다. 그러나 잠자리가 날고 시골 아이들이 노는 논둑 옆 하수구는 시체가 버려지는 범죄 공간이다. 사건은 시골의 볏짚을 모아둔 들판에서도, 길옆에서도, 시냇가에서도 일어난다. 〈괴물〉에서 한강은 시민들이 늘 바라보는 휴식처이며, 매점 주인들에게는 벌이를 할 수 있는 생활공간이기도 하다. 그러나 괴물의 출현으로 이 일상 공간은 공포와 살인의 범죄 공간으로 변한다. 이렇듯 봉준호 감독은 일상적 공간에 공포감을 조성해 우리의 일상 속에 감지하지 못하는 공포스러운 사건이 도사리고 있음을 말한다.

일상 공간이 주는 공포감은 〈기생충〉에서 절정에 달한다. 이 영화에서는 네 차례에 걸쳐 살인 사건이 발생하는데, 문광(이정은)이 지하실로 굴러떨어지면서 미필적 고의에 의해 사망하는 것을 제외하면 세 건이 의도적인 살해이다. 이 중 근세(박명훈)가 악에 받쳐 식칼을 들고 기정(박소담)의 가슴을 찌르는 장면은 파티에 참석한 사람들로 북적거리는 한낮의 정원에서 벌어졌다는 점에서 더 큰 충격으로 다가온다. 그리고 이어지는 연쇄살인들. 바로 일상 공간이 생지옥으로 돌변하는 순간이다.

봉준호 감독이 받은 아카데미 감독상은 '봉테일'이라는 별명답게 디테일이 정교하다는 점에서 비롯됐을 가능성이 크다. 봉준호 영화는 일상 공간의 의외의 활용이 놀라우리만큼 구조화돼 있다. 〈기생충〉에서 봉준호 감독은 계층에 따라 지하, 반지하, 지상이라는 공간으로 구분하고 각 계층이 선을 넘음과 동시에 사건이 일어나도록 했다. 부잣집의 지하 공간은 지상에 사는 이들에게는 귀신이 사는 공포스러운 공간이다. 물바다가 된 반지하 공간과 거미줄 같은 전선이 전봇대 위에 얽혀 있는 을씨년스러운 동네 역시 가난을 상징한다.

진정한 예술가란 사람들이 보면서도 발견하지 못하는 것, 알고 있면서도 깨닫지 못하는 것을 드러낸다. 사람들이 일상에서 깨닫지 못하는 것을 느끼게 해준다는 점에서 봉준호 감독은 진정한 예술가의 반열에 들 수 있다.

해학적 터치 — 패자들의 유쾌한 해프닝

봉준호 감독의 주인공들은 대부분 능력이 없거나, 능력이 있어도 발휘하지 못하는 패자들이다. 사회의 중심부에서 밀려난 능력 없는 패자들이 펼치는 유쾌한 퍼레이드가 봉준호 영화의 가장 큰 변별점이다. 이는 봉준호 감독이 주류보다 비주류에 관심을 두는 데서 기인한다. 〈플란다스의 개〉의 윤주(이성재)는 지식인이되, 자신의 꿈을 펼치지 못하고 교수 임용에 번번이 떨어지는 시간강사이다. 직장 다니는 아내 은실(김호정)이 집에 오면 저녁을 차려주며, 아내의 심부름과 신경질에도 군소리 없이 참기만 한다. 학장에게 현찰 1500만 원을 상납하는 불의한 방식으로 교수가 되지만, 당당하지 못한 그는 역시 패자이다. 강의 시간에 스크린을 보느라 닫혔던 커튼을 걷자 들어오는 창밖의 환한 햇빛에 눈을 찡그리는 그의 모습에서 햇빛 앞에 떳떳하지 못한 그의 상황을 잘 보여준다.

〈플란다스의 개〉에서의 또 다른 주인공은 관리실 직원 현남(배두나)이다. 관리실 청소와 경리 일을 하는 현남은 문구

점을 하는 친구와 아파트 옥상에서 담배나 나눠 피곤 하는 별 볼 일 없는 인물이다. 게다가 관리실 일은 제쳐두고 아파트의 강아지 실종 사건에 목숨을 거는 현남은 결국 관리실에서 쫓겨난다. 그런데 그녀가 교수가 된 윤주보다 더 당당하게 윤주가 늘 가고 싶어 했던 산에 가는 장면으로 영화는 끝이 난다. 불의한 승자보다 정의로운 패자에게 방점을 찍는 결말이다.

〈살인의 추억〉의 공간은 도시가 아닌 시골, 화성이다. 화성경찰서 토박이이자 강력반 형사인 박두만(송강호)은 4년제 대학교가 아닌 전문대를 졸업했으며, 자신의 눈은 못 속인다며 육감을 신뢰하고 범인을 잡아 폭력으로 자백을 받아내는 것이 전문인 사람이다. 게다가 그가 하는 사건 증거 보존은 엉터리거나 제대로 되지 않는다. 범인의 것으로 보이는 족적이 지나가던 경운기 바퀴에 깔려 밟혀버리자, 용의자인 백광호(박노식)의 신발을 가져와 흙바닥에 자국을 낸후, 사진을 찍어 증거물로 채택한 뒤 거짓 자백을 받아내는 인물이 박두만이다. 이렇듯 용의자에게 누명을 씌우려 하는 말도 안 되는 수사 방식은 쓴웃음을 자아낸다.

이춘재 연쇄살인 사건(당시 화성 연쇄살인 사건)이 이슈화되면서 서울에서 내려온 서태윤 형사(김상경)가 과학적 수

사를 표방하게 되자 그동안의 박두만의 폭력적 수사 방식이
얼마나 엉터리였는지에 대한 사실이 더욱 부각된다. 박두만
은 화성이 초행길이어서 지나가던 여성에게 길을 물어보려
던 서 형사를 강간범으로 오해해 발차기를 날려버리는 등,
서 형사와의 첫 만남에서부터 발생한 오해로 사실 박두만의
육감이 엉터리였다는 것을 드러내고 있다. 심지어 박두만은
범인을 잡기 위해 점집을 찾아 점쟁이가 말해준 비법대로
따르는 웃지 못할 해프닝을 벌인다. 이런 상황이 교묘하게
사건과 연관되면서 영화에 재미를 준다.

　〈괴물〉은 우리나라 영화사에서 〈용가리〉 외에는 없던 괴
수영화로서의 자리매김도 그렇지만, 잘 살린 캐릭터와 유
머러스한 터치가 무엇보다 돋보이는 작품이다. 〈괴물〉이 재
미있다고 말하지만 왜 재미가 있는지는 사람마다 그 기준
이 다르다. 봉준호 감독의 유머 감각은 『소설가 구보 씨의 일
일』을 쓴 외할아버지 박태원 작가로부터 비롯된 듯하다. 박
태원 작가는 "신선하고 예민한 감각은 반드시 기지와 해학
을 이해한다."라며 유머를 중시했다. 생명과 안전을 위협하
는 괴물이 바로 눈앞에 나타나고 사람이 죽는 심각하고 무
거운 내용임에도 그것을 가볍게 보여주는 유머러스한 터
치, 경쾌함, 능청스러움이 〈괴물〉의 매력이다.

〈괴물〉의 가족 구성원이 모두 사회적으로 힘 있는 사람이 아니라 허술한 패자인 것이 영화에 희극성을 덧칠한다. 희극의 특성은 바보같이 어리석은 인물을 통해 사회를 비판하는 데 있다. 아버지(변희봉)와 박강두(송강호)는 매점을 운영하는 변두리 인물이다. 뿐만 아니라 동생 남일(박해일)은 4년제 대졸 백수이며, 여동생 남주(배두나)는 늘 결승 문턱에서 활을 제대로 쏘아보지도 못하고 동메달에 그치고 마는 반쪽짜리 시청 대표다. 이들은 아예 능력이 없거나, 능력이 있으나 능력을 발휘하지 못하는 사람들이다. 이런 부족한 사람들이 남들이 못하는 큰일을 할 때, 관객들의 호응은 배가된다.

또한 캐릭터의 변화와 의외성, 아이로니컬한 요소가 희극성을 더해주고 있다. 〈플란다스의 개〉에서 윤주가 옥상에서 던져 죽인 강아지 '아가'의 주인 할머니가 병원에서 죽음을 맞이하며 아가의 시신을 찾아준 현남에게 꼭 전해주라는 편지가 있었다. 간호사가 그 편지를 전해주려 하자, 큰 유산이라도 남겼을 것 같은 생각에 현남은 자신은 별반 한 일이 없다며 부끄러워하면서 편지를 전해 받는다. 그러나 편지는 "옥상에 무말랭이 있으니, 꼭 가져다 먹으라."는 단순한 내용이었다. 실망스러운 채로, 그러나 할머니의 유언을 지키려고 무말랭이를 가지러 옥상에 간 현남은 옥상에서 노숙자

가 윤주가 애타게 찾는 강아지 '순자'를 쇠꼬챙이에 꽂아 구
워서 먹으려는 것을 발견하고 몰래 '순자'를 안고 아파트 계
단으로 도망간다. 뒤쫓아 오던 노숙자를 피해 헉헉거리는
현남에게 노숙자가 팔을 뻗어 내미는 것은 다름 아닌, '무말
랭이'를 담은 스테인리스 반찬통이다.

　'오해와 의외성'이라는 해학적 요소는 여기서도 빛을 발
한다. 또한 처음에는 강아지를 싫어하고 심지어 죽이고 싶
어 했던 윤주가 나중에는 아내가 데려온 반려견 '순자'를 잃
어버려 벽보를 붙이며 찾아다니게 된다. 그리고 죽었으면
어쩌나 걱정하던 순자를 만나자 마치 자신의 생명이 구제받
은 듯 반가워한다. 사실 아내가 자신이 순자를 잃어버렸다
는 것을 알게 되면, 학장에게 줄 1500만 원이 날아갈 상태였
기에 순자에 대해 절박할 수밖에 없게 된 아이러니가 구조
화되어 있다.

　〈살인의 추억〉에서도 자료(서류)는 거짓말하지 않는다며
과학수사를 외치던 서 형사가 아무리 노력해도 범인을 잡
을 수 없자, 결국 과학수사를 버리고 "잡아서 자백을 받아내
자."며 강압 수사를 선택하는 것이 씁쓸한 웃음을 유발하는
장치가 된다. 〈괴물〉에서도 박강두가 미국 전염병연구소 의
사가 말하는 "No virus"를 용케 알아듣는 장면과 허술한 가

족 구성원이 모두 현서(고아성)를 찾는 데 중요한 역할을 하는 것으로 바뀌는 구조가 치밀하게 구성 안에 녹아 있어서 해학성이 드러난다. 그 외에도 영화 전면에 깔린 유머러스한 대사 하나하나가 해학성을 돋보이게 하여 관객에게 영화를 보는 재미와 의미를 더해준다. 이동통신사에 다니는 선배 '뚱게바라(임필성)'에게 남일은 "연봉이 6, 7천이지?" 하고 물으며 부러워한다. 하지만 곧 "카드빚이 6, 7천"이라는 대답이 돌아오고 이는 실소를 자아낸다. 이처럼 봉준호 감독의 해학은 짙은 풍자성으로 실소를 머금게 하는 점이 특징이다.

어쩌면 〈기생충〉의 가장 뛰어난 점은 유머러스한 터치로 대중성을 확보한다는 점일 수 있다. 〈기생충〉에서도 "아들아! 너는 계획이 다 있구나." 같은 유행어들은 봉 감독의 유머 감각에서 비롯된 것이다. 빈부격차라는 무거운 주제를 지니고 있으면서도 재미있게 영화에 빨려 들어가게 하는 요소로 유머가 기능하는 것이다.

부조리한 사회에 대한 비판적 시선

〈플란다스의 개〉에서 윤주는 교수 임용에 떨어지게 되자,

남들처럼 학장에게 현찰 1500만 원을 건네주고 교수가 된다. 처음에는 양심적인 사람이었던 윤주 역시, 양심적으로만 살다가는 평생 교수가 될 수 없다고 생각하고 돈을 건네기로 한다. 이 영화에서는 교수 임용에 대한 부조리를 전면에 드러내고 있다. 또한 〈살인의 추억〉에서는 박두만의 폭력적인 수사 방식과 전체적인 연쇄살인범 추리의 과정을 통해 1980년대 공권력 수사의 허상을 보여준다. 이런 사회 비판적 요소는 〈괴물〉에서 정점을 이루어 사회와 인간의 총체적 모순성을 상징적으로 담아낸다.

〈괴물〉의 1300만 관객 동원의 근본적인 힘은 〈괴물〉이 인류 보편적 공감대에 있는 감정을 건드린 데서 기인한다. 〈괴물〉이 가장 큰 공감을 얻은 부분은 영화가 사회 비판적 시선을 지니고 있다는 점이다. 언론에서 보도되는 많은 내용이 긍정적인 면보다는 부정적인 면이 더 드러나고 있고, 몇몇 사람들은 자신이 이렇게 살 수밖에 없는 것이 부조리한 사회 탓이라는 불만을 가질 수 있다. 그래서 〈괴물〉의 박강두 가족이 당하는 불합리한 상황과 사회 구조적 모순들이 관객들에게는 마치 자신이 당하는 것처럼 느껴지는 효과를 볼 수 있게 되는 것이다. 아무도 도와주지 않는 강두네 가족의 억울한 상황을 보면서 관객들은 사회의 부조리에 공감하며 자신은 정의의 편이 되는 충족감을 느끼게 되는 것이다. '괴물'은 화염병에 의해 타 죽는다. 이로써 괴물의 정체성이 결정되는 것이다. 이 화염병은 사회의 구조적 모순에 던지는 것이다. 영화적 맥락에서, 대졸 백수 남일에게는 괴물을 죽이는 방식이 운동권이었던 대학 시절 해봤던 화염병을 사용하는 것일 수 있으며, 괴물이 화염병과 쇠파이프에 죽는다는 설정은 괴물의 정체성이 어디서 비롯되는지를 함의하고 있다.

괴물은 특별히 지칭하는 이름이 없는데, 이 점이 괴물의 성격을 규정하는 특성이기도 하다. 환경오염으로 나타난 돌연변이인 괴물에 'X-MAN'과 같은 이름을 붙일 수도 있겠지만, 굳이 이름이 없어도 된다. 존재 자체보다는 그것이 지닌 상징성과 사회 비판적 요소만 충족시켜 주면 되기 때문에 이름이 없는 것으로 생각된다. 왜냐하면 괴물은 외형적으로도 '킹콩'처럼 거대하지도 〈우주 전쟁〉에서의 '트라이포드'들처럼 수가 많지도 않다. 또한 강한 두려움을 주는 존재로 느껴지지 않는다. 심지어 괴물이 불타 죽는 모습은 불쌍하게까지 보인다. 이 장면의 의도는 무엇일까. 괴물은 한강에서 혼자 살아가다가 어느 날 모습을 나타냈을 뿐이고, 먹이가 없어 사람들을 잡아먹는 운명으로 살아야만 했다.

집단이 아니라 혼자 서식했던 탓에 먹이를 먹는 방법도 터득하지 못해 사람을 잡아먹었다가 토하기도 하는 괴물이 불쌍히 여겨지도록 한 장면은 바로 괴물이 우리 인간과 사회의 '괴물성'을 말하는 것이다. 우리 안의 괴물적 성향을 나타내는 괴물은, 우리에게 연민을 불러일으킨다. 모순덩어리의 인간이 모인 집단인 사회 역시 모순덩어리의 괴물이라는 것이다. 한 생명을 사랑한다는 것은 그와 우리 자신이 연결되어 있다는 것이고 우리 자신이 세계의 한 부분으로 연결되어 있음을 깨닫는 것이다.

영화 〈설국열차〉는 환경오염으로 지구 온난화 부담이 가중돼 CW7이라는 물질을 너무 과하게 뿌린 탓에 빙하기가 온다는 설정이며, 이후 열차 내에서 벌어지는 자본주의적 계급에 대한 투쟁 과정을 보여준다. 〈옥자〉는 GMO 식품 생산과 자본주의에 대한 비판이 드러난다. 이 두 작품은 동일하게 환경문제와 사회 비판이 강조된다.

봉준호 감독이 〈기생충〉으로 아카데미 작품상을 수상한 근거의 하나로는 주제적인 측면에서 신자본주의의 양극화의 모순을 그렸다는 점을 들 수 있다. 또한 이를 가족이라는 인류 보편적인 감성을 드러낼 수 있는 대상을 소재로 선택하고 있다는 점도 유의미하다. 봉준호 감독의 영화에는 이러한 요소가 유기적으로 결합해 독특한 화학적 반응을 일으키며 주제를 위해 협업하고 있다. 〈기생충〉역시 치밀하게 계산돼 예상치 못한 결말로 모이는 구성이 아카데미 각본상 수상에 유력한 이유가 될 것이다. 〈기생충〉에서의 주인공들은 분명히 사회적 약자다. 그런데 약자들조차 그들이 처한 상황으로 세분화해 '더 약한' 계급으로 분류된다는 점이 〈기생충〉속 인물 구성의 특이점이라고 볼 수 있다.

그러므로 봉준호 영화는 장편 데뷔작 〈플란다스의 개〉에서부터 〈기생충〉에 이르기까지 선악 구분이 분명치 않고 부족한 인간들이 모여 불러일으키는 오해와 해프닝이 이야기를 끌고 가면서 유머러스한 분위기를 자아낸다.

양성적 배역의 조화: 페미니즘의 강화

주류보다는 비주류에 대한 시선이 남다른 봉준호 감독은 남성보다는 여성에게 중요한 임무를 줌으로써 남성 중심의 기존의 영화적 구도를 바꾸어놓는다. 〈플란다스의 개〉에서부터 모성을 중요한 코드로 설정해두고 있는데, 바로 주인공 윤주의 아내가 임신 중이라는 점이다. 아내의 임신에서 봉준호 감독이 모성성을 얼마나 중요하게 생각하는지가 드러난다. 시간강사인 윤주에게는 아내가 벌어온 돈이 가정의 주 수입원이다. 윤주는 연상인 아내에게 꼼짝 못 하고 아내가 시키는 대로 하는 남성으로 그려진다. 윤주의 아내가 데려온 푸들의 이름이 여성의 이름인 '순자'라는 점 역시 윤주가 계속 여성을 떠받들며 지켜야 하는 캐릭터임을 강조하고 있다.

또한 〈플란다스의 개〉에서 남성들은 주로 강아지를 잡아먹거나, 죽이는 등 죄를 저지르지만, 범인을 잡는 것은 여성이다. 텔레비전에서는 몸 사리지 않고 은행강도를 잡는 용감한 여행원의 모습이 방영되는데, 이는 아파트 관리실 여직원인 현남의 캐릭터로 전이된다. 현남은 정의의 화신이며, 아파트에서 강아지가 없어지는 것, 옥상에서 던져지는 것을 목격하고 범인을 잡으려고 몸소 뛰는 적극적인 여성 캐릭터이다.

〈살인의 추억〉에서도 결정적인 단서는 모두 여성이 말해주고 있다. 원작 김광림의 희곡 「날 보러 와요」와는 달리, 박두만에게 아이디어나 백광호에 대한 단서는 간호사인 아내 설영(전미선)이 귀를 파주면서 제공한다. 또한 유제하의 〈우울한 편지〉의 단서 또한 여형사 귀옥(고서희)이 찾아낸다. 원작에서는 김 형사가 모든 단서를 찾지만, 대부분의 단

서를 여성이 말하도록 하는 것은 봉준호 감독 영화에 나타
난 페미니즘적 요소라고 할 수 있다.

〈괴물〉에서도 '모성 부재'의 상황이 강두를 저렇게 모자
라게 했다는 아버지 박희봉의 대사가 나오는데, 이는 모성
의 중요성을 강조한다. 엄마 없는 가족 구성원이 시사하는
모성 부재 상황의 강조, 현서가 하수구에서 만난 아이 세주
(이동호)에 대해 자신보다 더 아끼며 보호하고 구하려는 의
지를 보이는 모성애가 강조된다. 또한 현서에게는 양궁을
하는 고모와 유사한 캐릭터로의 여전사 이미지까지 있어 페
미니즘적 요소가 강화되고 있다.

〈마더〉에서도 물론 여성의 모성을 강조하고 있다. 살인 행
위와 과정 자체보다는 살인자인 아들을 감싸려는 엄마가 벌
이는 미스터리한 사건이 핵심 사건이 된다는 점에서 그러하
다. 〈옥자〉 또한 '옥자'라는 이름의 슈퍼 돼지에게 유일한 친
구가 되어주는 존재 역시 소녀 '미자(안서현)'이다. 미자는
거대 기업 미란도와 싸우는 여전사다. 〈설국열차〉에서는 최
후의 인간으로 남궁민수(송강호)의 딸 요나(고아성)와 흑인
소년만 살아남는데, 이는 강인한 여성성을 바탕으로 하여
새로운 인류가 탄생할 것임을 웅변적으로 보여주는 결말 처
리라고 볼 수 있다. 그전에 비록 생존에는 실패했지만, 탈출

을 감행했던 7인의 리더도 역시 에스키모 여성이었다는 사실은 의미심장하다.

봉준호 감독은 남성 중심의 이야기 구성에 여성의 힘과 중요성을 전이함으로써 페미니즘의 요소를 부가시켜 내러티브를 보다 탄탄히 구성하고 내러티브 속 여성의 역할과 위치를 부각하고 있다.

공권력의 무능 혹은 그에 대한 불신

봉준호 영화들에는 공권력의 무능 혹은 그것에 대한 불신이 주요 모티브로 깔려 있다. 〈플란다스의 개〉에서 강아지들을 유기하여 죽인 것은 윤주였지만, 그 혐의로 경찰에 체포된 사람은 아파트 주위를 배회하던 가여운 노숙자였다. 〈살인의 추억〉에서는 박두만과 서태윤 형사의 노고에도 불구하고, 결국 진범을 잡는 데 실패한다. 〈마더〉에서 우리는 처음부터 살인범이 도준(원빈)임을 알고 있었지만, 영화의 결말부에서는 엉뚱하게도 무고한 지적장애인이 범인으로 특정되면서 끝이 난다. 〈괴물〉에서 국가적 재난이 발생했는데도, 공권력이 하는 일이란 고작 시민들을 격리하고 한강 주변에 소독약을 뿌리는 일뿐이다. 결국 괴물을 퇴치하는 것은 박

강두와 가족들인데, 이때에도 경찰 병력은 시위대를 해산시키는 데만 신경을 쓸 따름이다.

〈설국열차〉에서 치안유지대는 총기와 투시경으로 중무장했지만, 반란군의 위세에 밀려나고 만다. 〈옥자〉에서 거대한 돼지가 서울 도심의 지하상가 한복판에서 난동을 부려도, 경찰력은 코빼기도 보이지 않는다. 뉴욕 시내 한복판에서 같은 일이 벌어졌을 때도 경찰력이 아니라 사설 경호대가 나서서 동물해방전선Animal Liberation Front 멤버들을 제압한다. 그리고 결정적으로 〈기생충〉에서 박 사장을 살해한 기택(송강호)이 지하 벙커로 숨어드는 바람에 사건은 영구 미제未濟로 남게 되었다. 그리하여 봉 감독의 영화들은 공권력의 무력함이나 불신을 가시화시킴으로써 사회의 부조리에 대한 인식을 관객에게 환기시킨다.

관객을 향한 도전적 시선

봉준호 감독의 영화들은 하나같이 시원스러운 사건의 결말을 보여주지 않는다. 그러나 〈플란다스의 개〉의 엔딩에서 현남은 친구와 산에 올라가면서 거울을 되비치며 관객을 향해 시선을 돌린다. 자신들은 패자로 직장에서 쫓겨난 신세지만, 평소에는 가지 못했던 산에 오르고 있다. "패자지만 떳떳한 현남에 비해 윤주를 비롯한 당신네들은 어떤가?" 하고 질문하는 시선이다.

〈괴물〉에서 대낮에 괴물이 나타나고 가족이 죽는 사건이 일어난 시점은 가을이었고, 〈괴물〉 에필로그의 시간 배경은 겨울이다. 한강은 얼어서 이미 강이 아니다. 그러나 강에는 또 다른 괴물이 나올 것만 같은 분위기가 풍기고 있다. 가족 구성원이 대부분 죽거나 떠난 강두는 새로운 가족인 세주와 함께 일상을 다시 살아간다. 강두의 한강변 매점 풍경이 점점 롱 숏으로 멀어져 가는 장면은 시간이 지나면 이 모든 사건이 작은 이야기로밖에 남지 않게 된다는 것을 상징한다고 볼 수 있다. 우리가 이렇게 큰일을 겪었고, 우리 주변에 괴물이 들어앉아 있는데도 우리는 아무 일도 없었던 듯 살아가고 있다는 우리 일상의 본질을 되돌아보게 한다.

〈살인의 추억〉의 엔딩 부분에서는 카메라가 살인자의 시선으로 전환되는 부분이 있다. 이러한 시선의 전환은 우리 사회가 살인자를 '괴물'처럼 만든 것으로 보게 하려는 의도라고 생각된다. 형사가 아닌 직장인이 된 박두만이 관객을 똑바로 직시하고 있는 마지막 장면은 바로 '당신에게는 살인자처럼 잔인한 면이나 부조리한 면, 괴물 같은 면이 과연 없습니까?' 하고 되묻는 것이다. 봉준호 감독이 던진 부메랑은 다시 우리를 향해 돌아오고 있다.

〈마더〉의 결말부는 참으로 불가해하다. 엄마(김혜자)는 아들 도준을 무사히 빼내오는 데 성공을 한 이후 이상한 행보를 보인다. 동네 아줌마들과 함께한 관광버스에서 한바탕 춤바람이 벌어지는 도중, 뒷좌석에 앉아 있던 엄마는 허벅지를 걷어 올리고 스스로 침을 놓는다. 이름하여 '망각의 침'인데, 과연 그 침 한 방으로 그녀가 저지른 살인 행각과 아들이 저지른 범행 흔적의 은폐 사실이 기억에서 지워질 수 있을까? 〈설국열차〉에서 열차가 탈선하고 17년 만에 바깥세상으로 나온 요나와 소년을 기다리고 있는 것은 커다란 북극곰이었다. 과연 두 사람은 생전 처음 보는 그 거대한 괴물에게 잡아먹히지 않고, 신인류의 조상이 될 수 있을까?

비교적 해피엔딩처럼 보이는 〈옥자〉의 결말 처리도 모호하기는 마찬가지다. 어렵사리 옥자를 구하고, 새끼 돼지까지 덤으로 데리고 온 미자는 마치 아무런 일도 없었다는 듯이 이전처럼 전원생활을 누리고 있다. 새끼 돼지가 수컷이라면 10년 후쯤 옥자가 진짜 어미가 되는 것도 가능할 터이다. 그런데 유전자조작으로 탄생한 생명체가 번식이 가능한가? 〈기생충〉의 결말 처리야말로 전형적인 열린 결말이라고 할 수 있을 것이다. 지하 벙커에서 격리된 채 하루하루를 연명하고 있는 기택은 어렵사리 아들 기우(최우식)와 접속한다. 모스부호를 통해 아버지의 건재를 확인한 기우는 언젠가 그 저택을 통째로 사들여 아버지가 스스로 걸어 나올 수 있게 하겠다고 다짐한다. 하지만 머리를 크게 다쳐 겨우 퇴원한 기우가 번듯한 대학도 나오지 못한 채 무슨 수로 거금을 만들어 한때의 영광을 되찾는단 말인가? 지하 생활자의 미래는 여전히 어둡기만 한 것이다.

3. 봉준호 영화 삐딱하게 보기

봉준호 감독은 한국영화계에서 가장 주목받는 감독이 됐다. 이제 그의 이름은 한국이라는 내셔널의 경계를 넘어서 세계 영화사의 한 페이지를 장식하는 고유명사가 됐다. 이는 그의 가장 최근작인 〈기생충〉이 지난 2019년 한국영화 최초로 칸영화제에서 황금종려상을 수상한 데 이어 이듬해인 2020년 미국 아카데미 시상식에서도 작품상을 비롯하여 감독상, 각본상, 국제장편영화상 등 4관왕을 차지했기 때문이다. 하지만 그가 이처럼 커다란 성과를 낼 수 있었던 것은 어쩌다 해당 작품 하나 잘 만들었기 때문이 결코 아니다. 우연의 산물이 아니라는 얘기다.

봉준호奉俊昊는 1969년 9월 14일 대구에서 출생했으며, 연세대학교 사회학과를 졸업했다. 그는 어렸을 때부터 만화와 영화에 관심이 많았다고 한다. 봉준호는 특히 1970~1980년 대를 풍미했던 이장호와 배창호 감독의 영화들을 즐겨 보면서 영화감독의 꿈을 키웠다. 그는 군 제대 후 1993년 '노란 문'이라는 영화 동아리를 결성하여 〈백색인〉이라는 단편영화를 연출하면서 영화 연출의 길로 들어섰다. 그는 보다 체계적인 영화 공부를 위하여 당시 한국영화의 산실이었던 한국영화아카데미에 입학했다. 이때 그가 연출한 〈프레임 속의 기억들〉과 〈지리멸렬〉이 각각 밴쿠버국제영화제와 홍콩 국제영화제에 초청을 받으면서 봉준호라는 이름이 널리 알려지게 되었다. 아카데미를 졸업한 봉준호는 1996년 당시 강우석 등 현역 감독 일곱 명이 참여한 옴니버스 영화 〈맥주가 애인보다 좋은 일곱 가지 이유〉에 연출 및 시나리오 작가로 참여하면서 충무로에 발을 들여놓았다.

봉준호 감독은 다작 연출자가 아니다. 그는 지난 2000년 〈플란다스의 개〉로 장편 데뷔를 한 이후 2019년 〈기생충〉에 이르기까지 단 일곱 편의 영화만을 생산해냈다. 물론 그가 습작기에 만든 단편영화들을 포함하면 편수는 더 늘어나겠지만, 여기서는 전문 연출가로서 그가 거둔 성과물만을 비평적으로 검토할 것이다. 중요한 것은 이 영화들 가운데 비평적으로나 흥행적으로 모두 실패한 작품은 단 한 편도 없다는 점이다. 이를테면 〈플란다스의 개〉는 흥행에는 참패했지만, 평단의 환호를 받아냄으로써 차기작을 만들 수 있는 발판을 마련했고, 〈살인의 추억〉은 2003년 개봉 당시 흥행 성공과 평단의 찬사를 동시에 거뒀다. 이 영화는 이춘재 연쇄살인 사건(당시 화성 연쇄살인 사건)을 다룬 김광림의 희곡「날 보러 와요」를 영화적으로 각색한 작품이다.

장편 데뷔작인 〈플란다스의 개〉는 우리가 보통 알고 있는 강아지에 대한 이미지를 일거에 바꾸어놓은 문제작이다. 제목에서 풍기는 낭만적인 뉘앙스와 영화의 시니컬한 내용이 어긋나는 지점에 일종의 아이러니가 있는데, 그로 인해 묘한 울림을 주고 있다. 감독은 이 영화를 통해서 무언가 새로운 영화적 시도를 보여주고자 했던 것 같다. 치기稚氣라고 여겨질 만한 대목도 있다. 현남이 옥상에서 바비큐가 될 뻔한 강아지를 구해낼 때 스탠드에 있던 관객들이 박수갈채를 보내는 장면은 그 단적인 예다. 반면 감독의 개그 감각이 번뜩이는 장면도 있음을 지적해야겠다. 여주인공 현남이 아파트 복도에서 용의자를 맹추격하고 있는데, 느닷없이 현관문이 열리면서 미처 의식할 틈도 없이 그대로 들이받고 큰대자로 뻗는 장면이 바로 그것이다. 사실 이 영화는 장르적으로 규정하기 힘든 측면이 있다. 현남이 반려견을 유기한 범인을 쫓는다는 점에서 스릴러 같기도 하지만, 그러한 설정은 일종의 맥거핀 효과Macguffin Effect를 노린 것일 뿐 정작 영화의 핵심은 딴 데 있었다.

〈살인의 추억〉은 매우 특이하면서도 낯선 제목이다. '살인'이라는 아주 섬뜩한 단어와 '추억'이라는 다소 친근한 단어가 정면으로 충돌을 하고 있기 때문이다. 프로이트의 정신분석학에서 말하는 낯선 친숙함unheimlich, uncanny이라고 할까? 그리하여 이러한 제목 자체는 무척이나 의미심장하다. 끔찍한 연쇄살인 사건은 이미 과거가 되어버렸고, 범인을 쫓던 형사의 희미한 기억만이 남아 있기 때문이다. 이 영화에서 범인은 분명히 존재하지만, 그러나 결코 잡을 수 없었다는 점에서 기막힌 이야기이기도 하다. 감독의 정교한 연출력 덕분에 이 영화는 평단의 환호를 끌어냈고, 동시에 관객들의 열광적인 지지를 받을 수 있었다. 그리하여 봉준호 감독은 더 큰 프로젝트를 맡아도 충분히 소화해낼 수 있다는 자신의 역량을 대내외에 널리 알리게 된 것이었다. 이후 그는 충분한 제작비와 당시 한국영화가 도달한 기술력을 바탕으로 2006년 〈괴물〉이라는 전대미문의 프로젝트를 완성할 수 있었다. 봉준호 감독이 3년간 한강 주변을 직접 답사하면서 시나리오를 구상하고 집필했다고 한다. 〈쥬라기 공원Jurassic Park〉(1993), 〈맨 인 블랙Men in Black〉(2002) 등 할리우드 블록버스터 영화들에서 시각효과를 담당했던 케빈 래퍼티Kevin Rafferty가 〈괴물〉의 시각효과 작업을 총괄했다. 결과는 대성공이었다. 천만 관객을 돌파했으니까. 하지만 평단의 반응은 그렇게 호의적인 것만은 아니었다. 데뷔작과 정반대의 현상이 일어난 것이다.

그 후 봉준호 감독은 엄청난 흥행 성과에 힘입어 좀 더 하고 싶었던 얘기를 화면에 담을 수 있었다. 가장 '봉준호스러운' 영화인 〈마더〉는 그렇게 해서 탄생했다. 그 당시 평단으로부터 최고작이라고 평가를 받았던 〈살인의 추억〉의 연장이면서도 전혀 분위기가 다른 이 영화는 평단의 전폭적 지지와 함께 어느 정도의 흥행 성공을 거둔 걸작이 됐다. 이로써 봉준호의 스타일이 한 정점에 이르게 된 것이다. 이 영화는 2009년 프랑스 칸영화제에 공식 초청되었고, 2010년 제82회 미국 아카데미 시상식 외국어영화상 부문의 한국 출품작으로 선정되기도 했다.

빼놓을 수 없는 단편이 있다. 봉준호 감독은 2008년 '도쿄 3인 3색'이라는 월드 프로젝트의 일환으로, 〈도쿄!Tokyo!〉라는 옴니버스 영화의 연출에 참여했는데, 미셸 공드리Michel

Gondry가 〈아키라와 히로코Interior Design〉를, 레오 카락스 Leos Carax가 〈광인Merde〉을, 그리고 봉준호가 〈흔들리는 도쿄 Shaking Tokyo〉를 각각 연출했다. 당시 일본 최고의 배우였던 아오이 유우, 카가와 테루유키를 캐스팅해 만든 단편 〈흔들리는 도쿄〉는 히키코모리의 서글픈 사랑을 다루고 있다. 10년째 집구석에 틀어박혀 사는 남자가 배달부 여자와 첫눈에 만나 마치 지진에 흔들리는 도쿄처럼 마음이 동한다는 멜로물이다. 요점을 말하자면 세 단편 가운데, 이 작품이 가장 독창적으로 도쿄의 한 단면을 묘사하고 있다는 것이다.

 이즈음 봉준호 감독은 보다 큰 세상으로 눈을 돌리고 있었다. 그가 서점에서 우연히 보게 된 외국 만화책 한 권이 그의 시선을 사로잡았다. 장 마르크 로셰트와 자크 로브의 동명의 프랑스 만화 『설국열차Le Transperceneige』가 바로 그것이었다. 2013년 감독은 새로운 프로젝트에 착수했고, 그 특유의 추진력과 연출력으로 기존 한국영화와는 전혀 다른 글로벌 영화 한 편을 창출해냈다. 내셔널 시네마를 넘어 글로벌 시네마의 현실화였던 셈이다. 역시 흥행 대박을 터뜨렸다. 하지만 평단의 반응은 다소 엇갈렸다. "스펙터클에 치중한 상업영화"라는 평과 "우리나라 영화도 이 정도면 할리우드 영화 못지않다."는 상반된 평가가 나왔다.

〈설국열차〉는 외관상 계급투쟁을 전면에서 그린 영화라고 볼 수 있다. 극 중 윌포드(에드 해리스)가 기차를 하나의 세계world라고 규정하는데, 이는 자본주의 세계의 축소판이라고 할 수 있다. 꼬리 칸 사람들, 즉 프롤레타리아 계급이 차별 대우에 분개하여 들고 일어나 엔진 칸까지 쳐들어가서 상류층 사람들을 몰아낸다는 설정만 보면, 전형적인 계급투쟁을 그린 영화라고 할 수 있겠다. 하지만 결말을 놓고 본다면, 이 영화는 계급 간의 갈등보다는 '차이의 공존'을 강조하는 듯 여겨진다. 윌포드와 길리엄(존 허트)은 결국 한통속이었고, 반란도 인구 조절을 위한 인위적 장치에 불과한 것이었다는 점에서 다소 허탈한 느낌을 주기도 한다. 첨단 특수 열차처럼 견고한 자본주의를 분쇄하기 위해서는 앞칸으로 전진하여 닫힌 문을 하나하나 여는 것만으로는 부족하다. 결국 옆문을 폭파해야 한다는 메시지는 그래서 더욱 강렬하게 다가온다. 이것이 진정한 혁명의 의미가 아닐까?

봉준호 감독의 영화에 대한 열정은 마치 폭주하는 '설국열차'의 그것과도 같았다. 그가 틈틈이 구상해온 또 다른 시나리오는 〈옥자〉라는 조금은 촌스러운 제목의 텍스트였다. 이 영화는 2017년에 완성되었다. 감독은 아마도 그의 야심작인 〈괴물〉에서 스스로 부족하다고 느꼈던 점을 비슷한 소재의 〈옥자〉를 통해서 만회해보고 싶었는지도 모른다. 사실 〈괴물〉이 개봉되었을 때 관객들은 열광했지만, 눈썰미 있는 평자들은 '괴물'의 CG에 허점이 있음을 알아차릴 수 있었다. '봉테일'이란 별명의 소유자답게 완벽주의를 추구했던 그로서는 후회가 남지 않을 수 없었을 터이다. 그리하여 더욱 정교하고 완벽한, 어쩌면 대선배인 스티븐 스필버그 감독이 〈쥬라기 공원〉 시리즈에서 보여주었던 공룡의 완벽한 현현을 그 자신도 이룩하고 싶었을 것이다. 그리하여 탄생한 것이 '옥자'라는 기상천외한 캐릭터가 아닐까?

영화 〈괴물〉은 〈옥자〉와 상통하는 측면이 있다. 현대 산업 사회의 폐해로 생겨난 부산물이라는 공통점이 있다는 것이다. 전자가 우연의 산물이라면, 후자는 의도적으로 제조된 상품이라는 차이가 있지만 말이다. 나는 이 영화들을 보면서 두 피조물이 그렇게 무지막지한 괴물들이 아니라는 생각을 했다. 옥자는 사실 순둥이에 가깝다. 괴물의 경우 등장 초반에는 순식간에 강변에 산책 나온 사람들을 쓸어버리면서 공포감을 조장했지만, 후반으로 갈수록 측은한 피조물일 뿐이라는 생각이 강하게 들었다. 특히 괴물이 현서를 비롯하여 어린 꼬마를 잡아다가 마치 식량 저장하듯이 그것을 쟁여놓는 장면을 보면 그런 느낌이 더욱 강하게 다가온다. 결국 강두 가족의 협공으로 괴물은 비참한 최후를 맞게 된다.

옥자도 영화 초반에 보여준 놀라운 지능과 능력에 비하면 뉴욕에서의 사육은 참으로 비참하게 다가온다. 나는 처음 영화 〈옥자〉를 보면서 옥자가 벼랑에 매달린 미자를 잽싸게 구하는 장면을 접하고, 후반부에도 그 초능력으로 종횡무진 활약을 해줄 것이라 기대했다. 하지만 뉴욕에서 옥자의 모습은 비참함 그 자체였다. 옥자를 사지에서 구하려는 미자의 해결책도 지극히 자본주의적인 방식이었다. 황금 돼지로 맞교환을 하니까 말이다. 그래서 이 영화는 이른바 '몬스터 액션영화'가 아니라 유전자조작 음식에 대해 비판적으로 발언하는 친환경 영화임이 명백해지는 것이다. 결국 괴물과 옥자의 차이는 인간에게 적대적이냐 아니면 인간에게 길들여진 존재인가 하는 데 있다고 여겨진다. 이처럼 〈옥자〉는 〈괴물〉과의 상호 텍스트 속에서 이해될 수 있는 후속 텍스트가 되는 것이다.

봉준호 감독이 〈플란다스의 개〉, 〈살인의 추억〉, 〈괴물〉 그리고 〈마더〉를 통해서 한국사회의 이면을 꿰뚫어 보고자 했다는 점에서, 이 영화들을 내셔널 시네마로 분류할 수 있을 것이다. 감독은 나아가 〈설국열차〉와 〈옥자〉를 통해서 더 큰 글로벌한 문제에도 관심을 기울였다. 그리고 이 두 가지 흐름을 종합한 독특한 영화가 탄생하게 되는데, 다름 아닌〈기생충〉이 그것이다. 국내외를 막론하고 평론가들은〈기생충〉이 국제 무대에서 성공을 거둔 이유는 계급 갈등이라는 인류 보편적인 문제를 봉준호 감독 자신만의 독특한 영화 언어로 다루었기 때문이라고 입을 모았다. 아카데미가 그의 손을 들어준 것도 같은 맥락에서 이해될 수 있을 것이다.

사실 봉준호 감독은 일련의 영화들을 통해서 계급 관계와 그로 인한 갈등, 나아가 계급투쟁을 지속적으로 다루어왔다고 할 수 있다. 이를테면〈살인의 추억〉에서는 변두리 서민들, 특히 나약한 여성들이 살인의 희생물이 되고 있고,〈괴물〉에서는 괴물이 출몰하는 지역이 강남구 쪽이 아니라 강서구 쪽 한강변이라는 점이 눈길을 끈다. 괴물에게 희생을 당한 것은 주로 서민들 쪽이었고, 그것에 대항하여 사투를 벌인 것도 노점상을 운영하는 하층계급의 가족이었다. 혹자는 감독이 사회학과 출신이라서 그 문제에 관심이 많다고 지적하기도 했다. 그렇다면 그의 최근작〈기생충〉은 과연 계급투쟁의 한 극단을 보여주고 있는 반자본주의 영화인가? 이를 해명하기 위해서는 보다 심층적인 연구 및 논의가 필요할 것이다.

한 평자는 〈기생충〉의 결말 부분, 즉 기택이 박 사장을 칼로 찌르는 장면을 예로 들면서 반지하 계층과 지하 계층 사람이 연대하여 부르주아를 제거했다는 식으로 해석하기도 했다. 나는 이 영화를 보면서 계급 간의 차별差別이 파국을 초래한 것이 아니라 계급 간 차이의 소멸이 비극적 결말을 초래했다고 생각했다. 감독은 특이하게도 외관상 지하, 반지하 등으로 계급을 나눈 것처럼 보이지만, 그 차이를 무화한 것은 다름 아닌 냄새였다. 요컨대 기택은 자기와 근세가 계급적으로 다르다고 여겼지만, 동익(이선균)이 볼 때 두 사람은 같은 냄새를 풍기고 있는 동류의 인간일 따름이었다는 것이다. 기택이 동익을 칼로 찌른 것은 계급 연대 때문이 아니라 그가 자신을 근세와 동류로 본 것에 대한 분노의 폭발이었다는 것이다. 결국 이 영화의 복선은 냄새에 있었다는 것이 우리의 해석이다.

그래서 우리는 약간 다른 각도에서 〈기생충〉을 분석하기로 했다. 이 영화는 단순한 계급투쟁이 아닌, 차이가 있는 계급 간의 공존의 모색과 그 화해의 어려움을 조명하고 있다고 본 것이다. 그래서 요청된 것이 르네 지라르의 '욕망의 삼각형'이라는 이론적 개념이었다. 욕망의 주체는 대상을 직접 선망하는 것이 아니라 중개자의 욕망을 모방함으로써 그렇게 한다는 것이다. 심층 분석에서 자세히 다룰 것이지만, 기택 가족은 동익 가족을 선망의 대상으로 삼고 있다. 하지만 기택 가족은 동익 가족을 대체하여 그 자리를 차지하려는 시도를 하지 않는다. 그저 박 사장 가족이 외출한 틈을 타서 잠시 주인 행세를 하려던 것뿐이었다. 그런데 기택 가족에게 이미 중개자가 존재했다는 사실이 밝혀지면서 파국의 그림자가 드리운다. 요컨대 기택 가족과 문광 부부가 같은 대상을 욕망함으로써 필연적으로 경쟁적 모방 관계로 발전할 수밖에 없게 된 것이다. 결국 양자 간의 차이가 소멸되면서 세 가족 모두 비극적 파국을 맞이하게 된 것이다.

여기서 〈기생충〉의 애초 제목이 '데칼코마니Décalcomanie'였다는 사실을 상기하는 것이 필요할 듯하다. 데칼코마니란 도화지 위에 그림 물감을 두껍게 칠하고 반으로 접거나 다른 도화지를 덮어 눌러서 대칭적인 무늬를 만드는 기법을 말한다. 봉준호 감독이 이 같은 제목을 구상했던 이유는 반지하 방에 사는 기택 가족과 지하 벙커에 사는 근세, 문광 부부가 판박이처럼 닮은꼴이라는 점을 염두에 두었기 때문이 아니었던가? 그러니까 동익 가족을 선망했던 두 가족이 서로 지향점이 똑같았기 때문에 서로가 우선권을 주장하면서 피 터지는 싸움을 벌일 수밖에 없었던 셈이다. 차이 소멸로 인한 파국적 귀결이란 바로 이런 의미에서다.

봉준호 감독의 영화들에는 연속성과 단절이 있다고 여겨진다. 이를테면, 〈플란다스의 개〉에서는 뚱녀(고수희)가 길가에 세워둔 자동차 사이드미러를 발로 차 떼어낸다. 그리고 현남이 그것을 거울로 쓰고 있다. 〈마더〉에서도 역시 진태(진구)가 주차장에 세워둔 자동차의 사이드미러를 박살내 버리는 장면이 나온다. 이는 단순한 우연이 아니다. 자기표절은 더더욱 아니다. 어떤 동기가 있을 듯싶다. 더 중요한것은 〈살인의 추억〉과 〈마더〉와의 연속성이다. 전자의 라스트 시퀀스에서 용의자 백광호가 경찰을 피해 달아나던 중철로에서 호각을 불면서 교통정리를 하듯이 수신호를 보내다가 결국 열차에 치여 사망한다. 후자에서 도준이 여고생을 살해하고 흥분한 상태에서 핸드폰으로 호각을 부는 시늉을 하면서 역시 수신호를 보낸다. 여기에는 모종의 연관성이 분명히 있어 보인다.

끝으로 짚고 넘어갈 것이 있다. 봉준호의 영화들에서는 매우 특이하게도 명백한 범죄자들이 공권력의 단죄를 받지 않는 것으로 귀결이 되고 있다는 점이다. 〈살인의 추억〉은 당시 미제 사건을 소재로 한 것이기 때문에 당연히 범인을 특정할 수가 없었다. 하지만 〈플란다스의 개〉에서도 강아지들을 유기하여 죽인 주인공 윤주는 아무런 처벌을 받지 않고, 대신 노숙자가 경찰에 체포되어 구속되는 것으로 마무리된다. 〈마더〉에서도 진범인 도준 대신에 무고한 지적장애인이 살인범으로 몰려 구속된다. 〈기생충〉에서도 주인공 기택이 살인을 저질렀음에도 불구하고 경찰의 수사망을 피하여 잠적을 한다. 관객들은 그가 지하 방공호에 숨어든 것을 알고 있지만, 체포될 것 같지는 않다. 공권력에 대한 불신 혹은 무력화라고 해야 할까? 이러한 결말 처리는 죄와 벌이라는 인과응보의 논리를 벗어난다는 점에서 무척 의미심장하다. 닫힌 결말임에도 불구하고 관객들이 열광하는 것도 그렇고.

〈기생충〉은 봉준호의 영화 중 두 번째로 천만 관객을 돌파한 영화인데, 모두가 이 작품에 열광하고 동의한 것은 아니었다. 한 네티즌은 이 영화가 "가난을 조롱한다."며 불쾌감을 표명했고, 다른 네티즌은 이 영화가 "해외 영화제 수상을 겨냥하여 가난을 상품화했다."고 맹비난을 퍼부었다. 관객들 나름대로 느낀 감상에 대해서 이러쿵저러쿵할 수는 없겠지만, 가난은 선善이고 부는 악惡이라는 이분법적 논리에서 벗어나서 이 작품을 새롭게 파악할 필요가 있다고 본다. 이 영화에서 기택 가족과 문광 부부는 그야말로 찢어지게 가난한 사람들이지만, 정작 그들은 자신들이 가난하다는 사실에 조금의 부끄러움도 느끼지 않는다. 가난을 소재로 중국 현실을 날카롭게 풍자한 작품이라면, 루쉰魯迅의 『아큐정전阿Q正傳』을 꼽을 수 있을 것이다. 자신의 어리석음과 무기력함을 모르고 정신 승리에 도취되어 사는 가난뱅이 아큐가 신해혁명의 와중에 날뛰다가 폭도로 잡혀 처형된다는 이야기다. 이 소설을 읽고 과연 루쉰이 가난을 조롱하고 상품화했다고 비난할 수 있을 것인가? 나는 루쉰이 1920년대 중국의 현실을 날카롭게 파악했던 것처럼, 그로부터 100년여 지난 한국의 현실을 봉준호가 예리하게 파악하고 있다고 본다.

봉준호 감독은 3년에 한 편 꼴로 작품을 만들었는데, 이는 그가 지난 20여 년 동안 커다란 휴지기 없이 전력투구하여 영화제작에만 몰두했기에 가능한 일이었다. 감독은 〈기생충〉에 대한 열기와 환호가 채 식기도 전에 차기 영화의 구상에 들어갔다.

2장
개별 작품론: 두 개의 시선

제작·배급사 시네마서비스 제공

1. 플란다스의 개

봉테일의 빅 픽처

—

봉준호 감독이 지난 2000년에 만든 장편 데뷔작인 〈플란다스의 개〉의 영문 제목은 아이로니컬하게도 〈짖는 개는 절대 물지 않는다Barking Dogs Never Bite〉이다. 따라서 문자 그대로 '플란다스의 개A Dog Of Flanders'를 생각했다면, 이는 다분히 의도적으로 보인다.

　한적한 중산층 아파트가 주요 무대다. 이 영화의 주된 스토리는 직업전선에서 뛰고 있는 아내의 수입에 의존하는 시간강사 고윤주가 뇌물을 이용해 결국 대학교수가 된다는 얘기다. 연상의 아내 배은실은 매사 남편을 하대하는 듯하지만, 퇴직금을 몽땅 털어 남편을 뒷바라지할 정도로 헌신적인 여자다. 만삭의 은실은 호두로 끼니를 때울 만큼 호두 마니아인데, 그 때문에 윤주는 허구한 날 호두 까기에 바쁘다. 이처럼 아내의 속내를 몰랐던 윤주는 앞날에 대한 불안과 경제적 압박 속에서 스트레스를 받고 있는데, 조용하던 아파트 단지에서 난데없이 개 짖는 소리가 들리자 미칠 지경이 된다.

개 짖는 소리의 출처를 찾던 윤주는 문제의 강아지를 발견하고 납치하지만, 차마 죽이지는 못하고 아파트 지하실에 버려진 장롱 속에 가둬버린다. 다음 날 한 초등학생이 잃어버린 강아지를 찾아달라는 전단지를 들고 관리 사무실로 찾아온다. 경리로 근무하는 박현남은 꼬마의 처지를 딱하게 여겨 적극 돕기로 하지만, 불행하게도 강아지는 아파트 경비원인 변 씨에 의해 식용으로 처리된 상태였다.

짖는 강아지를 유기함으로써 방해물을 제거했다고 믿는 윤주는 어느 날 또 다른 강아지를 발견하고 경악한다. 개를 혐오하는 지경에 이르게 된 그는 이번에는 보다 과격한 범죄를 저지르는데, 바로 강아지를 유기하여 옥상에서 던져버리는 만행을 저지른다. 한편 우연히 이 광경을 목격하게 된 현남은 윤주를 잡으려고 필사적으로 추적하지만, 결국 실패하고 만다. 현남은 개의 사체라도 묻어주려고 경비원에게 도움을 요청하지만, 그 강아지 역시 경비원 변 씨의 식용으로 처리되고 만다. 이쯤 되면 인간과 동물의 진한 교감을 바탕에 깔고 있는 감동적인 동화 『플란다스의 개』를 연상했던 관객들은 배신감을 넘어 허탈함을 느낄 지경이 된다. 결과적으로 이 영화는 흥행에 참패하고 말았다.

하지만 반전이 남아 있었다. 윤주는 어느 날 아내 은실이 푸들 한 마리를 안고 들어오자 기겁을 한다. 40만 원이나 주고 산 비싼 품종이었다. 윤주는 이의를 제기하지만, 돈을 버는 쪽은 결국 아내였던지라 울며 겨자 먹기로 개를 돌볼 수밖에 없었다. 순자라고 불리는 강아지를 먹이고 산책시키는 것은 오로지 윤주의 몫이었다. 그런데 어느 날 순자가 실종되면서 윤주는 인생 최대의 위기를 맞는다. 아내가 퇴직금을 털어 남편의 비자금으로 건네주고 남은 돈으로 산 강아지를 잃어버렸으니 말이다. 그리하여 짖는 강아지들을 제거하던 일을 무슨 사명처럼 여겼던 윤주는 이제 밤새도록 전단지를 돌리며 순자를 찾아야만 하는 처지로 뒤바뀐다.

이 영화에는 사실 전체 맥락과는 좀 동떨어진 시퀀스가 하나 있다. 단편으로 따로 재구성해도 될법한 그 장면은 다름 아닌 '보일러 김 씨'에 대하여 변 씨가 장광설을 늘어놓는 대목이다. 변 씨가 여느 때 지하실에서 보신탕을 끓여 먹으려 하는데, 마침 점검을 돌던 주임이 합석을 하게 된다. 변 씨의 얘기는 이렇다. "88년도 때 아파트 건축 붐이 일었는데, 그때 날림 공사가 성행했었지유. 이 아파트도 그때 지어진 것인데, 중앙 보일러가 고장이 나서 광주에서 30년간 보일러 수리를 해온 전설의 김 씨를 불러오게 되었지라. 김 씨가 손을 본 보일러는 곧장 가동이 됐는데, 그럴 때면 김 씨는 순 전라도 사투리로 '보일러 돈다이, 보일러 돌아불제.' 하며 만족해한다는 것이었지라. 그런데 김 씨가 아파트 건설업자들한테 부품 설비비 착복을 문제 삼은 거지유. 아, 그래서 김 씨랑 건설업자들이 치고받고 하다가 김 씨가 그만 돌출된 못에 찍혀 직사를 했다 이거유. 그래서 지하실 한쪽 벽에 김 씨 시체를 넣고 그대로 시멘트질을 했다 이거유. 그래서 그때부터 낮에는 '웅웅' 대며 돌던 보일러가 밤만 되면 '잉잉' 하는 소리를 낸다는 것이쥬." 요컨대 '보일러 돈다이' 할 때 그 '이'가 '잉잉'으로 들린다는 것이다.

이상이 윤주가 강아지를 찾아 엉겁결에 장롱 속에 숨어들었다가 주워들은 이야기의 전모다. 한 편의 영화 속에서 한 캐릭터에 의해서 이토록 황당하면서도 섬뜩한 이야기를 듣게 될 줄이야! 봉 감독은 어째서 이처럼 뜬금없는 장면을 삽입했을까? 놀랍게도 우리는 봉 감독의 차기작인〈살인의 추억〉에서 변 씨가 말했던 그 '보일러 김 씨'의 모습을 확인하게 된다. 영화의 중반쯤, 경찰서 지하 취조실이다. 유력한 용의자 조병순(류태호)이 속옷 차림으로 가혹행위를 당하며 심문을 받는데, 강압에 못 이겨 각본대로 자백을 한다. 이때 공구 박스를 든 보일러 김 씨가 계단을 통해 내려와 한쪽 구석에서 작업을 마치고 유유히 사라진다. 작업 중 취조 과정을 흘끗흘끗 훔쳐보는 모습이 예사롭지 않다. 변 씨 말대로 유령이 등장한 것일까? 엔딩 크레딧에는 분명히 '보일러 수리공 김 씨'라는 이름이 등장한다.

봉준호 감독은 자신의 장편 데뷔작을 만들면서 단순한 통과의례로 〈플란다스의 개〉를 선택한 것은 아닌 것처럼 보인다. 말하자면 이 영화는 그가 앞으로 만들 작품들의 커다란 밑그림과 같은 역할을 한다는 것이다. 일종의 빅 픽처Big Picture라고 할까?

한 가지 예를 더 들어보자. 현남과 친구 뚱녀가 술 한잔하고 귀가하면서 길에 주차해 있던 한 자동차의 사이드미러를 두 발 날아 차기로 걷어차는 장면이 바로 그것이다. 알다시피 사이드미러는 자동차를 운전할 때 차량 옆쪽의 상황을 확인할 수 있도록 도와주는 자동차 용품의 하나다. 왜 하필이면 사이드미러인가? 현남은 일종의 차량 파손 행위를 통해 얻은 전리품인 사이드미러를 매우 소중히 여겨 간직하고 다니면서 마치 손거울처럼 사용하기도 한다. 영화의 라스트 신은 아주 인상적인데, 뚱녀와 산행을 하던 현남이 배낭에서 꺼낸 사이드미러를 햇빛에 반사하는 것으로 마무리가 된다. 이건 또 무슨 상황인가? 아파트에서 벌어진 '살견殺犬의 추억'을 반추해보자는 의미일까? 사이드미러 모티브는 봉 감독의 그다음 작품인 〈마더〉에서 다시 한번 더 반복된다. 도준과 그의 친구인 진태가 주차장에 세워둔 고급 승용차의 사이드미러를 역시 날아 차기로 깨부수는 장면이 바로 그것이다.

〈플란다스의 개〉에서 결정적으로 중요한 것은 노숙자 최 씨의 존재 의미다. 아파트 지하실 한쪽에 헌 옷가지들이 쌓여 있는 구석에서 기식寄食하는 최 씨는 이따금 변 씨가 끓여놓은 보신탕으로 영양 보충을 하기도 한다. 최 씨는 영화에서 사라지는 세 마리 강아지들 가운데 한 마리인 순자의 납치범이기도 한데, 그가 옥상에서 순자를 꼬치구이로 만들어버리려는 순간 현남이 나타나 순자를 극적으로 구해준다. 현남이 그 시각 옥상에 나타난 것은 희생된 치와와 견주인 할머니의 유언에 따라서 옥상에 말려둔 무말랭이를 거두기 위함이었다. 현남은 극의 초반 사력을 다해서 납치범 윤주를 추적했던 것처럼, 이번에는 죽을힘을 다해 순자를 안고 최 씨의 마수로부터 도망치는 데 성공한다. 복도식 아파트의 추격 장면은 봉 감독의 천재적 연출력을 보여주기에 충분했다.

결국 최 씨가 경찰에 연행됨으로써 미제로 남을 뻔한 강아지 실종 사건은 종말을 고하게 된다. 그리하여 문제가 다 깔끔하게 해결된 것일까? 사실 최 씨가 강아지 살해범이 아님을 우리는 알고 있다. 그나마 순자 건은 미수에 그쳤기에 살해라고 할 수도 없다. 살견의 당사자는 부정한 방법으로 대학교수가 되어 학생들을 가르치고, 마치 아무런 일도 없었다는 듯이 영화는 평온한 일상으로 돌아간다. 죄罪와 벌罰의 공식, 즉 권선징악의 공식을 봉 감독은 거부하고 있는 것이다. 이는 그의 차후 작품에서도 계속 견지되고 있다는 점에서 눈여겨볼 만하다. 여기서 중요한 것은 최 씨의 캐릭터가 봉 감독의 최신작인 〈기생충〉에서 근세의 모습으로 다시 등장한다는 점이다. 대저택의 방공호 같은 지하 밀실에서 4년간을 기식하면서 결국 끔찍한 살인까지 저지르는 근세의 원형archetype이 다름 아닌 최 씨였던 것이다.

이게 전부가 아니다. 사실 〈플란다스의 개〉의 원형은 따로 있었다. 봉 감독이 1994년 한국영화아카데미 재학 때 만든 〈프레임 속의 기억들〉이 바로 그것이다. 상영 시간이 6분인

이 단편은 한 소년이 집에서 키우던 강아지 방울이가 실종
되자 꿈에서까지 찾으려 한다는 내용을 담고 있다. 〈살인의
추억〉의 영어 제목이 〈살인의 기억들Memories of Murder〉임은
우연이 아니었다.

봉준호의 헤테로토피아적 공간

—

봉준호 감독의 첫 장편 데뷔작은 〈플란다스의 개〉이다. 이 영화는 〈살인의 추억〉처럼 여성을 연쇄살인한 희대의 살인마를 다룬 큰 사건도 아니고, 단지 강아지 몇 마리가 실종되는 자그마한 사건을 다룬다. 주요 공간 역시 일상에서 흔히 볼 수 있는 복도식 서민 아파트이다. 봉준호 감독은 첫 장편 영화를 서민 아파트에 사는 교수가 되고 싶은 시간강사 윤주와 은행강도를 잡는 영웅이 되고 싶은 아파트 관리실 경리 현남을 주인공으로 강아지 연쇄 실종 사건을 다루면서 무엇을 말하고 싶었던 것일까.

그런데 지극히 일상적으로 보이는 서민 아파트라는 공간은 영화 속에서는 일상성에 매몰되지 않는, 사건이 벌어지는 긴장감을 주는 낯선 공간으로 변화한다. 미셸 푸코의 '헤테로토피아'는 다른, 낯선, 다양한, 혼종된 공간이라는 의미를 갖는다. 예를 들어 감옥, 정신병원, 묘지, 극장, 휴양지, 매음굴, 박물관 등은 사회와 연관되어 있으면서도 동시에 일상에서 일탈되고 모순된 기이한 장소인 것이다. 아무도 주목하지 않는 아파트 지하실과 옥상은 이 영화에서 강아지를 가두고, 잡아먹고, 구워 먹으려는 사건이 벌어지는 공간이 된다. 미셸 푸코가 말하는 헤테로토피아는 아무 곳에도 없는 유토피아와는 달리, 현실 세계에 실제로 존재한다는 의미에서는 일상적 공간과 유사하지만, 일상적이고 정상적인 공간과는 질적으로 다른 자기만의 기능을 갖는다. 봉준호 감독은 일상의 공간을 헤테로토피아적 공간으로 변화시킴으로써 낯설고 공포스럽게 만든다. 옥상에서 노숙자에게 구워 먹히기 직전 강아지 순자를 살리려고 강아지를 그에게서 빼앗아 가슴팍에 끌어안은 채, 아파트 복도를 달리는 현남의 동선을 외부에서 잡은 카메라는 자동차 추격 신 못지않은 속도감을 준다. 한편으로 아파트 경비원의 말에 의하면 아파트 지하실 벽 안에는 보일러 김 씨가 살해돼 그 안에 있다는 것이다.

또한 헤테로토피아적 공간에서 살아가는 사람들은 지배적인 관념이나 일상에 묻혀 물질적 세계에 고착돼 있는 사람들과는 다르다는 것이다. 윤주는 오프닝 신에서 전화를 하면서 커튼을 젖힌다. 햇살에 눈을 찡그리는 그에게는 교수가 되고 싶은 꿈이 있다. 그러나 그는 학장에게 돈을 바치며 교수라는 직업을 매매하고자 하는 사람이다. 그러므로 그는 물질적 세계에 고착된 사람이며, 헤테로토피아적 공간에 살지 못하는 사람으로 되고 만다. 그래서 불의한 방법으로 교수가 된 윤주는 엔딩에서 강의실 창에 밝게 비치는 햇살이 들어오지 못하도록 커튼을 친다. 그러나 비록 영웅의 꿈을 이루지는 못했지만, 산에 가고 싶다는 희망을 실천하는 현남은 산속에서 밝은 햇살과 함께 있다. 현남은 헤테로토피아적 공간에 사는 사람인 것이다.

결국 〈플란다스의 개〉는 윤주와 현남을 대비시킴으로써 인간이 진정으로 원하는 것을 실천하는 길이 무엇인가를 질문하고 있다. 아파트라는 지극히 일상적 공간에서 강아지 실종과 살해라는 미시 서사를 통해 일상적 공간을 헤테로토피아적 공간으로 변화시키는 실험을 〈플란다스의 개〉에서 한 것이다. 일상적 공간 낯설게 보기, 진정한 꿈을 찾아가기는 시작은 미약했지만, 창대한 비전을 내포하고 있는 것이다.

2. 살인의 추억

미국판〈살인의 추억〉인〈조디악〉의 경우

—

봉준호 감독의〈살인의 추억〉은 한국 범죄영화의 한 획을 그은 작품이다. 2003년 4월에 개봉을 한 이 영화는 작품성은 물론이고 흥행에서도 커다란 성공을 거두었다. 당시 525만 명의 관객을 끌어들였다. 끝까지 연쇄살인의 진범이 밝혀지지 않은 스릴러 영화가 이처럼 엄청난 흥행에 성공했다는 사실이 놀라울 따름이었다. 그러나 한편으로〈살인의 추억〉은 당시 해결되지 않은, 아니 어쩌면 영원히 미궁으로 빠질지도 모를 이춘재 연쇄살인 사건을 다루고 있으니 그 결말 처리가 궁금해지는 것은 인지상정이라 하겠다.[1] 그러나 극중 유력한 용의자로 지목된 박현규마저도 결국 증거 불충분으로 풀려나는 바람에 관객들은 범인의 존재를 들먹이는 것이 무의미하다는 것을 깨닫고 극장 문을 나서야 했다.

도대체 범인은 누구였을까? 〈살인의 추억〉은 당시 종결되지 않은 실제 사건을 바탕으로 하여 만든 것이라 진범을 노골적으로 밝히는 것은 애당초 불가능한 기획이었다. 게다가 법적 공소시효마저 만료되어 진범을 체포할 기회는 영원히 사라지고 말았다.

영화 〈살인의 추억〉이 화제가 되면서 그에 따른 비평과 담론도 풍성했다. 특히 연세대학교 미디어아트연구소에서 2006년에 발간한, 영화 비평 문고 '영화와 시선'의 아홉 번째 시리즈인 『살인의 추억』편은 국내외 영화 연구자 및 평론가 7인의 논평을 통해서 작품의 의미를 다각도로 짚어보고 있다는 점에서 눈길을 끌었다. 당연히 봉준호 감독의 인터뷰도 실렸다. 이 책에서 봉준호 감독은 다음과 같이 연출의 변을 밝히고 있다.

> 한마디로 실패한 사건인데, 도대체 왜 범인을 못 잡았을까에 대한 질문을 스스로 많이 했다. 범인이 천재였을까? 형사가 바보였을까? 되게 단순한 질문을 반복하면서 '아! 그때 우리가 범인을 잡을 능력이 없었구나!' 하는 생각을 했다. 범인보다 시대가 더 어두웠다

는 결론에 도달하다 보니 시대적인 것을 더 강조할
수밖에 없었다.[2]

미제 사건을 소재로 다루면서 범인을 특정한다는 것이 어
불성설이라는 것을 감독 스스로 잘 알고 있었다. 그래서 감
독은 우회로를 택할 수밖에 없었다. 범인을 최대한 드러내
지 않으면서 암울했던 시대 상황으로 인해서 불행한 사건이
초래되었음을 부각해야 했던 것이다. 평자들도 대체로 같은
맥락에서 작품을 해석하고 있었다. 이 가운데에서 특히 이
케우치 야스코는 작품 속에서 그 같은 시대적 분위기를 매
우 예리하게 감지하고 있음을 보여주고 있다. 그녀는 「〈살
인의 추억〉의 '낯익고도 두려운, 치환된 삼각형'The Uncanny,
Displaced Triangles in Memories of Murders」이라는 글에서 다음과
같이 지적하고 있다.

군사훈련의 등화관제燈火管制를 호소하는 스크린 밖
의 확성기 소리가 겹치고, '쌀집, 불 꺼!'라는 주변의
소리가 들리면서 화면 전체가 암흑에 빠질 때, 여성
들은 공격을 당한다. 여성들을 덮치는 것은 강간 살
인범만이 아니다. '국민'에게 등화관제로 눈을 가리

게 하고 데모 민중을 진압하는 군사독재 정권의 체제
자체가 어둠을 만들어내고 있다.[3]

　나름대로 설득력 있는 분석이자 해석이라고 여겨진다. 다
른 평자들도 대체로 비슷한 견해를 피력하고 있었다. 극 중
범인이 누구냐가 중요한 게 아니라 시국 사건에 몰두하느라
고 민생 치안을 방치했던 전두환 군사독재 정권에게 사건의
책임이 있다는 식의 해석이 주를 이룬 것이었다. 감독의 애
초 의도 역시 그러했고, 그러한 의도를 뒷받침할 만한 해석
이 나온 것은 자연스러운 귀결이기도 했다. 게다가 봉준호
감독이 작품을 통하여 당시의 암울했던 시대와 부조리한 사
회에 비판의 메스를 들이대고 있으니 평자들이 환호했던 것
은 당연한 일이기도 했다.
　하지만 그럼에도 작품을 보는 내내 나의 뇌리를 짓누른
것은 '도대체 작품 속의 범인은 누구일까?'라는 한 가지 의
문뿐이었다. 영화 〈살인의 추억〉이 대단한 작품이라는 것을
인정하면서도 그 위대성이 소재나 주제 의식에서 비롯된 것
이 아니라 그러한 주제 의식을 형상화하는 작가적 역량에서
나온 것임을 입증하기 위해서는 텍스트 내적인 꼼꼼한 독해
가 필요하다는 생각을 한 것이었다. 그리하여 나는 영화를

보고 또 보기를 반복했다. 마침내 나는 이 영화의 내러티브가 거의 완벽하게 축조되어 있음을 확인할 수 있었다. 이는 3장 '심층 분석'의 〈살인의 추억〉을 참조하기 바란다.

그로부터 3년 후 미국판 〈살인의 추억〉이라고 여겨질 만한 한 편의 영화가 개봉되었다. 데이비드 핀처David Fincher 감독의 〈조디악Zodiac〉(2006)이 그것이다. 이 영화는 1968년 첫 살인 사건이 발생한 이후 1990년 초까지 무려 37명을 살해하고도 여전히 행방이 묘연한 연쇄살인범 조디악Zodiac Killer에 관한 이야기다. 1969년 8월 1일, 샌프란시스코의 유력 신문사들 앞으로 한 통의 편지가 배달되면서 희대의 연쇄살인 사건은 그 마각을 드러낸다. 이 편지에는 1968년 12월 20일 허만 호숫가에서 발생한 총기 살인 사건과 이듬해인 1969년 7월 4일 블루 락 스프링스 골프코스에서 발생한 살인 사건의 전모가 상세하게 서술되어 있었다. 그것은 범인이 아니라면 도저히 알 수 없는 단서들이 적혀 있는 중요한 문건이었다.

범인임을 자처하는 발신자는 연쇄살인을 예고하며 언론사들로 하여금 보도해줄 것을 압박한다. 용의자는 그 편지에 자신의 신원을 암시하는 암호문까지 작성해놓을 만큼 대담함을 보인다. 이 암호문을 풀기 위해 CIA 및 FBI 등 주요 정보 체제들이 총동원되지만, 여의치 않다. 그 와중에도 살인 사건은 계속 이어지고 용의자는 자신의 소행임을 거듭 주장한다. 용의자가 자신의 별명을 '조디악'이라고 밝히자 경찰 당국은 그를 '조디악 킬러'라고 명명하고 수사에 착수한다.

정작 중요한 단서는 『샌프란시스코 크로니클』의 삽화가이자 아마추어 암호 해독자인 로버트 그레이스미스(제이크 질렌할)에 의해서 밝혀지게 된다. 그는 1932년에 만들어진 영화 〈가장 위험한 게임The Most Dangerous Game〉을 참조하여 살인의 숨겨진 동기를 해독하는 데 성공한다. 그러나 수사는 여전히 답보 상태이고 그레이스미스는 거의 혼자 힘으로 용의자를 추적하여 그 기록을 저서로 남기지만, 결국 진범의 실체를 가려내지는 못한다.

나는 이 영화를 보면서 미국처럼 첨단 장비와 광범위한 정보망을 갖춘 경찰 당국도 단서를 마구 흘리고 다니는 범인조차 제대로 잡지 못했다는 것에 새삼 주목을 하게 되었다. 요컨대 미 경찰 당국이 오로지 범인 색출에만 온전히 몰두했는데도 범인을 놓쳤다는 사실이 내게는 중요하게 다가온 것이었다.

이춘재 연쇄살인 사건이 비록 암울한 시대적 상황이 초래한 것이었다 하더라도 범인은 특정한 개인으로서 분명히 존재했다는 것이다. 영화 〈살인의 추억〉은 10여 명의 목숨을 앗아간 희대의 살인 사건을 소재로 하고 있는 이상 그 가해자를 배치하지 않을 수 없었던 것이다. 그리하여 나는 이 영화 속에는 분명히 범인이 존재하고, 그가 범인이라는 것을 암시하는 여러 실마리가 깔려 있다는 전제를 갖고 또다시 텍스트를 샅샅이 탐문하기 시작했다.

그래서 문제는 범인이 있느냐 없느냐가 아니라, 어떻게 해서 범인이라는 심증心證을 굳히고도 물증物證이 없어 그를 놓아주어야 했던가를 따져보아야 한다는 것이 나의 목표가 되었다. 예컨대 극 중 한 여성 피해자의 시체에서 나온 아홉 조각의 복숭아는 그 단서 중 하나였다. 박현규가 그 마을에 이사 온 것은 9월이었고, 같은 달에 또 다른 여성이 성폭행을 당했다, 등등. 나는 이러한 단서들을 토대로 해서 적어도 극 중에서는 범인이 실체적으로 존재한다는 것을 확인할 수 있었다. 봉준호 감독은 씨줄과 날줄을 절묘하게 엮어서 표층적으로는 범인을 노출시키지 않은 채 심층적으로 범인의 존재 근거를 드러내는 데 성공을 거두었던 것이다. 형식미의 구현이었다.

아이로니컬하게도 대한민국 범죄 사상 최악의 연쇄살인

사건이자 영구 미제 사건으로 남을 뻔했던 사건의 유력한 용의자가 지난 2019년 9월 18일 확인됐다. 경기남부지방경찰청에 따르면, 본 살인 사건의 미제로 남은 9건 가운데, 3건에서 나온 DNA와 경찰이 지목한 용의자의 DNA가 일치한다는 것이다. 용의자는 성폭행, 살해 혐의로 25년째 복역 중인 56세 이춘재로 밝혀졌다. 경찰은 그를 피의자로 정식 입건했다. 현행법상 그를 다시 처벌할 수는 없더라도 실체적 진실을 규명하는 것이 경찰의 책무라는 판단에 따른 것이었다. 경찰 관계자는 "공소시효와 무관하게 화성 살인 사건의 실체적 진실을 밝히기 위한 모든 수단을 동원해 끝까지 수사하겠다."고 말했다. "미치도록 잡고 싶었다."는 영화의 홍보 문구가 마침내 실현된 셈이다.

〈살인의 추억〉과 〈차이나타운〉에 나타난 아이러니

—

해외 영화평론가들에게 〈기생충〉 이전의 봉준호 감독 영화 중 어떤 영화가 인상 깊었는지를 물어보면 대다수가 〈살인의 추억〉을 꼽는다. 한국영화 팬들도 〈기생충〉을 제외하면 주저 없이 〈살인의 추억〉을 봉준호 감독 최고의 영화라고들 한다. 개인의 힘으로 해결할 수 없는 힘과의 사투라는 주제, 정교한 플롯, 치밀한 공간 활용이라는 봉준호 영화 문법의 밑그림이 두 번째 장편영화인 〈살인의 추억〉에서 이미 완성돼 있다고 볼 수 있다. 이후 영화들에서는 폭력의 주체가 조금씩 변주되고 있을 뿐, 봉준호 영화의 문법대로 진행된다고 감히 말해도 될 듯하다. 이를테면 폭력적 존재가 〈괴물〉에서는 인간을 공격하는 '괴물'의 존재로 나타나며, 〈마더〉

에서는 지적장애가 있는 아들이 범인으로 지목돼 감옥에 가는 것에 대한 공포가 그의 엄마에게 죽음보다 더한 압박으로 나타나며, 〈설국열차〉와 〈기생충〉에는 자본주의 계급사회가 주인공들을 억압하는 폭력으로 나타난다. 〈옥자〉에서는 GMO를 생산하는 거대 기업 미란도로 나타난다.

〈살인의 추억〉 오프닝 부분의 카메라 워킹도 〈기생충〉과 유사하게 봉준호 감독의 특성을 보여준다. 살인 사건 현장에 시골 아저씨의 경운기를 얻어 타고 박두만 형사가 처음 도착하는 모습을 잡은 카메라는 들판도 보여주고 아이들도 보여주며 부산하게 움직인다. 왁자지껄 떠드는 아이들의 소리도 잡고 카메라는 박두만의 시선과 동선을 따라가며 현장의 모습을 상당히 리얼하게 담고 있다.

〈기생충〉 도입부는 반지하에 사는 기택 가족의 움직임과 대화를 이곳저곳으로 카메라가 움직이며 잡고 있다. 기우가 핸드폰을 위로 올려보며 "윗집 아줌마가 와이파이 암호를 거셨다, 드디어."라고 말하는 사이에 기정은 화장실에서 나와 수건으로 머리를 닦으며 자기 방으로 들어가며 암호를 1에서 9까지 눌러보라고 한다. 기우는 핸드폰을 들고 다니며 와이파이가 잡히는 곳을 찾아다니고, 안방 안에는 누워 있는 기택과 뜨개질하는 충숙(장혜진)을 카메라가 잡는다. 기우를 보며 충숙은 카톡이 안 되는 것을 걱정한다. 충숙은 기택 엉덩이를 발로 툭툭 차며, "야. 김기택! 너 자는 척하지 말고 (발로 기택 손을 밀며). 어떻게 생각하셔? 핸드폰도 다아 끊기고 와이파이도 다 끊기고."라고 말하며 불평한다. 잠깐 사이 카메라는 온 집 안 구석구석을 돌아다니며 집의 풍광을 모두 담아낸다. 〈살인의 추억〉과 〈기생충〉의 도입부 모두 주변 배경만 보여주는 전경이 아니라, 캐릭터의 특징을 공간과 함께 자연스럽고 리얼하게 보여주려는 방식이 드러난다.

그런데 〈살인의 추억〉을 보면 로만 폴란스키의 〈차이나타운〉(1974)과 스릴러 장르 구성상의 유사점이 발견된다. 배재대 김형주 교수는 로만 폴란스키의 〈악마의 씨〉, 〈차이나타운〉, 〈유령 작가〉 세 작품을 대상으로 "서스펜스 구축의 고전적인 원리와 다채로운 이미지 직조술에 기초한 이 영화들의 스타일에서 보여주는 닫힌 상황 속에서 무력한 개인이 겪는 곤경, 알 수 없는 외부 세계로부터 숨통을 조여오는 공포의 기운, 야만적 폭력에 깨어지는 인간의 신념은 로만 폴란스키 영화와 흔히 연결되는 테마이다."[4]라고 하면서 로만 폴란스키의 영화는 존재의 근원적 공포를 다룬다고 주장하였다. 아카데미 각본상을 수상한 〈차이나타운〉은 스릴러의 교과서라 불리는 영화다. 사이드 필드는 『시나리오란 무엇인가』[5]에서 〈차이나타운〉을 3막 구조로 보고 1막과 2막 사이 2막과 3막 사이에 2개의 큰 구성점이 있음을 분석했다.

이 글은 〈살인의 추억〉과 〈차이나타운〉이 구성상 어떤 점에서 유사한지 비교하고자 한다. 이 두 영화는 사건의 전모를 캐려는 자가 있고, 사건은 크게 3막의 구조를 통해 1막의 시작점과 전혀 다른 방향으로 전개되다가 마지막 3막에는 공권력의 무력함이나 재력 때문에 사건을 해결할 수 없게 되는 아이러니로 마감된다.

〈차이나타운〉에서 경찰 출신의 사립 탐정 제이제이 기티스(잭 니콜슨)는 한 여인, 에블린 멀레이(페이 더너웨이)로부터 남편 홀리스 멀레이(대럴 즈월링)의 뒷조사를 의뢰받고 그의 사생활을 캐러 다니는 데서 시작한다. 〈살인의 추억〉은 박두만 형사가 첫 번째와 두 번째 발생한 살인 사건을 조사하는 과정에서 백광호를 용의자로 보고 심문하는데, 과학수사를 표방하는 서울에서 파견 온 서태윤 형사조차 성추행범으로 오인하는 등 실수를 연발하는 데서 시작한다. 물론 〈살인의 추억〉은 김광림 극본「날 보러 와요」를 바탕으로 하고 있지만, 봉준호 감독의 시나리오는 변형된 부분이 많다. 아래 표는 〈차이나타운〉과 〈살인의 추억〉을 3막 구조로 정리하여 비교한 것이다.

1막(사건 조사의 시작과 어긋남)

살인의 추억	1986년 10월 박두만 형사가 배수로 밑에서 결박된 채 숨진 여자의 살해 사건 용의자들을 심문한다. 두 번째 사건이 발생하고 백광호가 용의자가 된다. 이후 과학수사의 표본 서태윤 형사가 서울에서 이 사건을 해결하고자 부임하지만, 그가 형사임을 알아보지 못한 박두만은 그를 성추행범으로 오해한다.
차이나타운	경찰 출신인 사립 탐정 기티스는 아내를 사칭하는 여인으로부터 멀레이의 뒷조사를 의뢰받고 그의 사생활을 캐러 다니던 어느 날, 멀레이의 진짜 부인 에블린이 나타난다.

2막(예상과 다른 사건 진행)

살인의 추억	박두만은 두 번째 살해에 대한 증거를 조작하여 백광호를 범인으로 몰아붙인다. 박두만은 새로운 용의자 조병순에게 숲속에서 자위 행위를 한

이유를 따져 물으며 자백을 강요한다. 서태윤은 그의 손을 살펴보고는 그에게 혐의가 없다고 주장한다. 이때 FM 라디오 방송에서 〈우울한 편지〉라는 가요가 흘러나오고, 그 방송을 듣던 권귀옥 형사가 이 노래와 살인 사건과의 연관성을 강조하며 사태의 심각성을 알려주는데, 그 시각 또 다른 여성 피해자가 발생한다.

| 차이나타운 | 멀레이의 집으로 찾아가 부인을 만난 기티스는 남편이 오크패스 저수지로 갔다고 했으나, 멀레이는 그곳에서 죽었다. 차이나타운에서 기티스와 함께 근무했던 에스코바르(로버트 타운)와 기티스가 이 사건으로 대립한다. 사건의 뒷조사를 함께하던 기티스와 에블린은 토지 구입 사건의 음모가 LA의 물 관리권과 관련 있음을 발견하게 되고 조사 과정에서 에블린과 기티스는 서로를 신뢰하여 가까워진다. 함께 있던 에블린이 급히 집에서 나가야 하는 사건이 생기자 기티스는 에블린을 미행한다. |

3막(재력가의 힘이나 공권력의 무력함 때문에 사건 종결이 좌절됨)

| 살인의 추억 | 박현규를 용의자로 보고 〈우울한 편지〉와 관련해 심문하는 서태윤은 그를 진범으로 확신하지만, 물증이 없다. 미국에 의뢰한 피해자의 옷에 묻은 정액에 대한 결과가 박현규의 정액과는 불일치한다는 내용을 받게 되자, 박현규는 터널 속으로 유유히 사라지고 사건은 미제로 남는다. 세월이 지난 후 형사를 그만둔 박두만이 살해 현장인 배수로 안을 유심히 들여다보자, 한 초등학생이 얼마 전에도 한 아저씨가 다녀갔다고 말해줌으로써 범인이 아직도 현존한다는 것을 알려준다. |

| 차이나타운 | 기티스가 이야기의 본질을 해결하는 벙법을 알아낸다. 에블린의 딸이자 여동생(아버지의 강간에 의한)을 만나려 하는 아버지(존 휴스턴)에 대한 분노로 여동생을 보호하려는 에블린이 차이나타운에서 경찰에 쫓겨 죽게 되자, 아버지는 그의 딸이자 손녀를 데리고 사라진다. 이 사건은 기티스를 경찰에서 떠나게 했던 차이나타운의 |

경험, 즉 누군가를 도우려 했으나 상처만 주게
된 패턴이 되풀이된 것이다. 곧 기티스는 다음과
같은 말을 듣는다. "잊어버려, 제이크. 여기는 차
이나타운이잖아."

〈살인의 추억〉에서는 1막에서 살인 사건이 발생하자 백광
호가 용의자가 되지만, 2막에서는 여러 다른 사람들이 용의
자가 되고 심문을 통해 자백을 받아내려 할 뿐, 진범인지는
알 수 없는 상황이 벌어진다. 3막에서는 유력한 용의자 박현
규로 범인이 좁혀지지만, 과학수사의 결과는 증거와 불일치
한다. 사건은 해결되지 않았지만, 사건의 범인은 사건 주변
을 여전히 맴돌고 있다.

〈차이나타운〉에서는 1막에서 멀레이 부인이라고 하는 사
람에게서 남편의 불륜 사건의 뒷조사를 의뢰받지만, 정작 실
제 멀레이 부인은 다른 사람이었다는 것으로 시작한다. 2막
에서는 멀레이가 사망하게 되고, 사건은 전혀 다른 방향으
로 진행된다. 3막에서는 에블린 가족의 비밀과 재력가인 에
블린 아버지의 경제적 비리가 드러나며, 에블린이 경찰이 쏜
총에 맞아 사망하자 아버지가 손녀이자 딸을 데리고 간다.

두 영화의 구성을 보면 모두 1막에서 사건이 제시되고, 사

건이 다른 국면을 맞게 된다. 2막에서는 계속해서 사건이 예상과는 다르게 전개된다. 3막에서 해결의 실마리를 찾아서 결말로 향해 가던 사건이 결국 해결되지 못할 다른 힘에 의해 좌절되는 구조이다. 이러한 3막 구조를 통해 〈차이나타운〉에서는 에블린의 아버지처럼 부당한 방법으로 재력을 가지게 되었음에도, 충분한 재력과 권력이 있으면 살인을 해도 빠져나갈 수 있다는 것을 말한다. 〈살인의 추억〉에서는 80년대라는 시대 상황에서의 공권력의 무력함은 눈앞에 범인을 두고도 증거를 갖지 못해 사건 종결을 하지 못하게 되는 것이다. 이 두 영화는 대중적 스릴러 영화가 일반적으로 맺는 결말, 즉 사건의 범인을 잡게 되고 해피 엔딩으로 끝나는 결말과는 다른 아이러니한 결말 구조를 갖고 있다. 이는 이 두 영화가 스릴러지만 우리 사회가 지닌 한계를 드러내는 데 궁극적인 목적이 있기 때문이다.

　로만 폴란스키의 영화가 야만적 사회의 폭력의 상황에서 무력한 인간의 존재적 공포를 주제로 삼고 있다면, 봉준호 영화는 인간의 무력함의 근원이 사회의 부조리에 있다는 것을 주제로 삼고 있다고 할 수 있다. 그러므로 결말은 아이러니로 마감될 수밖에 없는 것으로 볼 수 있다. 다른 말로 하면 사회나 인간을 보는 아이러니한 세계관이 이러한 결말을 맺는 구조로 드러나는 것이라고 할 수 있다.

　〈살인의 추억〉은 〈플란다스의 개〉에서 출발한 사회 비리와 부조리에 대한 비판이 보다 아이러니하게 극대화된 작품이다. 또한 이 영화는 〈기생충〉에서 자본주의의 빈부 양극화에 의해 낮은 계급에 처하게 된 빈자들 간의 갈등에, 부자까지 희생되는 전혀 예상치 못한 아이러니한 극적 결과로 빚어지는 결말의 단초가 되는 작품이라고 볼 수 있다. 즉 봉준호 감독의 아이러니한 세계관이 〈살인의 추억〉의 1막과 2막 사이, 2막과 3막 사이의 2개의 구성점 전개의 바탕이 되는 것이며, 이는 봉준호 영화의 문법으로 작동한다고 할 수 있다.

가족의 사투가 시작된다

한강, 가족, 그리고…

괴물

송강호 변희봉 박해일 배두나 고아성 | 〈살인의 추억〉 봉준호 감독 작품

2006년 7월말, 실로 믿기 힘든 사건이 일어난다

영화사 청어람 제공

3. 괴물

괴수의 정치경제학

—

기생충의 숙주와 맞서 싸우는 한 가족의 이야기

봉준호 감독의 2006년도 영화 〈괴물〉은 한국형 괴물의 한 전형을 새롭게 창출했다는 점에서 주목할 만한 작품이다. 이전까지 우리나라에도 괴물을 소재로 한 영화들은 더러 있었다. 멀게는 김기덕 감독의 〈대괴수 용가리〉(1967)부터 가깝게는 심형래 감독의 〈용가리Yonggary〉(1999)까지의 영화들을 예로 들 수 있을 것이다.

김기덕 감독은 일본의 괴수영화 〈고질라〉(1954)와 〈가메라〉(1965) 등을 벤치마킹하여 국내 최초로 특수촬영 기법을 활용하여 〈대괴수 용가리〉를 만들었는데, 흥행에도 크게 성공을 했다. 심형래의 〈용가리〉는 다소 조악한 괴물의 모습과 부실한 이야기 탓에 흥행에 참패하고 말았다. 봉준호의 〈괴물〉은 당시 동원할 수 있는 특수효과 기법을 총동원하여 보다 정교하고 세련된 괴물을 탄생시켰고, 천만 관객을 돌파하는 흥행 대박도 터뜨렸다.

영화가 시작되면 "2000년 2월 9일 용산 미8군 기지 영안실"이라는 자막이 뜨고 미군 상사와 한국인 부하 간에 위험한 대화가 오간다. 미군 상사가 "포름알데히드 병들을 모두 싱크대에 쏟아부으라"고 명하자, 부하는 "독극물이 모두 한강으로 흘러갈 텐데요?"라고 항변한다. 이에 상사는 "한강은 넓으니 마음을 크게 가지라"고 재차 명령을 하달한다. 그리하여 수백 병에 이르는 독극물이 무단 방류되고 만다.

그로부터 2년이 지난 2002년 6월, 두 명의 낚시꾼이 한강 잠실대교 부근에서 무언가를 발견하고 "찝찝하다"느니 "돌연변이"라느니 하는 대화를 주고받는다. 그리고 2006년 10월 사업 실패를 비관한 한 남자가 한강 다리에서 투신하려는데, 검푸른 강물 속으로 무언가 이상한 물체가 지나가는 것을 목격한다. 독극물에 노출된 치어 한 마리가 괴물로 성장했다는 것을 매우 구체적으로 제시하고 있는 셈이다. 이 영화는 2006년 7월에 개봉했는데, 영화의 자막을 보면 괴물이 한강 둔치에 출몰하는 시기가 그 이후로 설정되어 있다. 이는 괴물의 출몰이 미래 시점에서 일어날 법한 이야기라는 점을 강조함으로써 현실에서의 인과관계로 인한 논쟁을 피하려는 연출 의도로 보인다.

영화의 주된 무대는 한강인데, 강두의 가족이 운영하는 강변 매점이 그 중심에 있게 된다. 강두의 아버지, 강두의 중학생 딸 현서, 현서의 삼촌, 그리고 현서의 고모가 한 식구들이다. 강두는 무기력한 가장이고, 삼촌은 운동권 주변을 배회하고 있고, 그나마 번듯한 가족의 일원은 수원시 양궁 대표 선수로 뛰는 고모 정도다. 그러던 어느 날 한강 둔치에 생전 듣노 보도 못한 괴물이 나타나 일대가 아수라장이 되고, 현서가 괴물에게 납치되는 초유의 사태가 발생한다. 처음에 이상한 형상의 생물체가 나타나자 산책을 즐기던 사람들은 휴대폰으로 사진을 찍다가 살인 병기로 돌변한 괴물에게 무차별적으로 당하고 만다. 사태가 심각하게 돌아가자 정부는 비상사태를 선포하고, 괴생물체의 추적에 나선다. 그리고 그 괴물을 바이러스를 옮길 치명적 숙주로 규정짓고 방역 태세에 나선다.

괴물의 형태도 무척이나 특이하다. 몸체는 전반적으로 물고기와 비슷하지만, 앞발과 긴 뒷발이 달렸다는 점에서 커다란 파충류를 연상시키기도 한다. 특히 긴 촉수가 달린 커다란 주둥이와 기다란 꼬리는 매우 위협적이고 효과적인 공격 무기가 된다. 하지만 특이한 것은 기이한 형태의 그 몸체가 생각보다 그리 크지는 않다는 것이다. 최고로 성장한 악어보다 조금 더 큰 덩치랄까? 이는 빌딩만 한 크기로 인간을 압도했던 기존 괴수들에 비할 때 오히려 아담한 사이즈라고 할 수 있을 정도다. 이는 봉준호 감독이 기존 괴수영화들처럼 양적인 측면, 즉 스펙터클로만 승부를 걸지 않겠다는 의지의 표명처럼 읽힌다. 감독은 괴물의 크기로 관객을 압도하기보다는 지능을 갖춘 괴물의 기습으로 관객에게 스릴을 주려고 했던 것이다.

　이 영화에서 괴물의 등장이 공포스러운 것은 평화로운 일상의 공간에 느닷없이 들이닥쳤기 때문이다. 그런데 우리가 여기서 주목해야 할 것은 괴물이 출연한 지점이 강남구가 아니라 강서구 쪽 강변이라는 점이다. 말하자면 애꿎은 서민들이 살육의 대상(희생양)이 되었다는 것이다. 이는 다분히 의도적인 연출의 결과이다. 재난이 터졌을 때 상류 계급보다는 늘 서민층부터 타격을 받았던 것이 현실이기 때문이다. 괴물의 출현에 대한 정부의 안이한 대응을 보아도 이점을 확인할 수 있다. 정부는 괴물 퇴치에 적극적인 노력을 기울이지 않는다. 그냥 한강변에 '출입금지'라는 차단막만 설치한 채 수수방관하고 있다. 요컨대 봉준호 감독은 피해를 당한 사람들이 대부분 서민이라서 친기업적이고 권위적인 정부가 사태 해결의 의지를 보이지 않고 있다는 것을 역설적으로 보여주고 있는 것이다.

오히려 미군 당국이 더 적극적인데, 이는 물론 그들 나름의 목적이 있었기 때문이었다. 그들은 괴물에게 당한 사상자들을 조사하면서 바이러스의 전파를 의심하고, 이를 적극 차단하는 쪽으로 사태 해결의 방향을 잡는다. 독극물 무단 방류에 대한 책임을 딴 데로 돌리려는 의도였다. 하지만 끝내 바이러스는 발견되지 않는다. 그래서 영화의 후반부에서 텔레비전 뉴스를 통해서 미군 당국이 "유감스럽게도 조사해봤더니 한국에 바이러스가 존재하지 않는다."고 멘트를 하는 장면은 무척이나 아이러니하게 다가온다. 괴물과 접촉한 사람들을 억류하고 검사를 한다고 호들갑을 떨던 미 당국이 슬그머니 꼬리를 내렸던 것이다.

강두와 가족들은 우선 무엇보다도 괴물에게 끌려간 현서를 찾는 일이 시급했다. 죽을 줄로만 알았던 현서가 한 통의 전화를 해왔기 때문이었다. 사망자들의 유해가 나올 때마다 현서의 것이 아님을 확인한 그들은 직접 현서를 찾아 한강 둔치로 달려간다. 하지만 그들이 가진 무기는 소총 한 자루와 양궁, 그리고 화염병 몇 개가 고작이었다. 흉포한 괴물과 맞서 싸우기에는 너무나도 초라한 무기였지만, 그들은 결연한 의지로 괴물을 물리치고 마침내 현서를 찾는다. 그리고 그 과정에서 강두의 아버지가 괴물에게 당하는 비극을 겪는다. 하지만 현서는 생환하지 못했다. 대신 그들은 부모를 잃고 한강변을 헤매는 고아 소년을 발견하고 친자식처럼 키우기로 한다. 이윽고 한강변은 마치 아무런 일도 없었던 듯이 고요해지고, 강두의 매점 또한 이전과 같이 운영된다.

어린 딸 현서의 죽음과 그녀를 대체한 양자의 입양은 두고두고 해석거리를 남겼다. 중요한 것은 현서의 숭고한 희생 덕분에 그 소년이 살아남았다는 점이다. 우리는 아이러니컬하게 〈기생충〉에서도 비슷한 상황을 볼 수 있었다. 기택의 4인 가족 중에서 죽음을 당하는 것은 막내딸인 기정이 유일하다는 점에서 그렇다. 그래서 그녀의 죽음을 두고 또 한 번 논란이 분분하기도 했다. 다시 말해 그의 초기 대표작인 〈살인의 추억〉에서는 여성들이 무더기로 살해를 당하고 있기 때문에, 분명한 것은 남성 위주의 가부장적 사회에서는 여성들이 피해자가 되기 일쑤라는 점이다.

괴물의 발생 원인을 두고서도 평단의 의견이 분분했다. 실제로 2000년 2월 9일 주한미군 용산 기지에서 한강에 독극물인 포름알데히드를 무단으로 방류한 사건이 있었고, 영화의 도입부에서도 그 같은 설정이 나오자 독극물에 오염된 기형 물고기가 괴물로 돌변했다는 주장이 제기된 것이다. 이 영화가 반미反美 정서를 그 기저에 깔고 있다는 해석이 이어졌다. 그리하여 보수 쪽은 이 영화를 비난하고, 진보 쪽은 환호하는 비평의 양극화가 초래되기도 했다.

사실 이 영화에서 독극물에 오염되어 괴물이 출몰했다는 설정은 정황적인 것일 뿐이며 내러티브의 내적 논리에서 기인한 것은 아니다. 인과관계의 연결 고리가 너무 약하다는 것이나. 예컨대 고질라의 경우 원폭의 후유증으로 인한 파생물이라는 설정이 어느 정도 설득력을 갖는다. 반면, 괴물의 경우 그 넓은 한강에서 유독 그 한 개체만 오염이 됐다는 것은 어불성설이다. 그러나 직유直喩로서가 아니라 은유隱喩라면 그러한 설정은 나름대로 타당성을 갖는다. 미군 당국이 독극물을 방류한 것은 명백한 불법이자, 환경 파괴 행위인 것은 분명하기 때문이다.

나는 오히려 이 영화에서 우리가 눈여겨보아야 할 것은 제목에 담긴 역설이라고 생각한다. 제목은 괴물怪物인데, 영문 제목 속 호스트Host의 뜻은 숙주宿主라는 점에 주목해야 한다는 것이다. 알다시피, 숙주란 기생충이나 균류菌類 등이 기생하거나 공생하는 상대의 생물을 말한다. 그러니까 이 영화는 정체 모를 한 마리의 괴물이 갑자기 출현하여 인간에게 해코지한다는 단순한 괴수 이야기가 아니라는 것이다. 우리는 봉준호 감독의 〈기생충Parasite〉에 와서야 비로소 〈괴물〉의 본래 의미를 더 잘 알 수 있게 되었다. 인간과 인간이 서로 계급을 달리하여 상호 간에 기생하여 공생하는 것이라면 그 숙주는 곧 이익사회, 나아가 자본주의 국가일 수밖에 없는 것이다.

〈괴물〉과 〈일본 침몰〉 논란

—

한국과 일본에서 각기 자국에서 1위를 달리던 〈괴물〉과 〈일본 침몰〉이 각각 일본과 한국에서 개봉하였다. 우리나라에서 〈일본 침몰〉의 개봉 첫 주 예매율은 잠시나마 〈괴물〉을 누르고 1위였지만, 〈괴물〉은 일본에서 250개 관을 잡았으나 7위에 그쳤다. 게다가 〈괴물〉이 일본 애니메이션 〈WX 기동경찰 페트레이버〉 극장판 3편인 〈폐기물 13호〉(다카야마 후미히코, 2002)와 괴물의 형태, 유전자 변이라는 탄생 요인, 반미적 내용이 있다는 점, 불타서 죽는다는 설정 등이 유사하다는 점에서 표절 논란까지 일었다. 표절 논란은 일부 네티즌들에게 반일 감정을 부추겼고, 한일 네티즌 간 공방까지 일어나게 되었다.

이 현상을 하나씩 짚어보자. 〈괴물〉이 일본에서 한국과 같은 반응을 보이지 않는 가장 큰 이유로는 일본과 한국의 사회구조와 문화의 차이 때문일 것이다. 〈괴물〉이 갖는 상징성은 한국의 사회문제에서 빚어진 것이므로, 한국 사람들끼리는 체험적 공감대가 큰 작품이라고 생각된다. 그러나 사회적 특성이 다른 일본에서는 하나의 괴수영화로만 생각될 수 있다.

마찬가지로 우리나라에서 〈일본 침몰〉이 첫 주처럼 계속 예매율 1위를 유지할 수 있었다고도 생각되지는 않는다. 예매율 1위는 단지 〈일본 침몰〉이라는 제목이 주는 호기심과 관심 때문일 수 있다. 그 때문에 한국 관객들이 처음에는 몰릴 수 있지만, 시간이 갈수록 예매율은 줄어들 것으로 생각된다. 일본의 가미카제 특공대 같은 국가에 대한 기무義務의식이 바탕에 깔려 있는 〈일본 침몰〉은 일본인들에게는 공감도나 가치 면에서도 높을 것이다. 그러나 한국은 그렇지 않을 뿐만 아니라, 〈일본 침몰〉은 화산이나 지진 등의 CG는 뛰어나지만, 구조가 단순하며 서사의 완성도도 그리 높은 편이 아니다.

반면 〈괴물〉은 일본에서 점점 더 많은 사람이 보게 되지 않을까 하는 기대도 가져본다. 〈괴물〉은 제목에서는 괴수영화라는 인상이 강하지만, 막상 영화 속에는 단순한 괴수영화의 특성보다는 변두리 인간에게 행하는 사회적 폭력과 억압이라는 인류 보편적 상황이 담겨 있다. 그리고 큰 적이 생겼을 때 유대감이 없어 보이던 가족이 뭉치게 되는 상황과 캐릭터의 변화하는 모습이 재미있고 공감이 갈 것으로 생각된다. 또한 해학적 대사로 풀어가고 있다는 것이 〈괴물〉의 큰 장점이다. 관객 수에 예민하게 반응하는 것은 바람직하지 않다. 결국은 작품성과 공감대 형성이 관객의 숫자를 결정하게 될 것이다.

표절 논란에 대해서는 화이트 헤드의 "해 아래 새로운 것은 없다."라는 측면을 생각해보아야 할 것이다. 하나의 현상이나 대상을 어떻게 독특한 시각으로 바라보고 어떻게 다르게 표현하는가가 관건일 것이다. 어떤 서사든 원형적으로 보면 같아져 버린다. 모든 멜로는 〈춘향전〉이고, 모든 괴수영화는 〈용가리〉나 〈고질라〉가 될 수 있다. 아무리 〈폐기물 13〉의 요소와 〈괴물〉이 유사한 점이 있다고 하더라도, 화염병과 부어진 석유에 의해 괴물이 불에 타 죽는 것은 우리나라의 시위 방식과 닮아 있다. 영화적 맥락에서 대졸자 백수인 남일에게 있어 괴물을 죽이는 방식은 운동권이었던 대학 시절 해봤던 화염병을 사용하는 것일 수 있으며, 괴물이 화염병과 쇠파이프에 죽는다는 설정은 괴물의 정체성이 어디서 비롯되는지를 함의하고 있다. 유전자 변형이라는 괴물의 탄생 배경 역시 한강에서 실제로 있었던 사건을 확대하여 설정한 것이다. 형태 또한 우리나라에서 전해져 내려오던 이무기의 요소와 물고기의 형태를 합쳐놓은 형태의 변형이라고 생각된다.

그러므로 이러한 표절 논란은 한때 일어나는 현상일 뿐이라고 생각된다. 또한 이것이 민족 감정으로 번지는 것은 바람직하지 않다. 타문화를 인정하는 문화 상대주의적 입장에서 보는 것이 성숙된 문화 인식이기 때문이다.

배급사 CJ ENM 제공

4. 마더

엄마라는 이름의 다층적 의미

—

어미와 새끼의 야수성을 일깨우다

영화가 시작되면 황금빛으로 출렁이는 갈대밭 사이에서 다소 정신이 나간 듯 보이는 한 중년 여인이 이상한 몸짓으로 춤을 추는 것이 보이는데, 그 모습은 기괴하기까지 하다. 여인은 다름 아닌 연기의 달인 김혜자다. 바로 몇 해 전 인기리에 방영되었던 TV 드라마 〈엄마가 뿔났다〉(극본 김수현)에서 호연을 보임으로써 그해 연기대상을 거머쥐었던 바로 그분이다. 그분이 봉준호 감독의 최근작 〈마더〉에 출연한다고 했을 때부터 화제의 중심에 서게 된 것은 어쩌면 당연한 일이었다. 이유는 두 가지다. 첫 번째는 콘텍스트context적인 것으로 유사한 소재 및 제목의 영화에 그분을 출연시킴으로써 선행 드라마의 후광을 이어가려는 모종의 전략이 있는 것이 아닌가 하는 의구심이다.

두 번째는 순전히 텍스트text 내적인 것으로 김혜자가 과연 드라마와는 차별되는 독특한 캐릭터를 새롭게 보여줄 수 있을 것인가 하는 기대감이다. 요컨대 〈엄마가 뿔났다〉와 〈마더〉 간에 얼마만 한 거리가 놓일 것인가가 초미의 관심사였던 것이다. 양자 간에 동일성이 크면 클수록 영화는 실패할 수밖에 없을 것이고, 반면 차이가 크면 클수록 영화는 성공할 터이다. 나는 영화를 보기 전에 만약 이 영화가 자타가 공인하는 김혜자의 연기력에만 의존한 캐릭터 중심의 영화에 머물렀다면, 영화사적 가치와 의미는 크게 반감됐을 것이라고 예단했었다. 물론 이 같은 나의 기우는 아주 간단히 해소되었다.

결론부터 말하자면, 두 작품 간에는 아무런 공통점이 없다. 연기 자체부터 전혀 달랐다. 다 알다시피 〈마더〉는 한 엄마가 몸뚱이만 컸지 정신연령은 여전히 미숙아인 한 아들을 위해 헌신한다는 이야기를 담고 있다. 좀 더 구체적으로 말해서 그 아들이 동네에서 발생한 여고생 살인 사건의 진범으로 체포되어 수감되자, 엄마가 나서서 아들의 무죄를 밝혀내려고 불철주야 동분서주한다는 것이 주된 내용이다. 솔직히 이정도의 이야깃거리면 이미 정답은 나와 있는 셈이다. 사건을 담당하고 있는 형사들은 물론이고, 구명求命을 책임진 유능한 변호사마저도 아들을 진범으로 확신하고 있는 마당에 아들의 누명을 벗겨주고 감옥에서 빼낼 중차대한 임무를 맡을 유일한 사람은 바로 엄마밖에 없으니 그 결말이 어떻게 될 것인가는 불을 보듯 뻔하지 않겠는가? 그렇다면 힘도 없고 빽도 없는 엄마는 무슨 수로 범인을 찾아낸단 말인가? 당연한 말이지만 영화를 보면 다 알 수 있다.

〈마더〉에서 김혜자가 맡은 마더, 엄마 역은 참으로 독특한 캐릭터라 아니할 수 없다. 이 영화에서 그녀는 사실 착한 엄마의 이미지와는 거리가 멀다. 〈엄마가 뿔났다〉에서 김혜자는 한 평생 가족을 위해 헌신해온 엄마가 어느 순간 자신이 해온 역할을 돌아보면서 회의하고 반항하기도 하지만 결국은 다시 제자리를 찾는 현모양처의 전형을 연기했었다. 이 따금 가족들한테 실망하여 화도 내고 심지어 가출까지 감행하지만, 그래도 속내는 모성애로 똘똘 뭉친 정겨운 엄마였다.

하지만 〈마더〉에서 그런 기존의 이미지는 물론이고, 역할 모델까지도 폐기된다. 대신 새끼를 지키려는 본능적 야수성을 간직한 어미로서의 역할만이 전면에 부각된다. 엄마와 어미라는 단어가 주는 뉘앙스의 차이만큼의 간극이 〈엄마는 뿔났다〉와 〈마더〉 사이에 놓인 차별성이라고 해야 마땅할 것이다. 굳이 부연하자면 엄마란 사회적으로 순치되고 학습된 모성애의 일반화된 표현이라면, 어미란 새끼를 낳은 동물의 암컷이란 뜻으로 자연 상태에 가까운 야생적 사고의 표현이라 할 수 있을 것이다. 그 야수성을 김혜자는 예의 그 탁월한 연기력으로 섬뜩하리만치 소화해내고 있는 것이다.

어미의 야수성을 일깨워준 새끼 역할을 맡은 원빈은 또 어떤가? 영화 속 도준은 스물여덟 살이지만, 정신적 미성숙으로 늘 따돌림을 당하는 가여운 청년이다. 이 어수룩한 청년 역을 샤프한 캐릭터 역할을 주로 맡았던 원빈이 맡았다는 사실 자체가 무척 아이로니컬하게 여겨지지만, 그는 나름대로 새로운 역할에 도전하여 일정한 성공을 거둔 것으로 보인다. 게다가 도준의 캐릭터가 봉준호 감독의 대표작인 〈살인의 추억〉에서 최초 용의자로 체포되어 갖은 고초를 치렀던 백광호 캐릭터의 환생이라는 점을 감안한다면 그 의외성은 한층 더 커질 수밖에 없다.

영화 〈마더〉는 백광호를 따로 분리해내어 그의 개인적 삶을 새롭게 재구성했다고 해도 될 만큼 전작인 〈살인의 추억〉

과 깊은 연관성을 보여주고 있다. 물론 백광호의 비극적인 삶과 도준의 희비극적 삶의 여정이 일치하는 것은 아니다. 차이와 반복이라고 할까? 극 중 엄마와 절친한 관계에 있는 사진관 주인인 미선(전미선)의 표현대로 도준은 사슴 같은 눈망울을 하고 있는 순박한 청년이면서도 한편으로는 새끼의 본능을 거침없이 드러내는 야생의 청년이었던 것이다. 바로 이 같은 어미와 새끼의 야수성 속에 사건 해결의 실마리가 내장되어 있음은 물론이다. 봉준호 감독의 야심작 〈마더〉는 이미 지적했듯이, 그의 대표작인 〈살인의 추억〉의 연정선상에 있는 영화다.

우리의 관심사는 〈마더〉이므로 〈살인의 추억〉과 연관하여 상호 텍스트성을 더 살펴보기로 하자. 이미 지적했듯이 도준의 캐릭터는 백광호의 그것과 유사한 점이 상당히 많다. 물론 극 중 이름도 다르고, 두 사람의 행보도 다르므로 동일한 인물을 다른 맥락과 관점에서 형상화했다고 하기는 힘들 것이다. 그럼에도 겹쳐지는 부분이 많다. 우선 무엇보다도 두 캐릭터 모두 정신적 미숙아라는 점이다. 그리하여 스스로의 판단 능력이 결여되어 있다. 여자를 무척 좋아하면서도 말 한마디 제대로 걸지 못하고 그저 바라만 보는 것도 비슷하다.

두 사람 모두 임기응변은 거의 제로에 가깝지만, 기억력 만큼은 비상하다는 점도 같다. 도준은 다섯 살 때 엄마가 농약을 먹여 자신을 죽이려 했다는 사실을 느닷없이 기억해냄으로써 엄마를 경악하게 만들었다. 게다가 살해 현장에 있었던 노인을 정확히 짚어내기도 한다. 한편 백광호는 어렸을 때 아버지가 불이 활활 타고 있던 아궁이에 자신을 집어던졌던 기억 때문에 정신적 외상에 시달리고 있는 상태다. 그는 또한 논 한가운데 노적가리 속에서 잠을 자다가 살해 현장을 목격하고는 후에 아주 세밀한 부분까지 목격담을 발설하기도 한다.

두 사람의 행동거지도 유사하다. 도준이 여고생 아정의 살해 현장에서 폴더폰으로 호루라기를 부는 흉내를 내면서 허둥대는 모습은 백광호가 철로 한복판에서 박두만 형사를 향해 호루라기를 불어대면서 교통정리를 하는 듯 시늉을 보이는 장면과 정확히 겹쳐진다. 이는 우연의 산물이 아니라 다분히 의도적인 연출의 결과이리라. 그 장면 전후에 한쪽에서는 도준이 쫓아갔던 여고생이 살해되었고, 다른 쪽에서는 박두만이 쫓아갔던 백광호 본인이 열차에 치어 절명했다는 점이다. 이렇게 본다면 〈마더〉의 이 장면은 〈살인의 추억〉에서 무고하게 숨진 백광호에 대한 일종의 애도로 봐도

무리는 없을 듯하다. 아니면 백광호와의 유사성을 상기시킴으로써 도준의 무혐의 처리를 암시하려는 고도의 전략이거나. 그래서 콘텍스트가 중요하다는 것이다.

〈마더〉에는 영화적 미덕이 또 있다. 영화의 매혹 중 하나인 정교하고 디테일한 공간 창조creative geography의 묘미가 바로 그것이다. '봉테일'이라는 닉네임을 갖고 있는 봉준호 감독은 컷이 바뀌면 지리적 공간인 도都가 바뀔 만큼 전국적인 로케이션을 통하여 매우 사실적인 공간을 연출해내고 있다는 점이다. 더욱이 그 공간 속에 생동하는 캐릭터들이 다수 등장한다는 점도 영화적 재미를 배가시켜 준다. 도준의 둘도 없는 친구지만 왠지 믿음은 가지 않는 진태, 도준의 엄마를 어머니라고 부를 만큼 친근함을 과시하지만 사감에 얽매이지 않는 비정한 형사 제문(윤제문), 그리고 원조교제로 온갖 구설수에 올랐다가 살해당하는 비운의 소녀 아정(문희라) 등등은 조연급 연기자들의 중요성을 새삼 일깨워 준다. 놀라운 연기 앙상블이다.

영화에서 엄마와 아들 친구 진태의 관계는 미스터리다. 여러 가지 정황으로 볼 때 두 사람은 살을 섞은 사이로 추정되지만, 물증은 없다. 우선 마더가 진태를 살인 용의자로 몰았다가 오해였음이 밝혀지면서 된통 당하는데, 이때 진태는 "너가 나한테 어떻게 그럴 수 있어!"라는 마치 깊은 사이에서나 가능할법한 멘트를 날린다는 점이다. 그전 마더는 진태의 숙소에 갔다가 옷장 속에 숨어 본의 아니게 진태의 정사 장면을 훔쳐보는데, 클로즈업된 마더의 눈동자에 핏발이 서려 있음을 알 수 있다. 왜일까? 영화의 도입부에서 마더는 진태에게 심한 경멸감을 표현하는데, 종자種子가 더럽다는 식의 성에 관련된 욕이 태반이다. 어쨌든 두 사람은 화해를 했는지 영화의 후반부에서는 마치 손발이 척척 맞는 콤비처럼 힘을 합쳐 진범 색출에 나선다. 그 과정에서 불량청소년 중 하나가 마더와 아들 도준이 서로 동침하는 관계라고 비아냥거리자 진태가 녀석의 이빨을 날려버리는 장면도 심상치 않다. 우리는 이미 도준과 진태가 거의 동일시되고 있음을 알고 있기 때문이다.

잔혹한 영화 〈마더〉에는 착한 드라마 〈엄마가 뿔났다〉에서는 도저히 볼 수 없는 급진성이 있다. 나는 〈마더〉의 영화적 위상을 〈살인의 추억〉과 〈괴물〉의 중간쯤에 위치시킬 수 있다고 본다. 혹자는 〈괴물〉을 그의 대표작으로 보기도 하지만, 이는 피상적인 평가에 불과하다. 예컨대 〈살인의 추억〉은 수십 번을 보아도 여전히 해석의 여지를 남길 만큼의 속내 깊은 텍스트지만, 〈괴물〉은 그에 비해 약간은 단순한 텍스트라는 것이다. 바르트의 구분법을 좀 빌리자면 전자가 작가作家적 혹은 쓸 수 있는 텍스트writerly text라면, 후자는 독자讀者적 혹은 읽을 수 있는 텍스트readerly text라고 할 수 있을 터이다. 예컨대 작가적 텍스트는 가역적reversible이며 복수화된pluralized 아방가르드 텍스트에서 주로 사례를 찾을 수 있으며, 독자적 텍스트는 모든 면에서 불가역적이며 독자(관객)들이 생산적 활동을 할 여지를 거의 남기지 않는 관습적 텍스트에 해당한다고 보면 된다. 괴물 캐릭터는 정교하긴 했지만 완벽했던 것은 아니었다.

콘텍스트의 측면에서 봤을 때도, 〈살인의 추억〉은 1980년대 독재정권 치하의 암울했던 현실적 공간에 대한 은유로 읽힐 여지가 다분하지만, 〈괴물〉의 경우 미군부대에서 독극물이 흘러나왔다는 설정으로 반미 논쟁을 일으킨 것이 고작이었다. 굳이 비교하자면 그렇다는 것이다.

디테일로 구현한 우리 시대 어머니의 초상

—

시나리오의 핵심적 요소는 캐릭터와 서사 구조, 그리고 대사와 디테일이라고 볼 수 있다. 상당히 영리하게 계산되어 있는 〈마더〉의 각본은 〈미쓰 홍당무〉의 각본 작업에 참여했던 박은교 작가와 봉테일이라는 별명에 걸맞는 봉준호 감독이 함께 3년이 넘는 기간 동안 치밀하게 조직했다고 한다.

　〈마더〉는 제목이 말해주듯 '어머니의 초상'에 대해 이야기한다. 그런데 이 영화에서 그리는 어머니상은 우리 역사 속에 나오는 율곡의 어머니 신사임당이나 한석봉의 어머니처럼 바람직한 자식 교육을 실현하는 인물과는 다르다. 엄마의 아들 도준이 유달리 강한 모성애를 부채질할 만큼 모자라기 때문이다. 그래서 영화의 초반부터 '아들에 대한 염

려와 사랑의 화신'인 엄마의 캐릭터가 부각된다. 엄마는 인
간 개인으로서보다 도준의 어머니로서 존재한다. 즉 그녀의
모든 촉각은 도준에게 향해 있다. 그녀는 아들이 곤경에 처
하면 언제 어디서든 달려가 해결하는 영웅이다. 그런데 이
영웅의 특징은 모성애적 본능으로 의욕은 어떤 영웅들보다
앞서가지만 능력은 영웅에 미치지 못한다. 그래서 안타까움
을 유발한다. 한편 아들 도준은 자신이 모자라는 것을 안다.
그래서 자신을 '바보'라고 부르는 말에 유독 예민하게 반응
한다. 이 드라마에는 이 두 모자를 이용하는 약삭빠른 아들
의 친구 진태가 있고, 모자라는 아들을 곤경에 빠뜨릴 경찰
제문이 있다.

영화에 나오는 모든 캐릭터는 짐승의 면모를 지니고 있
다. 엄마는 동물처럼 자식을 지키려는 본능에 충만해 있고,
아들 도준은 발정기에 있는 동물처럼 암컷을 따라다닌다.
진태와 제문 역시 성적 본능을 아무런 양심의 가책도 없이
추구하는 짐승 같은 면모를 지니고 있다. 캐릭터 자체가 정
도의 차이만 있지 모두 선함과 악함을 함께 지니고 있는 모
순적 인물로 그리고 있다. 약재를 파는 것이 주 업무면서도
불법적으로 침술을 행하고 있는 엄마와 하는 일 없이 남에
게 당하거나 사건만 일으키는 아들 도준도 악하기만 한 것

은 아니기 때문에 미워할 수 없는 캐릭터이다. 이들에 비해 더욱 악한 쪽에 가까운 인물도 미워할 수 없기는 마찬가지다. 도준의 가족을 이용해 자신의 편익만을 도모하지만, 도준이 살인범 혐의에서 벗어나게 하기 위해 최선을 다하는 진태, 성의 없는 수사로 결과만 빨리 보고하고 사건을 종결시키려는 경찰 제문도 엄마에게는 깍듯이 대한다. 그러므로 이 영화는 뚜렷한 선악 구도를 지니고 있지 않다.

〈마더〉 역시 이들이 살해 사건에 연루되면서 봉준호 감독의 다른 영화와 마찬가지로 스릴러 구조로 변모해간다. 스릴러 구조에서 가장 중요한 점은 긴장감과 궁금증 유발이다. 즉 '누가', '왜' 죽였으며 그것이 '어떻게 밝혀지느냐'는 것이다. 〈마더〉에서 여고생 '아정'의 살인 사건은 비교적 전반부에 제시되지만, 그녀를 '누가' 살해했는가는 서사가 진행되면서 조금씩 관객에게 제시된다. 그럼으로써 클라이맥스에서의 광기 어린 모성이 소름이 돋을 만큼 충격적으로 관객에게 다가오게 되는 것이다. '왜' 죽였냐는 것은 도준이 유독 '바보'라는 말에 유독 민감하게 반응하며 과격해지는 모습이 여러 번 반복해 제시됨으로써 눈치 빠른 관객만 알아차릴 수 있도록 복선으로 기능하고 있다. 〈마더〉는 엄마가 넋 나간 모습으로 들판을 거니는 장면이 도입 장면뿐만 아니라 클라이맥스 이후에 동일하게 반복됨으로써 고물상 주인 살인 사건 이후의 파국을 안정적으로 정리하는 구조가 된다. 봉준호 감독 영화는 사건 자체도 중요시하지만, 엄청난 사건을 겪은 후 '그래도 삶은 계속된다'는 씁쓸한 삶의 진실에 주목하기 때문이다.

〈마더〉는 봉준호 감독의 전작 〈살인의 추억〉과 시나리오상의 유사점이 많다. 첫째로는 남성에 의한 여성의 살해 사건이 영화의 주요 사건이라는 점이다. 둘째는 〈마더〉의 배경이 세련된 도시 공간이 아닌 골프장이 있는 한가한 농촌 소도시 공간이라는 점이다. 셋째로는 〈살인의 추억〉에서 단서를 제공해주는 경찰 박두만의 아내(전미선)와 〈마더〉에서 엄마에게 아정의 살해 단서를 제공하는 사진관 미선(전미선) 역할이 유사하다. 다른 영화지만 같은 배우가 연기했기에 유사하게 신뢰감을 준다. 넷째로 진범이 누구인가에 대한 오해가 영화의 핵심 플롯을 이룬다는 점이다. 물론 같은 감독이 만든 영화는 유사한 점이 있게 마련이지만, 장면이나 설정이 유사하면 관객들에게 신선도가 떨어져 보인다.

그러나 디테일은 흠을 잡을 수 없을 만큼 치밀하며 정교하다. 마치 무심코 밟기만 하면 펑펑 터져버리는 지뢰들처럼 잘 계산하여 설치해놓은 지뢰밭을 연상시킨다. 경찰서에서 무심코 도준의 이름을 쓴 골프공이 사건 현장에 떨어져 있음으로써 도준을 범인으로 잡히게 하는 것, 엄마가 고물상 주인을 살해했다는 증거인 불타버린 고물상 현장에 남아 있는 엄마의 침통 역시 그러하다. 툭하면 터지는 아정의 코피는 피가 묻은 옷을 입고 있는 종팔을 범인으로 몰기에 충분한 증거가 된다. 캐릭터를 설명하는 데도 소도구들이 잘 활용된다. 비가 억수같이 오는 날 엄마가 지나가던 고물상의 리어카에서 우산을 하나 빼들고, 고물상 주인에게 삼천 원을 전해주자, 고물상 주인이 천 원을 다시 되돌려 주는 장면에서는 고물상 주인이 무척 양심이 바르며, 자신이 아니라고 생각되는 것은 반드시 고쳐야 하는 캐릭터라는 것을 잘 설명해준다. 그래서 엄마가 고물상 주인이 아정을 죽인 범인이라고 생각해서 찾아갔을 때, 도준이 아정의 살인범이라고 말하는 고물상 주인의 말을 신뢰하게 만드는 근거가 된다.

대사 역시 주제를 드러내는 데 더할 나위없이 적절하게 기여하고 있다. 자신을 '바보'라고 할 때 분노가 폭발하는 도준의 평소 반응은 굳이 아정을 살해할 동기가 없는 도준에게 결정적인 살해 동기를 부여한다. 도준은 이 분노만이 아정을 살해할 유일한 동기이다. 뿐만 아니라 경찰서에 간힌 도준을 면회 간 엄마가 "아무도 믿지 마, 엄마가 구해줄 게."라고 말하는 장면에서 도준에게는 엄마가 영웅 역할을 한다는 것을 잘 알 수 있다. 또한 도준 대신 억울하게 아정의 살인범으로 몰려 경찰서에 갇힌 종팔(김홍집)을 찾아간 엄마가 "너는 엄마 없니?"라고 물으며 울먹이는 장면에서도 본능적 모성애가 얼마나 강한 힘을 발휘하는가 하는 주제를 잘 설명해주고 있다. 또한 평소에 타인을 치료해주던 엄마의 침술은 엔딩에서 자신에게 직접 침을 놓게 됨으로써 자신의 불안감을 해소하고 관광버스에서 춤을 추게 되는 장면에 타당성을 부여한다.

〈마더〉에서의 짐승처럼 본능적인 캐릭터와 궁금증을 유발하는 스릴러 서사 구조, 주제를 함축하는 대사와 잘 짜인 디테일은 우리 시대 '어머니의 초상'을 관객에게 각인시키기에 충분하다.

나는 닫힌 문을 열고 싶다

2013년 봉준호 감독의 새로운 세계

설 국 열 차

SONG KANGHO

SNOWPIERCER 2013

5. 설국열차

세기의 종말과 시작

—

사회 모순을 향한 묵시록적 메시지

2012년 한국의 걸출한 세 감독이 할리우드에 진출했다는 보도는 모두를 기대감에 들뜨게 했다. 올 초부터 그 결과가 속속 드러났다. 김지운 감독의 〈라스트 스탠드〉는 대중적인 서부극 장르였음에도 주인공 배우에 대한 호감도가 예전 같지 않아서 젊은 층의 관심을 끌지 못했고, 박찬욱 감독작 〈스토커〉에서의 B급 요소는 마니아층에게만 인기가 있었다. 그러나 관객 수만으로 그 결과를 말할 수는 없을 만큼 의미와 파장은 컸다.

봉준호 감독의 〈설국열차〉의 해외 진출은 이들 영화와는 시작부터 다른 행보를 보였다. 두 영화가 할리우드 제작 시스템에서 작업을 한 경우라면 〈설국열차〉는 한국 기업이 주도적으로 투자 제작을 맡아 해외 투자를 유치했고 할리우드 배급사가 해외 배급을 맡았다. 한국영화 산업 발전에 끼치는 영향이 더 크다고 볼 수 있다.

〈설국열차〉는 묵시록적인 의미를 갖는다. 노아의 방주 같은 열차 안에서 벌어지는 사건을 다룬다. 사회 질서의 모순을 열차라는 폐쇄 공간 속에서 압축적인 상징으로 보여준다는 점이 독특하다. 원작인 동명의 프랑스 그래픽 노블이 지니고 있는 모티프다. 봉테일이라는 별명을 지닌 봉준호 감독이 이 뿌리를 어떻게 살려 꽃을 피웠는가가 중요할 것이다.

봉준호 영화에서 공간이 지니고 있는 의미는 유난히 컸다. 그의 데뷔작 〈플란다스의 개〉에서 일상 공간은 공포를 주는 공간으로 돌변해 공간의 이중성과 일상 속에 잠재한 공포성을 드러냈다. 인류 마지막 생존자들이 탄 〈설국열차〉의 공간은 자본주의적 속성으로 구분돼 있다. 돈을 내고 탄 앞 칸 사람들과 무임승차한 꼬리 칸 사람들이 계급별로 나뉘어 사회적 갈등이 마그마처럼 내재돼 있다.

영화의 전반부는 꼬리 칸 사람들의 어둡고 비참한 생활상과 커티스(크리스 에반스)를 중심으로 혁명을 꾀하는 과정에 할애된다. 꼬리 칸은 나치즘 시대 유대인들처럼 지배자에게 억압받고 생존조차 위협받는 공간이다. 꼬리 칸을 탈출한 중반 이후의 공간은 문이 열릴 때마다 세계를 축소시킨 각 칸들의 면면이 드러나는데, 각 칸은 사회 모순을 알레고리화하는 공간의 기능을 하게 된다.

열매가 열리는 나무들이 즐비한 평온한 식물 칸에서부터 부자들의 향락 공간, 윌포드가 있는 맨 앞의 엔진 칸까지 다양한 공간마다 색다른 액션이 펼쳐진다. 아쉬운 점은 꼬리 칸을 탈출하는 중반까지는 긴장을 늦출 수 없도록 긴박감 있게 진행되지만 그 이후부터 속도감이 떨어진다는 점이다. 다양한 열차 칸을 보여주면서 주제를 의미화하는 데 초점을 둔 탓이다. 그러나 열차라는 공간을 통해 일상 너머를 통찰하지 못하는 사람들에게 종말이라는 철학적 인식을 환기시킨다는 점에서 큰 의미를 지닌다. 서로 도끼로 찍어 죽이다가도 열차가 얼음덩이와 맞부딪치는 위기 상황에서는 모두 기관사의 목소리에 하나가 되는 것도 재미를 준다.

〈설국열차〉가 기존의 봉준호 영화와 가장 크게 달라진 지점은 해학의 부재다. 데뷔작에서부터 내재돼 있던 '의외성으로 인한 오해가 빚어내는 해프닝'과 '유머러스한 대사'가 돌진하듯 달리는 무거운 메시지에 의해 압사한 듯하다. 그러나 스릴러로서 궁금증을 유발할 복선을 군데군데 깔아놓고 모든 에피소드가 결말을 향해 한 발씩 나아가는 밀도는 명작 반열에 충분히 오를 만해 보인다.

계급투쟁이 아닌 탈주 이야기

—

봉준호 감독의 〈설국열차〉는 전형적인 글로벌 재난영화다. 때는 2014년 7월 1일 지구 온난화가 극심해지자, 세계 79개 정상들이 모여 그 해결책으로 CW7이라는 화학물질을 대기 상층권에 대량 살포하기로 결의하고 실행에 옮긴다. 하지만 국제환경단체가 우려한 대로 결과는 참담한 것이었다. 그로 부터 17년 후 인류는 CW7의 부작용으로 닥친 한파로 인해 또다시 종말의 위기를 맞는다. 기차의 제왕 윌포드가 사전 에 제작한 '세계유람열차'가 없었다면, 인류는 동사하여 멸 종되었을 것이다. 이름하여 '설국열차'는 43만 8천 킬로미 터에 달하는 노선을 일 년 동안 주파하면서 지구를 일주하 는 첨단 열차인데, 혹한과 혹서 모두 극복할 수 있도록 설계

되어 있었다.

칸을 셀 수 없을 정도로 긴 이 열차에는 세 부류의 승객이 타고 있는데, 일등석, 일반석 그리고 무임 승객들이 그것이다. 물론 이 열차에는 설계자 윌포드를 위시하여 열차 안의 법과 질서를 담당하는 메이슨 총리(틸다 스윈턴)와 그 휘하의 치안 유지대가 갖추어져 있다. 문제는 총리를 비롯한 지배계급이 꼬리 칸에 탑승한 하층민들을 관리하는 과정에서 전제적 통치권을 행사하고 있다는 점이다. 저들은 수시로 하층민 가운데 필요한 인력을 강제로 차출해 가고, 심지어 어린아이들까지 건강검진을 이유로 유괴하다시피 부모로부터 격리하기도 한다. 군인들에게 아이를 빼앗긴 아버지 앤드류는 여성 간부에게 신발을 벗어 던지면서 항의를 하다가 팔이 잘리는 처벌을 당하기도 한다.

이러한 전횡專橫과 만행蠻行을 참다못한 일단의 젊은 사람들이 반란을 모색하는데, 그 중심에 선 사람이 커티스와 에드가(제이미 벨)이고, 그 배후에는 길리엄이라는 노인이 버티고 있었다. 한편 커티스 일행은 언제부터인가 음식물(단백질 블록) 속 총알에 담긴 빨간색 쪽지를 받으면서 거사를 준비하는데, 그들이 받은 첫 메시지는 '남궁민수'라는 이름 넉 자였다. 남궁민수는 본래 이 열차의 출입문 보안 시스

템 담당자였는데, 크로놀kronole 중독에 빠졌다는 이유로 감방 칸에 감금 중이었다. 이 같은 정보에 따라서 커티스 일행은 치안 유지대가 점호를 하는 틈을 타 반란을 개시한다. 그리하여 그들은 일사천리로 그들을 제압하고 검역 칸을 거쳐 감방 칸을 접수하는 데 성공을 한다. 커티스는 남궁민수와 그의 딸 요나(고아성)에게 기차 칸칸의 문을 열어주는 데 협조하면 크로놀을 주겠다고 제안한다.

남궁민수가 크로놀에 집착한 이유는 사실 거기에 중독되었기 때문이 아니라 그것을 모아 폭탄으로 활용할 계획이 있었기 때문임이 나중에 밝혀진다. 커티스 일행은 남궁민수와 요나의 도움으로 하급 침대 칸에 이어 조리실 칸까지 접수하는 데 성공을 한다. 하지만 그곳에서 제조되는 단백질 블록이 실은 바퀴벌레를 원료로 했다는 사실을 알고는 경악한다. 어쨌든 커티스는 그곳에서 '물water'이라고 쓰인 두 번째 빨간색 쪽지를 전달받는데, 이는 곧 물 공급 칸을 접수하라는 지시였다. 그래야 총리와의 협상을 유리하게 이끌 수 있다는 계산이었던 것이다.

커티스 일행은 물 공급 칸으로 전진하면서 첫 번째 위기를 맞게 되는데, 도끼로 무장한 수십 명의 경호원들이 그들 앞을 막아서고 있었다. 그들은 잉어의 배를 도끼로 가르면서 커티스 일행에게 겁을 주더니 이내 유혈이 낭자한 육탄전이 벌어진다. 그러는 와중에 '예카테리나 다리'를 통과한다는 장내 방송이 나오자, 양측은 일시적 휴전에 들어간다. 이 계곡을 통과한다는 것은 정확히 해가 바뀌었다는 뜻인데, 그리하여 모두들 "해피 뉴 이어!"를 외치면서 새해 인사를 건넨다. 그리고 총리가 등장하여 신년 연설을 늘어놓는다. 내용인즉 "얼어 죽을 사람들 무료로 승차시켜 주었더니 은혜를 원수로 갚는다."는 푸념이었다. 이어 꼬리 칸 사람들 74퍼센트를 죽이겠다고 협박한다.

　이 시점에서 반란군은 최대의 시련기를 맞게 된다. 열차가 길고 긴 터널 속으로 들어가게 되는데, 이 틈에 야간 투시경을 낀 경비병들이 한치 앞도 볼 수 없는 반란군들을 무자비하게 도륙했기 때문이었다. 이때 횃불을 든 응원군이 등장하면서 전세는 역전되고 커티스는 총리를 인질로 사로잡는 전과를 올린다. 하지만 안타깝게도 에드가는 희생당하고 만다. 치안대를 제압한 커티스 일행은 여세를 몰아 총리를 대동하고 엔진 칸으로 향한다.

　이제 커티스 앞에 방해물은 없는 듯 보인다. 그들은 잘 꾸며진 식물원 칸을 지나, 수족관으로 이동하여 생전 처음 스시를 맛보기도 한다. 총리는 1년에 두 번, 즉 1월과 7월에만 스시를 먹는다고 하는데, 이는 한정된 어류 개체 수의 균형을 맞추기 위함이라고 설명해준다. 주방장이 흑인이라는 점이 이채롭다. 일행은 각종 육류들로 즐비한 냉장 칸을 통과하여 이른바 스쿨 존으로 진입한다. 동화적으로 꾸며진 이 공간에서는 교사가 초등학생들에게 유람 열차의 유래에 대하여 복습을 시키고 있는 중이었다. 비디오를 통해서 어렸을 때부터 장난감 기차를 좋아했던 윌포드가 최첨단 유람 열차를 만들기까지의 과정이 연대기적으로 펼쳐진다. 교사는 학생들에게 윌포드 찬가를 제창하게 하면서 그를 신격화하고, 나아가 그가 만든 신성한 엔진을 미화하는 데 열을 올린다. 엔진이 멈추면 모두 얼어 죽는다는 섬뜩한 가사의 동요가 앙증맞은 율동과 함께 펼쳐진다.

한편 새해를 맞이하여 윌포드가 하사했다는 삶은 계란이 분배되는데, 커티스가 받은 달걀 속 메시지에는 '피blood'라는 글자가 선명하다. 치안 요원들은 달걀 더미 아래 숨겨져 있던 각종 무기로 다시 반격에 나서고, 이 과정에서 핵심 멤버들 다수가 또 희생당한다. 게다가 길리엄마저 살해당하자 격분한 커티스는 총리를 살해함으로써 보복한다. 다시 주도권을 잡은 경호 대장은 전열을 정비하여 커티스 일행 추격전에 나서고, 열차가 곡선 구간을 선회하는 순간을 틈타 총격전을 가해온다.

커티스와 남궁민수 부녀는 풀장을 지나 사우나 칸으로 피신하면서 경호대의 마수를 뿌리치려 하지만 여의치 않다. 그들은 디스코텍을 거쳐 이른바 음란방과 전자 기계실을 거친 뒤 기관실에 다다른다. 이제 하나의 관문만이 남았다. 바로 윌포드가 머무르고 있는 엔진실이다.

엔진실 앞에서 커티스는 민수에게 자신이 겪은 참담한 경험들을 들려준다. 17년 전 처음 이 열차에 1000여 명의 하층민들이 올라탔는데, 모든 짐들을 압수당하고, 한 달여간 방치되면서 서로를 잡아먹는 야만인들로 변해버렸다는 것이다. 커티스는 한 여자를 죽이고 그의 아기를 빼앗아 먹으려는데, 한 노인이 말리면서 대신 자신의 팔을 잘라 주더라는 얘기도 덧붙였다. 그 노인이 바로 길리엄이었다. 이후 그들은 서로 자신들의 팔다리를 떼어 나누어 먹으면서 하루하루를 버텼다는 것이다. 그 아기가 바로 에드가였다.

바로 엔진 칸 목전에서 커티스와 남궁민수는 설전을 벌이는데, 민수가 크로놀 폭탄으로 아예 출입문을 폭파하고 바깥으로 나가자고 하자, 커티스는 회의적 반응을 보인다. 민수는 한파가 몰려오면서 추락한 비행기 잔해가 10년 전에는 꼬리 부분만 보였는데, 이번에 보니까 동체 자체가 보인다면서, 이는 얼음이 녹고 있다는 반증이라고 설득한다.

둘이 설왕설래하고 있는 사이 월포드의 비서가 남궁민수를 저격하고, 커티스를 엔진실로 불러들인다. 월포드는 횃불 작전을 성공시키고 엔진 칸까지 온 커티스의 능력을 높이 사면서 그에게 역으로 리더 자리를 맡아달라는 파격적인 제안을 한다. 그는 커티스에게 지금까지 일어난 모든 반란이 실은 고도로 계산된 것인데, 이는 전적으로 열차 내 인구수를 인위적으로 줄임으로써 이제 세계 자체가 된 열차에 탄 인류를 지키자는 고육지계苦肉之計였음을 역설한다. 그리고 이런 과정은 길포드와도 미리 합의가 된 사안이라고 덧붙이자 커티스는 큰 충격을 받는다. 그리하여 관건은 엔진실을 지키는 것인데, 커티스가 적임자라는 것이다. 이런 제안에 커티스는 크게 흔들리게 된다.

한편 출입문 폭파를 계획하고 있는 민수는 요나에게 커티스가 지닌 성냥을 가져오라고 지시하는데, 커티스가 거부하자 엔진실 깊숙한 곳에서 부품 역할을 하는 티미의 실상을 폭로한다. 월포드는 멸종된 부품을 대체하기 위하여 5살 이하의 작은 아이들이 필요했다고 변명하지만, 이에 격분한 커티스는 성냥을 건네주면서 끝장을 내라고 당부한다. 마침내 크로놀 폭탄이 터지고 그 여파로 산사태가 발생하여 거대한 길이의 설국열차가 전복되고 만다. 구사일생으로 살아난 사람은 요나와 티미 둘뿐이다. 생전 처음 지상에 발을 내딛은 두 아이 앞에 모습을 드러낸 것은 다름 아닌 북극곰이었다.

영화 〈설국열차〉는 열차를 하나의 세계로 상정하고, 그 안에 탄 사람들을 인류로 통칭함으로써, 그 속에서 펼쳐지는 계급투쟁을 우화적으로 표현하고 있는 것처럼 보인다. 실제로 이 영화에서는 꼬리 칸에 탄 하층계급의 비참한 삶과 엔진 칸에 가까운 곳에 자리 잡은 상류계급 사람들의 화려한 생활 환경을 극명하게 대비시키고 있다. 게다가 중간계급으로 분류되는 치안 유지대 및 경호원들은 상류층 사람들을 보호하기 위하여 목숨까지 바칠 정도로 헌신적이다. 또한 교육을 맡은 선생은 어린 학생들에게 '윌포드의 위대성'과 '엔진의 영원성'을 끊임없이 강조함으로써 체제 유지를 위한 이데올로기 교육에 투신하고 있는 셈이다.

이보다 더 중요한 것은 열차의 형식상 리더인 총리의 인식과 언행이다. 메이슨 총리는 틈날 때마다 꼬리 칸 사람들을 모아놓고 훈시를 하는데, "열차에 탄 사람들은 자기 주제를 알고, 자기 자리를 지켜야 한다."는 것이다. 그녀는 앤드류가 집어 던진 신발을 다시 그의 머리에 씌우면서 "신발은 발밑에, 모자는 머리 위에 있어야 한다."고 강조한다. 이처럼 그녀는 보수적인 정치성 성향을 공공연히 드러내고 있는데, 그런 점에서 대처Margaret Thatcher 전 수상의 행보를 패러디하고 있는 듯 여겨진다. 물론 그녀는 나중에 커티스의 인질로 잡히면서 앤드류에 의해 신발이 머리에 씌워지는 수모를 당하기도 한다.

열차 왕국의 실질적 리더인 윌포드의 발언과 태도는 더 현실적이고 논리적이다. 그는 꼬리 칸과 엔진 칸 사이에 커다란 차별이 있는 것을 잘 알고 있지만, 자신이 꼭 그 자리(앞칸)에 있어야 할 필요는 없다고 생각한다. 중요한 것은 이제 지구상에 유일하게 남아 있는 생존의 터전이 된 열차가 영원히 달려야만 한다는 것이다. 그러기 위해서는 인구 조절은 불가피한 것이다. 그리하여 그는 불안, 공포, 혼란 조성을 통한 인위적이고 급격한 해결책을 택했다고 확신에 차서 말한다. 이러한 그의 논리에 커티스도 처음에는 공감할 뻔 하기도 한다. 인류가 멸종되는 것은 막아야 하기 때문이다.

그런데 커티스는 티미가 엔진의 부속품으로 활용되는 현실을 보고 경악하여 윌포드의 제안을 무로 돌려버린다. 결국 엔진 칸을 장악하여 꼬리 칸 사람들의 한 맺힌 삶을 종식

시키려 했던 커티스의 애당초 의도는 사라지고, 민수가 추구했던 바깥세상으로의 탈출이 성사되지만, 결과는 열차 안 사람들의 떼죽음이었다. 말하자면 인류의 멸종인 셈이다. 물론 여성인 요나와 남자아이인 티미가 생존을 했으므로 신인류의 시작을 기대할 수는 있겠지만, 그들 앞에 펼쳐진 세상은 그리 녹록치 않다는 것이다. 멀리서 어슬렁거리는 북극곰 한 마리는 어떻게 보면 삶의 희망을 상징할 수도 있지만, 그들이 또 다른 적자생존適者生存이라는 절망의 구렁텅이에 던져진 것일 수도 있다는 해석도 가능한 것이다.

그렇다면 요나는 누구인가? 요나Yona라는 이름은 본래 성서 속의 인물로 하나님의 부름을 피해 도망쳐 큰 물고기 뱃속에서 사흘 동안을 보냈던 인물이다. 그 고난을 겪은 끝에 그는 결국 하나님의 뜻에 순종한다. 우리는 조리실 다음 칸에서 한 경호 요원이 도끼로 물고기 배를 가르는 장면을 목도했는데, 그 생김새가 어딘가 모르게 봉 감독의 전작인 〈괴물〉의 그것을 연상시킨다. 그 영화에서 어린 딸 현서가 괴물에게 잡아먹혔다는 점을 상기해보자. 요나는 물고기 배 속에서 살아남은 사람이다. 〈설국열차〉에서 요나는 거대한 철마 속에서 17년을 보낸 끝에 마침내 그 철갑을 내파시키고 진짜 세상에 첫발을 내딛는다. 요나는 커티스에 따르면,

투시력을 가진 인물이다. 철제문鐵製門 저편을 볼 수 있는 능력을 가졌다는 뜻이다. 한편 티미는 다람쥐처럼 몸놀림이 재빠른 스마트한 소년임을 전제할 때, 두 아이가 힘을 합하여 역경을 능히 극복하리라 기대할 수도 있을 것이다.

극심한 지구 온난화를 극복하기 위하여 CW7을 대량 살포한 결과 한파가 들이닥친다. 한파를 극복하기 위해 제한된 열차 속에서 계급 간의 갈등과 투쟁이 벌어진다. 피 터지는 투쟁을 통해 그들이 얻어낸 결론은 꼬리 칸과 엔진 칸이 공생해야만 인류 존속이 가능하다는 것이었다. '설국열차'는 이미 하나의 세계가 되었는데, 들뢰즈의 용어로 말하자면 자본주의의 영토화가 공고화된 세계인 것이다. 요컨대 설국열차 자체에서는 인류 구원이 요원하다는 것이다. 방법은 단 하나, 그 철제문을 과감하게 깨부수고 밖으로 탈주脫走하는 것뿐이다. 탈영토화가 필요한 것이다. 17년간 다듬어지고 팬 곧은 철로에서 탈선해야 한다는 것이다. 그 일을 남궁민수와 요나 부녀가 해낸 것이다.

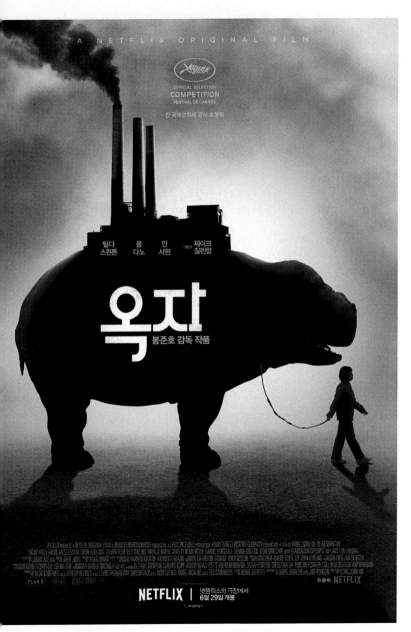

넷플릭스 제공

6. 옥자

전 지구적 환경문제에 대한 환기

—

자연과 공존하는 법

실용적이면 다 옳다고 생각하는 데서 비롯되는 '실용주의적 오류'가 판치는 세상이다. 투자 대비 보다 많은 이윤을 남기려는 욕심이 점점 무한 질주를 하게 한다. 이런 가치관이 여러 분야에 침윤되면서 그늘을 남긴다. 생산량 확대라는 측면에서 유전자조작 식품은 알게 모르게 우리 생활 속으로 진군해 들어와 있으며, 인스턴트나 가공 식품을 즐겨 소비하는 우리 생활이 이를 가속화시킨다. 뿐만 아니라 많은 화장품 회사는 동물실험을 통해 화장품을 생산하고 있으니, 우리의 피부를 위해 지금도 어느 곳에선 동물의 피부가 벗겨지고 있을 터이다. 그런데도 우리는 동물실험 화장품을 별다른 거리낌 없이 사용하며 살아가고 있다.

칸영화제 경쟁 부문에 초청된 봉준호 감독의 〈옥자〉는 이런 문제를 정공법으로 다루고 있다. 산골에서 할아버지와 함께 사는 미자는 유전자조작으로 태어난 슈퍼 돼지인 줄 모른 채, 새끼 때 분양받은 옥자를 가족처럼 돌보며 함께 살아간다. 거대 글로벌 기업 미란도 화학 회사는 세계 여러 곳에 슈퍼 돼지를 분양해 친환경적인 기업 이미지를 심는다. 영화는 점차 미란도 화학 회사의 악행을 드러낸다. 유전자조작으로 태어난 슈퍼 돼지를 대량으로 사육해 이윤을 남기는 과정에서 끔찍한 동물 학대의 현장이 드러나기도 한다.

이 영화는 GMO와 동물 학대 문제를 한꺼번에 우리 눈앞에 던져놓는가 하면, 천혜의 자연 속에서 행복하게 살아가는 미자와 옥자의 생활을 대비시켜 보여준다. 기업의 이익을 위해서라면 수단과 방법을 가리지 않는 미란도 패거리와 싸우는 비밀 동물보호단체인 동물해방전선 멤버들의 순수한 활약상도 재미있게 그려진다.

여기서 잠깐 생각해보면 과연 도덕성을 저버리고 기업 이윤만을 추구해야 돈을 벌 수 있는 것일까. 동물실험을 멈추고 건강한 방법으로 화장품을 제조하고, GMO를 생산하지 않고 자연의 원칙에 따라 생산하면 윤리적인 기업이 될 뿐만 아니라 소비자의 신뢰도 얻을 수 있는 사회가 될 것이다. 사회가 발전하면서 윤리 의식도 함께 고양되지 않는다면 우리 사회는 부나방처럼 인류를 파멸시킬 불을 향해 달려가는 게 아닐까.

〈옥자〉의 포스터에는 대형 슈퍼 돼지의 등 위에 하늘 위로 연기를 뿜어내는 공장 굴뚝이 얹혀 있다. 공장 굴뚝의 연기가 하늘로 올라가는 모습을 담고 있다는 점에서 화석연료로 인한 지구온난화를 환기시키는 환경 다큐멘터리 〈불편한 진실〉의 포스터와 유사해 보인다. 이들 영화의 메시지는 분명하다. 우리가 발전시킨 기술에 의해 그 부작용이 우리에게 부메랑처럼 되돌아오지 않으리라는 보장이 없다는 것이다. "작가는 삶의 이치를 미리 보아버린 자"라는 말이 있다. 우리가 나아갈 미래가 작가들이 환경 재난을 미리 내다보고 경고한 상황으로 펼쳐지지 않기를 바라는 심정은 모두 같을 것이다. 지금이라도 자연과 동물을 타자화하지 않고, 우리와 함께 공존해야 하는 대상이라고 생각을 바꿔야 할 것이다.

문득 미자가 옥자와 함께 산골에서 물놀이하던 〈옥자〉 속 엔딩이 떠오른다. 청량한 산골의 향내가 우리를 감싸는 듯한 그 장면은 우리가 지금 달려가는 곳이 어느 곳인지 극명하게 대비시켜 준다.

글로벌과 로컬리티의 대결

—

봉준호 감독의 〈옥자〉는 유전자조작으로 생산된 기형적 동물을 소재로 한 친환경 지향의 모험영화다. 그런데 과연 모험영화가 맞기는 한 건가? 넷플릭스를 통해서 제작된 이 영화는 개봉 전부터 화제를 모은 한편, 극장 부분 개봉이라는 논란을 초래하기도 했다. 뉴욕에 본사를 둔 다국적 기업인 미란도는 '신품종 각국 분양'이라는 색다른 프로그램으로 세계적 이목을 끈다. 오너인 루시(틸다 스윈턴)는 "칠레의 한 농가에서 발견한 신품종의 슈퍼 돼지를 배양하여 낳은 26마리의 새끼들을 각국의 우수한 축산 농가에 분양한 후 10년 후 콘테스트를 통해서 최고 품질의 고기를 출시한다."는 계획을 발표한다. 루시는 "이 슈퍼 돼지는 사료를 적게 먹고,

배설물도 소량이라서 환경 친화적"이라고 덧붙인다.

그리고 약속된 시간이 다가왔다. 강원도 궁중면 산양리의 한 산골에서 할아버지 주희봉과 함께 사는 소녀 미자의 앞에 미란도 전속 동물학자 조니 윌콕스(제이크 질렌할) 일행이 찾아온다. 이를테면 납품 기한이 다한 상품을 회수하러 온 것이었다. 미자가 아주 어렸을 때부터 키운 옥자는 이제 완전한 성체가 되었는데, 그 크기가 하마를 훨씬 능가했다. 미자에게 둘도 없는 친구이자 반려 돈豚이었던 옥자는 더 이상 미자와 함께할 수 없음이 밝혀진 것이다. 미자가 자리를 비운 틈을 타서 미란도 한국 지부는 옥자를 납치하다시피 하여 본국 송환을 준비 중인데, 이에 경악한 미자는 급한 대로 저금통을 깨고, 옥자를 키워준 대가로 할아버지가 받은 황금 돼지를 챙겨 서울로 향한다.

한편 옥자가 축산물 차량에 실려 이동 중일 때 동물해방 전선의 멤버들이 옥자를 빼돌려 미자에게 넘겨주는 데 성공을 한다. 멤버의 리더 제이(폴 다노)는 미자에게 옥자의 귀밑에 카메라를 숨겨 미국으로 보내는 게 어떻겠냐는 제안을 한다. 유전자조작 및 착취 현장을 포착하여 만방에 폭로하자는 작전이었다. 미자는 당연히 거절하지만, 통역을 맡은 한국계 케이(스티븐 연)의 의도적 오역으로 그들의 계획은 실행에 옮겨지게 된다. 한편 미자가 옥자를 탈출시키는 과정에서 서울 지하상가 한복판에서 벌어진 소동이 전 세계에 SNS로 전파되면서 뉴욕 본사는 비상사태를 맞게 된다. 결국 미란도의 대표 루시는 미자까지 특별 게스트로 초청하는 꼼수를 부리게 된다. 여기까지가 옥자의 전반부에 해당하는 내용이다.

〈옥자〉의 후반부에서는 슈퍼 돼지들이 겪는 비윤리적 동물 학대가 주를 이루게 되는데, 동물학자 윌콕스는 우량 품종으로 성장한 슈퍼 돼지를 그저 양질의 고기 원료로만 취급하고, 슈퍼 돼지의 부위별 샘플을 채취하는 만행을 서슴지 않는다. 그리고 이어지는 시식 코너에서의 반응은 "고기 맛이 좋다."는 것이었다. 미란도 임원진은 육가공 상품 선전을 극대화하기 위하여 이벤트를 진행하는데, 콘테스트 1등의 옥자와 녀석을 키워낸 미자의 극적 상봉의 순간을 실시간 중계를 하는 것이었다. 하지만 문제가 발생한다. 미국에 끌려와서 온갖 생체실험으로 정신 줄을 놓아버린 옥자가 미자를 알아보지 못하고 발광하면서 행사장은 아수라장이 된다. 게다가 동물해방전선 멤버들이 몰래 찍은 비윤리적 착취 현장이 만천하에 공개되면서 미란도 기업은 이미지에 큰 타격을 받게 된다. 그리하여 루시가 책임을 지고 물러나고 쌍둥이 언니인 낸시가 회장 자리를 이어가게 된다. 왜 하필이면 쌍둥이일까? 그들 자매도 유전자조작의 산물일 수 있다는 의미를 내포한 것일까?

어쨌든 낸시는 겉으로만 포장하는 실속 없는 이벤트보다는 내실을 중시하는 전형적인 자본가인데, 옥자를 포함한 모든 슈퍼 돼지들을 신속히 가공하여 싼값에 대량 유통시키는 방식으로 돌파구를 마련하려고 한다. 결국 옥자는 도살장으로 다시 끌려가고, 그곳까지 찾아간 미자는 황금 돼지를 주고 옥자를 구입하는 방식으로 옥자를 사지死地에서 빼내올 수 있게 된다. 옥자가 도살 위기에 처하자, 미자는 다급하게 "내가 옥자를 사겠다. 산 채로.I want to buy Okja, alive."라고 제안하고, 이에 낸시는 미자가 던져준 금덩어리를 깨물어보면서 "좋아, 거래하지.Very nice, We have a deal."라고 화답한다. 여기까지가 〈옥자〉의 대략적인 내용이다.

이 영화는 '옥자'라는 다소 촌스러운 제목과 그 옥자라는 이름이 지칭하는 슈퍼 돼지의 특이한 모습으로 관객에게 어필하기도 했다. 이를테면, 크기는 하마를 능가하고, 지능은 거의 침팬지 수준에 가깝고, 온순하기 짝이 없는 초대형 돼지의 모습이 우선 무엇보다도 눈길을 끌었던 것이다. 그리하여 영화의 초반 옥자의 지능을 보여주는 장면이 나오면서 관객은 모종의 기대감을 갖게 된다. 예컨대 미자가 지름길로 가려다가 절벽에서 미끄러져 추락할 위기에 처하자, 잠시 지형을 살피던 옥자가 나무등치를 보고 육중한 몸을 날려 그 반동의 힘으로 목줄에 간신히 매달려 있는 미자를 구해내는 장면은 그 단적인 예다.

게다가 미자도 보통 아이들이라면 엄두도 내지 못할 민첩한 몸놀림을 보여줌으로써 그녀가 옥자와 함께 종국에 가서는 무언가 대형 사고를 치겠구나 하는 일말의 기대감을 증폭시키기도 한다. 예컨대 미자는 옥자를 실은 대형 운반차의 뒤를 쫓아가 지붕에 올라타는 데 성공을 하는데, 그 천장 높은 차가 빈틈이 거의 없는 지하 차도에 들어서자 간발의 차이로 차량 뒷문 쪽으로 뛰어내려 매달림으로써 위기를 모면한다. 이렇게 본다면 미자 자신도 슈퍼 걸이었던 셈이다. 그런데 아쉽게도, 미국에 당도한 미자와 옥자는 한국 땅에서 보여주었던 슈퍼 파워를 하나도 행사하지 못하고, 그저 무기력하게 당하기만 하는 처지로 전락한다. 글로벌 기업global industry에 맞서다가 참패를 당한 시골 소녀local kid의 비애라고 할까.

우리는 서두에서 이 영화가 모험영화임을 전제한다고 했다. 제작사 측에서 장르적으로 그렇게 분류했던 것이다. 미자는 낯선 이국땅에서 동물해방전선 멤버들의 도움 없이는 한 발자국도 움직일 수가 없었다. 그도 그렇듯 10대 소녀가 말도 생소하고, 환경도 낯선 곳에서 무슨 일을 할 수 있단 말인가? 이런 점에서 이 영화는 전반부까지만 통쾌한 모험영화였고, 후반부는 냉혹한 자본주의의 심장부에 뛰어든 한 소녀의 '현실 자각' 영화라고 해야 할 듯하다. 미자가 기껏 할 수 있었던 것은 황금 돼지를 주고 옥자를 사오는 일이었으니까 말이다. 이른바 현물 교환인 셈이다. 물론 그렇다고 아주 허망한 미션은 아니었다. 미자가 옥자를 데리고 슈퍼 돼지들로 우글거리는 수용소를 빠져나오면서, 수용소 바깥으로 던져진 새끼 돼지 한 마리를 입안에 숨겨가지고 나오게 되니까 말이다. 이 장면은 〈설국열차〉에서 요나가 티미와 함께 새로운 세상 속으로 던져진다는 설정과 매우 흡사하다.

그렇다면 옥자는 정말 친환경적으로 만들어졌을까? 루시의 말마따나 "커다란 덩치에 비해 적게 먹고 적게 싸는 품종"이냐 그 말이다. 새빨간 거짓말이다. 영화의 초반 옥자는 감나무에 몸을 부딪치면서 감을 떨어뜨리고, 미자가 던져준 감을 넙죽 받아먹는다. 그리고 잠시 후 미자가 챙기고 있는 감 바구니를 기웃거린다. 이에 미자는 "아까 먹었잖아!" 하면서 옥자의 왕성한 식욕을 살짝 나무란다. 옥자의 배설물도 문제다. 동물해방전선의 멤버들이 옥자를 태우고 도주를 하려 하자, 미란도 한국 지부장인 박문도(윤제문)가 차량을 뒤쫓아 온다. 이때 미자가 옥자의 배를 쓰다듬어 주자 마치 우박처럼 배설물을 쏟아낸다. 슈퍼 돼지의 개체 수가 늘어나는 것은 결코 환경친화적일 수는 없다는 것이다.

영화〈옥자〉는 단순한 모험영화가 아니었다. 이 영화는 유전자조작을 통한 식품의 생산이 논란에 휩싸인 지 오래된 현실에서 제작되었다는 점에 주목할 필요가 있다. 유전자조작 식품이란 한 종에서 유전자를 얻어내 다른 종에 넣어 원하는 새로운 생명체를 얻어 만든 식품을 말한다. 예컨대 살충제가 들어 있는 옥수수와 감자, 해충 저항성이 강한 메론, 성장이 두 배 빠르고 질병에 강한 연어 등등이 여기에 해당한다. 게다가 유전자조작 기술은 교배가 불가능한 생명체 간에도 유전적 성질을 옮길 수 있는데, 그리하여 하마와 닭은 슈퍼 돼지를 생산할 수 있었다는 것이 이 영화의 컨셉이었던 셈이다. 사정이 이렇다면, 그렇게 탄생한 새끼들을 제아무리 산 좋고 물 좋은 곳에서 방목放牧을 한다 한들, 건강한 먹거리로 거듭날 수는 없을 터이다.

사실상 우리가 일상적으로 먹는 음식들 중 상당수가 유전자조작 식품이라는 것은 잘 알려져 있다. 광우병 파동도 겪은 바가 있고. 그렇다면 〈옥자〉는 이런 현실에 대하여 경종을 울리는 작품으로 볼 수도 있을 것이다. 하지만 이 영화는 어떤 대안을 제시하지는 않는다. 미자는 마치 아무런 일도 없었다는 듯이 옥자를 데리고 산자락을 오르내리면서 과일도 따 먹고 물고기도 잡을 것이다. 한바탕 꿈을 꾼 것 같기도 하다. 차이가 있다면, 옥자 곁에 조그만 새끼 돼지 한 마리가 따라다닌다는 것이었다. 녀석은 미자에게 감을 건네주면서 아양을 떨기도 한다. 그 새끼 돼지가 자라서 옥자의 짝이 될 수 있을지는 불분명하다. 미자가 저녁 식사 중 먼발치를 흘긋 바라보면서 영화는 막을 내린다. 아름다운 목가적牧歌的 풍경이 묘한 여운을 남긴다.

행복은 나눌수록 커지잖아요

FESTIVAL DE CANNES
PALME D'OR
제72회 칸영화제 황금종려상 수상

송강호 이선균 조여정 최우식 박소담 장혜진

제공/배급 CJ엔터테인먼트   제작 (주)바른손이앤에이   15세 이상 관람가

2019 봉준호 감독 작품 │ 5월 30일 대개봉

7. 기생충

자본주의와 한국형 가족이기주의가 빚은 희비극

—

가족이기주의의 그늘

제72회 칸영화제에서 봉준호 감독의 〈기생충〉이 최고상인 황금종려상을 받았다. 세계 최고 영화제로 꼽히는 칸에서 대상을 거머쥔 것은 우리나라에서는 처음으로, 이로 인해 국제사회에서 한국영화의 위상이 크게 높아졌다.

자본주의 사회의 가장 큰 문제점으로 양극화의 심화가 지적되고 있다. 봉 감독은 초기작에서부터 이러한 사회구조적 모순과 함께 개인적 양심의 타락에 대한 불감증에 천착해 왔는데 〈기생충〉은 이러한 주제를 공간을 통해 극대화하고 있다. 〈기생충〉은 일상적 공간의 의미가 확장돼 마치 연극처럼 긴밀하게 상징적 구도를 지닌다.

　가족 전원이 백수인 기택은 반지하에 살고 있다. 사수생인 장남 기우가 명문대생 친구 덕분으로 고액 과외를 하는 IT 기업 최고경영자인 박 사장의 집은 건축가가 지은 멋진 이층집이다. 이 이층집 지하 공간에서 벌어지는 해프닝으로 지하와 반지하, 이층집이라는 수직적 공간화가 계급을 구분하는 기준점이 되는 동시에 각 계층의 욕망 표출을 구조화한다. 〈기생충〉은 갑을 관계를 갑, 을, 병의 관계로 보다 다층적으로 제시하는 점이 주목할 만하다. 즉 갑을 사이의 갈등이 많은 사회적 문제를 야기하고 있지만, 을은 취업을 한 상태여서 그나마 나은 조건이라고 볼 수 있다. 백수는 을도 되지 못한, 을이라도 되고 싶은 병의 위치인 것이다. 영화 속 갑을 관계로 인한 사건은 예상치 못한 인물이 등장하여 갑, 을, 병의 관계로 진행됨으로써, 관객들이 끊임없이 긴장감을 늦추지 않고 영화를 보게 만드는 요소가 된다.

　영화 속 사건들은 대부분 돈을 벌 수 있다면 양심쯤은 다른 곳에 저당 잡혀도 된다고 생각하며 남을 속이는 것에서 시작한다. 관객은 아는데 인물은 모르는 비밀 스토리텔링은 마치 스파이영화에서 주인공이 신분을 숨기고 활동할 때, 언제 어떻게 들키게 될까가 궁금해지면서 관객을 긴장시키게 되는 것과 마찬가지인 셈이다. 〈기생충〉에서 기우는 대학 재학 증명서를 위조하면서도 자신이 내년에 들어갈 대학이니 범죄라고 생각하지 않는다고 말한다. 입에 풀칠하기 위해 온 가족이 매달린 피자집 종이 포장 박스를 접는 일도 4개에 하나씩은 불량이 생겨도 괜찮다고 생각하는가 하면, 박 사장네 집에 기택 가족이 한 사람씩 들어앉으면서도 돈이 없으므로 양심의 가책을 느끼지 않는다. 가족 모두가 백수였던 기택 가족이 박 사장 집에 기존에 고용된 사람들을 한 명씩 내쫓는 방식도 기상천외하다. 그들이 가진 약점을 찾아내고 부풀림으로써 박 사장 부부에게 다른 사람을 찾게 하고, 기택 가족이 소개소인 척 거짓말하여 가족들을 모두 박 사장 집에 취업시키는 데 성공한다.

봉준호 감독이 인간의 양심 불감증에 대한 비판을 담은 영화는 첫 번째 단편 〈백색인〉에서부터 시작된다. 출근 준비를 하던 남자가 주차장에서 잘린 검지 손가락을 발견하고도 장난감으로 여기며 가지고 놀 뿐 경찰에 신고하지 않는다. 한 사람의 손가락이 왜 이렇게 잘렸을까에 대해서도 궁금해하지 않던 그는 잘린 손가락에 대한 뉴스가 나오자 손가락을 버려버린다. 최소한의 양심조차 가지지 않은 현대인의 단면을 그린 것이다. 장편 데뷔작 〈플란다스의 개〉에서도 윤주는 아내의 퇴직금을 학장에게 바치고 교수가 된다. 다른 지원자의 기회를 비리로 빼앗는 것이라는 양심은 없다. 〈살인의 추억〉에서의 형사들은 증거 조작은 물론 죄 없는 용의자를 범인으로 몰아가면서도 죄책감이나 양심은 숨어 있을 뿐 드러나지 않는다. 〈마더〉에서 도준의 엄마는 아들의 살인을 아는 목격자의 집에 불을 질러 그를 죽인다. 아들이 감옥만 가지 않으면 되는 것이다. 〈옥자〉에서 미란도 그룹은 돈만 많이 벌 수 있다면 동물권쯤이야 뭐가 중요하냐며 동물학대를 서슴지 않고 GMO를 생산한다.

봉준호 영화에서의 양심 불감증에 대한 비판은 〈기생충〉에 와서는 가족이기주의로 발현된 것으로 보인다. 오랜 역사 동안 한국사회에서 유지돼왔던 가족주의가 현대에 와서 가족이기주의로 변질된 사례를 현실에서 흔히 볼 수 있다. 사회적으로는 양심 없는 사람을 지탄하면서도, 우리 가족만 잘된다면 양심이나 도덕쯤은 눈 질끈 감고 슬그머니 부도덕한 행동을 자행하는 사람을 우리 주변에서 어렵지 않게 찾을 수 있다. 봉준호 감독은 영화에서 기택 가족이 행하는 불우한 방법과 태도를 웃으며 보고 있는 우리들이 가족이기주의에 대해 너무 둔감해져 있지 않은가를 묻고 있다.

왜 하필이면 막내딸 기정만 죽는가?

—

봉준호 감독의 〈기생충〉은 여러모로 생각할 거리를 주는 매우 복합적인 영화다. 칸영화제 황금종려상의 후광 덕분인지 이 영화는 흥행에서도 큰 성공을 거두었다. 봉 감독 영화로는 두 번째로 천만 관객을 돌파하기도 했다. 작품성과 상업성 두 마리 토끼를 모두 잡은 흔치 않은 경우다. 이 영화를 둘러싼 논의도 분분했다. "상승과 하강의 명징한 직조를 통해서 계급투쟁을 처연하게 묘사했다."는 호평부터 "봉준호 감독이 제3세계 지식인의 시선으로 자국의 하위 주체를 제1세계에 전시했다."는 비난까지 다양했다.

평론가의 시각이 아니더라도 일반 관객들의 의견도 다채롭게 개진되었다. 그중 특기할 만한 것이 "극 중 4인 가족 중

왜 하필이면 막내딸인 기정만 죽는가?" 하는 의문이었다. 기정의 죽음을 납득할 수 없다는 얘기다. 그렇다. 머리통을 커다란 수석壽石으로 맞은 기우도 멀쩡하게 살았는데 말이다. 해석이 분분할 수밖에 없다. 우리는 봉 감독의 전체 필모그래피를 통해서 그에 대한 해석의 단초를 찾아볼 수 있을 것이다.

지난 2000년 〈플란다스의 개〉라는 특이한 제목의 영화로 데뷔한 봉준호 감독은 이후 〈살인의 추억〉, 〈괴물〉, 〈마더〉, 〈설국열차〉, 〈옥자〉 등의 장편영화를 연출했는데, 〈기생충〉까지 합하면 일곱 편으로 비교적 과작寡作에 속한다. 우리가 주목하는 것은 이들 영화 속에서 여성 캐릭터가 차지하는 비중과 그녀들의 죽음에 관한 것이다.

알다시피 〈살인의 추억〉에서는 10여 명의 애꿎은 여성이 연쇄살인범의 마수에 걸려 희생당했던 실화에 바탕을 둔 영화다. 여성들을 너무 가학적으로 다루었다는 지적도 있었지만, 봉 감독의 디테일한 연출력을 입증한 역작이었다. 〈괴물〉에서도 5인 가족이 핵심 캐릭터인데, 한강에 출몰한 '괴물'에 맞서 사투를 벌이던 가족들 중 할아버지와 막내딸이 목숨을 잃는다. 특히 막내딸 박현서의 죽음은 그녀가 고아 소년을 대신하여 당한 변고라 깊은 여운을 남겼다. 〈마더〉에서는 10대 여고생 아정이 정신연령이 미숙한 동네 청년 도준에게 잔혹하게 살해를 당한다는 점에서 〈살인의 추억〉의 연장선상에서 읽힐 수 있는 텍스트다.

반면 〈설국열차〉에서는 여주인공 남궁요나가 인류의 미래를 구하는 희망의 상징으로 등장하고, 〈옥자〉에서도 역시 어린 여주인공 미자가 환경친화적인 세계를 만드는 데 일조를 한다는 내용을 다루고 있다. 그러니까 어찌 보면, "왜 하필이면 막내딸 기정만 죽는가?" 하는 질문은 페미니즘의 입장에서 볼 때만 타당한 질문이 되는 셈이다.

영화에서 주요 등장인물의 죽음은 크게 두 가지로 해석이 될 수 있는데, 처벌punishment과 희생sacrifice이 바로 그것이다. 첫째로 처벌은 할리우드 주류 장르영화에서 주로 나타나는데, 로버트 저멕키스Robert Zemeckis 감독의 〈포레스트 검프Forrest Gump〉에서 제니의 죽음은 그 단적인 예다. 여주인공인 제니는 포레스트 검프와는 어렸을 때부터 단짝 친구로 성인이 되어 성공한 검프와 결혼하여 아이도 낳지만, 결국 에이즈로 추정되는 병으로 사망한다. 청년 시절 검프가 월남전에 참전하여 맹활약하는 등 체제 순응적이었던 데 반해, 제니는 히피족이 되어 반전시위에 가담하고, 마약과 혼숙을 일삼는 반체제적 인물이었다. 감독의 보수적 시각을 고려해볼 때, 제니의 과거 행적을 문제 삼아 그녀가 검프와 해피엔딩을 누리는 것을 용납할 수 없었기에 자연스럽게 제거를 했다는 해석이 가능한 것이다. 봉준호 영화에는 인과응보因果應報라는 맥락에서 처벌이 아예 존재하지 않기에 이러한 해석은 기정의 죽음에는 적용될 수 없다.

둘째로 희생은 자발적 희생과 약자의 희생이 있는데, 전자는 영웅적 서사에서 주인공이 타인의 생명을 보호하기 위해 기꺼이 자신을 던지는 경우고, 후자는 냉혹한 현실에서 약자이기에 당하는 불가피한 경우다. 봉준호의 전작인 〈설국열차〉에서 남궁민수가 크로놀 폭약으로 기차 출입문을 터뜨리면서 커티스와 함께 딸인 요나를 온몸으로 보호하여 살려내는데, 이는 자발적 희생의 단적인 예다. 약자의 희생, 특히 여성의 희생은 〈살인의 추억〉과 〈마더〉에서 볼 수 있었듯이, 봉준호 감독이 지속적으로 다루고 있는 소재이다. 〈괴물〉에서도 5인 가족 중 가장 약한 막내가 먼저 희생당하고, 이어 노약자인 강두의 아버지마저 괴물에게 당한다. 〈기생충〉에서 기정의 죽음도 같은 맥락에서 이해될 수 있을 것이다.

초점이 중요한 캐릭터의 죽음이므로 〈괴물〉의 현서와 〈기생충〉의 기정으로 논의를 한정하도록 하겠다. 여자의 피는 희생 제의를 상징한다는 해석도 있지만, 현서의 경우는 사실 타자를 대신한 것이므로 매우 숭고한 죽음이다. 소녀의 빈자리를 하필 소년이 대체한다는 점에서 논란의 여지는 있지만 말이다. 문제는 기정의 죽음이다. 한 네티즌은 "계획대로 되는 일은 없다."고 하는 기택의 말처럼, '이미 결정된' 또는 '계획된'을 뜻하는 기정旣定이라는 이름을 가진 딸이 죽는 것은 예견된 일이라고 해석하기도 했다. 그럴듯하긴 하지만 다소 자의적이다.

또한 네티즌은 기정이 너무 스마트하여 죽음을 맞았다고 해석하기도 한다. "모난 돌이 정 맞는다."고 했던가? 기정은 가족 구성원 중 누군가를 대체하고 있지 않은 유일한 인물이다. 예컨대 아빠 기택은 젊은 운전기사를, 엄마 충숙은 가정부 문광을, 오빠 기우는 가정교사를 각각 대체하여 기생을 하는데, 기정만이 홀로서기를 했다는 것이다. 게다가 그녀는 문광과 근세 부부에게 동정과 연대를 표명한 유일한 인물이기도 하다. 그리하여 그런 능력자가 죽음을 맞이함으로써 비극적 정조情調가 극대화된다는 것이다. 좀 더 설득력 있는 해석이 아닐 수 없다.

여기서 명확하게 지적할 수 있는 것은 극적 전개에서 볼 때, 기정이 살의殺意를 품은 근세의 표적이 되리란 것이 이미

예시되었다는 것이다. 박 사장과 기택이 인디언 복장으로 미술 교사 기정을 습격하기로 기정사실화되었으니까 말이다. 기정은 복선에 따라서 죽음을 맞이한 비운의 캐릭터였다는 것이다.

3장

심층 분석

1. 〈살인의 추억〉:
라캉의 '실재계' 개념을 통한
텍스트 심층 분석

봉준호 감독의 초기 걸작인 〈살인의 추억〉은 외관상 열린 결말처럼 보이지만 실은 대단히 정교하게 구성된 닫힌 결말의 작품이다. 작품성은 물론이고 흥행에서도 커다란 성공을 거두었다. 보기 드물게 완성도 면에서 흠잡을 데가 없는 영화다. 사실 이 영화는 개봉 전부터 커다란 화제를 불러일으켰다. 〈살인의 추억〉은 종결되지 않은 실제 사건을 바탕으로 하여 만든 것인데, 도대체 결론이 어떻게 날 것인가에 초점이 모였다. 그것은 영화적 내러티브의 자족성 및 완결성에 관한 질문이기도 했다. 통상적으로 내러티브를 시간과 공간 속에서 발생하는 인과관계로 엮인 사건들의 연쇄라고 했을 때, 아직 미제로 남은 사건을 다룬 영화가 어떻게 마무리될지가 궁금했던 것이다. 예컨대, 범죄스릴러의 경우 살인 사건이 발생했으면 누가, 왜 그 사건을 저질렀는지를 인과관계의 원리에 의거하여 추적해 들어가 결론을 도출해내는 것이 내러티브의 본령이라 할 때, 이 영화에서 과연 그것을 기대할 수가 있을까 하는 점이 문제였던 것이다. 극 중 주인공이 완전범죄를 꿈꾸는 범인을 잡아내야 스토리가 종결되는 것이 일반적인 내러티브 영화의 규칙이라 할 때, 이야기를 얼마나 조리 있게 끌고 가느냐가 내러티브의 관건이 되기 때문이다.

한데 〈살인의 추억〉은 아직 해결되지 않은, 아니 어쩌면 영원히 미궁으로 빠질지도 모를 연쇄살인 사건을 다루고 있으니 그 결말 처리가 궁금해지는 것은 인지상정이라 하겠다. 현실이 그러할진대 그렇다면 결말은 뻔하지 않은가? 형사들이 온갖 고생을 다 해가면서 수사를 펼쳤지만 결국은 허탕이었다는 그렇고 그런 우울한 이야기 말이다. "혹시 모르지? 감독이 좀 각색을 해서 어쨌든 영화라는 허구적 세계 속에서나마 범인을 붙잡아 한풀이를 좀 해줄지도." 그거야 상업영화의 상투적 수법이 아니던가? 그러나 봉준호 감독은 다른 선택을 했다. 아니 역시 현명한 선택을 했다. 감독은 영화의 디제시스diegesis상에서는 범인의 존재를 인지하도록 장치를 했으면서도, 현실적으로는 범인을 놓칠 수밖에 없도록 절묘하게 시나리오를 구성했던 것이다. 그러나 대부분의 관객들은 오히려 영화 속에 범인이 등장하지 않는다고 여기는 것 같다. 심지어 전문가적 입장에 있는 평자들도 대부분 그냥 애초부터 범인 같은 것은 없어도 좋은 그런 영화라고 넘어가는 분위기다. 요컨대 범인이 있느냐 없느냐 하는 양자택일적 문제에서 없다는 쪽으로 기울고 있다는 것이다. 극 중 유력한 용의자로 지목된 박현규마저도 결국 증거불충분으로 풀려난 마당에 새삼 범인의 존재를 들먹이는 것은 시간 낭비라는 얘기다.

하지만 필자의 생각은 다르다. 영화 〈살인의 추억〉 속에는 분명히 범인이 존재하고, 그가 범인이라는 것을 암시하는 여러 실마리가 깔려 있다는 것이다. 그래서 문제는 범인이 있느냐 없느냐가 아니라, 어떻게 해서 범인이라는 심증을 굳히고도 물증이 없어 그를 놓아주어야 했던가를 따져보아야 한다는 것이다. 그리하여 본 분석의 출발점은 내러티브를 이끌어가는 핵심 동인 가운데 하나인 범인을 특정인, 즉 박현규로 규정을 하고 라캉이 말하는 사후성 개념을 근거로 소급적으로 적용하여 그가 어째서 범인일 수밖에 없는가를 면밀히 따져보는 것이 될 것이다. 이 점을 강조하는 이유는 감독의 본래 의도가 무엇이든지간에 범인을 특정하고 내러티브를 분석하는 것과 그렇지 않은 상태에서 내러티브 분석에 들어가는 것 간에는 커다란 차이가 있기 때문이다. 전자의 경우 플롯 곳곳에 배치된 실마리들이 모종의 의미를 부여받지만, 후자의 경우 그저 우연적인 첨가물로 전락할 우려가 있다는 것이다.

정신분석학적 영화 기호학의 기획은 이 작품을 해명하는 데 유용한 실마리를 제공해준다고 본다. 사실 영화 기호학은 작품의 가치판단에는 별 관심이 없다. 그보다는 작품의 디제시스적 사실판단에 더 관심이 있는 것이다. 요컨대 한 특정 텍스트가 어떻게 의미를 산출하는가에 너 관심이 있는 것이다. 그러기 위해서는 의미 작용의 메커니즘에 대한 정교한 분석은 필수적인 일이다. 그러나 텍스트의 정교한 분석을 통한 의미 산출만으로는 부족하다. 텍스트를 단순한 분석의 대상(객체)으로만 여길 경우 그 의미 작용의 근거는 결국 감상하는 주관으로 귀결될 터이고, 따라서 자의적 해석에 노출될 가망성이 그만큼 높아지기 때문이다. 그래서 정신분석학이 요청되는 것인데, 여기서는 특히 라캉의 이론적 개념들(실재계, 대타자, 사후성 등)에 따라서 〈살인의 추억〉에 대한 분석을 시도해볼 작정이다.

우선 무엇보다도 전제해야 할 것은 우리가 분석 대상으로 삼고 있는 작품의 의미 작용 체계가 제대로 작동하고 있는지를 따져볼 필요가 있다는 것이다. 우리가 다루고 있는 영화가 다큐멘터리나 실험영화가 아니라 내러티브 영화라면 그 내러티브가 제대로 전개되고 있는지 살펴보아야 한다는 것이다. 이는 굳이 기호학까지 들먹이지 않더라도 해당 작품의 엄밀한 내용 파악을 위해서는 분석자가 갖추어야 할 기본적인 사항임은 물론이다. 요컨대 얼마만큼 이야기가 조리 있게 전개되느냐를 따져보는 일이 분석자(평론가)가 작품의 목격자의 입장에서 하는 최초의 일이 되는 셈이다. 그러니 기호학적 입장에서 볼 때, 영화평론이란 다름 아닌 영화 속 세계에서 펼쳐지는 사건에 대한 목격담이 되는 셈이다. 그런데 이 목격담 구성이 그렇게 만만한 작업이 아니라는 것이다. 〈살인의 추억〉에서 원재료로 다루고 있는 연쇄살인 사건이 미궁에 빠진 이유도 결국 제대로 된 목격담 확보에 실패했기 때문이 아니었던가. 물론 우리의 관심사는 현실의 사건이 아니라 영화 속의 사건이다. 그래서 영화 속에서 펼쳐진 디제시스 세계[1]에 대한 정확한 목격담이 요청되는 것이다. 게다가 영화 속 사건을 실제 사건에 비추어 의미를 부여해야 할 필요도 없다.[2] 우리의 관심사는 오로지 디제시스적 세계의 자족성이니까 말이다.

말하자면 연쇄살인 사건을 재현representation하는 데 이 영화의 목적이 있는 것이 아니라 실제로 디제시스 구축에 실패할 수밖에 없었던 이유에 대한 또 다른 디제시스를 구축하는 것이 주된 목적이라는 것이다. 애초부터 〈살인의 추억〉은 실제 사건의 단순한 영화적 재현으로는 만족할 수 없도록 되어 있었던 것이다. 이야기가 성립하지 않는 것을 어떻게 내러티브 텍스트로 만들 수 있을 것인가? 바로 이 지점이 봉준호 감독의 입각점이었고, 전혀 이야기가 될 수 없는 사건을 새롭게 이야기로 풀어갈 사명(즉 내러티브 구성)이 그에게 맡겨진 것이다. 그렇다면 조리 없는 그 이야기를 조리 있게 풀어갈 사명이 그에게 주어진 셈이 되는데, 봉준호 감독은 과연 그 일을 효과적으로 수행해냈던가? 요컨대 내러티브 전개가 치밀하여 빈틈이 없었다면, 봉준호 감독의 연출력은 인정받을 터이고, 그렇지 못했다면, 비판받아 마땅한 일이 될 터이다.

그런데 누차 강조했듯이 〈살인의 추억〉은 현실에서 실제로 일어난 사건을 토대로 한 것이다. 그것도 〈친구〉의 경우처럼 한 개인(곽경택 감독)의 사적 추억담이 아니라, 한때 온 나라를 공분에 싸이게 했던 '엽기적인 사건'을 영화화한 것이다! 그랬다. 이 사건이야말로 사전적인 의미에서 엽기적인 살인 사건이었다. 1986년부터 1991년까지 무려 6년 동안 경기도 화성군 태안읍 반경 2km 이내에서 10차례의 강간 살인 사건이 발생했다. 내러티브의 공식에 따르면, 사건은 분명히 발생했고, 당연한 말이지만 범인도 분명히 존재했다. 그리하여 그 범인만 잡으면 한 편의 완결된 내러티브가 성립하는데, 현실은 그렇질 못했다. 살인 사건은 분명 현실reality로 존재했지만, 내러티브가 되지는 못했다. 현실의 토막들만 가지고는 이야기가 성립될 수 없었던 것이다. 그렇다. 이춘재 연쇄살인 사건은 도대체 말이 되지 않는 어처구니없는 사건이었다. 봉준호 감독은 사건 자체를 영화화하려고 했다기보다는 어째서 그 사건이 말이 되지 않는 사건이었는지 한번 반성해볼 필요성을 절감했고, 그래서 〈살인의 추억〉을 만들게 되었다는 것이다.

〈살인의 추억〉 장면 분석

장면 1　들판(논두렁길): 1986년 10월 23일이라는 자막이 보인다. 사건 현장에 박두만 형사가 경운기를 타고 달려온다. 배수로 밑에서 결박된 채 숨진 여자의 시체가 보인다. 메뚜기를 잡던 한 꼬마가 박두만의 대사

를 그대로 따라 되풀이한다. 오프닝 크레딧이 뜬다.

장면2 경찰서 내부: 박두만은 각양각색 용의자들을 하나하나 심문한다. 행색이 꾀죄죄해 보이는 용의자들을 고압적으로 대하던 박두만은 단정한 차림의 용의자에게는 다소 정중한 태도를 보인다.

장면3 들판(두 번째 살인 사건 현장): 두 번째 사건이 발생한다. 박두만은 현장 보존을 위해 동분서주하지만 여의치 않다. 그나마 어렵게 발견한 범인의 것으로 보이는 발자국마저 경운기의 바퀴에 짓뭉개지고 만다.

장면4 경찰서 내부: 박두만은 용의자들을 찍은 사진 목록을 보면서 검토 중이다. 반장은 한쪽에서 취조를 받는 강간범과 그 피해자의 오빠를 가리키며 누가 범인인지 맞춰보라고 박두만에게 농을 건넨다.

장면5 박두만의 집: 부부관계를 가진 두 사람은 사건 진척에 관하여 이야기를 주고받는다. 이때 아내가 남편 박두만에게 피해자 이향숙이 살해되던 날 백광호라는 동네 청년이 그녀를 쫓아다녔다는 말을 들려준다. 백광호의 아버지의 과거 행적을 거론하며 백 씨가 '덮쳐라 백 씨'임을 알려준다.

장면6 동네 오락실: 오락에 몰두하던 백광호를 박두만이

연행한다. 백광호의 얼굴은 화상으로 심하게 일그러
져 있다.

장면7   지하 취조실: 박두만이 속옷 차림의 백광호를 취조
하고 있다. 이때 나타난 조용구 형사가 다짜고짜 백
광호를 구둣발로 걷어찬다.

장면8   들판 길: 붉은 옷을 걸친 허수아비가 노려보고 있는
가운데, 한 여인네가 불안한 듯 흘끔거리며 걷고 있
다. 낯선 남자인 서태윤 형사를 의식한 탓이다. 서태
윤은 그녀에게 길을 묻지만, 겁에 질린 그녀는 그만
발을 헛디뎌 길 아래쪽으로 굴러 넘어진다. 그녀를
붙잡으려던 서태윤의 행동을 성추행으로 오인한 박
두만이 그에게 날아 차기로 결정타를 날린다.

장면9   차 안: 박두만은 형사가 그렇게 싸움을 못 하냐고 비
아냥거리고, 서태윤은 형사가 그렇게 사람 구별을 못
하냐고 응수한다.

장면10   들판 길(장면 3과 같은 곳): 두 번째 피해자 시체가 발
견된 곳이다. 박두만은 경운기로 짓뭉개진 발자국 자
리에 낡은 운동화로 새로운 자국을 남긴 다음 카메라
로 찍는다.

장면11   경찰서 내부: 구희봉 반장, 박두만, 서태윤, 조용구 형

사 등이 상견례를 나눈다.

장면12	지하 취조실: TV 드라마 〈수사반장〉의 타이틀 곡이 들리는 가운데, 박두만, 조용구 형사와 용의자 백광호 세 사람이 자장면을 먹고 있다. 두 형사는 발자국을 찍은 사진을 물증으로 들이대면서 자백을 유도한다.
장면13	산속: 박두만과 조용구 형사는 백광호를 산속에 매장시키겠다고 협박하며 자백을 강요한다. 백광호는 "기찻길 옆에서 향숙이 목을 확 졸랐다."고 증언한다. 게다가 향숙이의 하얀 브래지어와 스타킹 그리고 핸드백 끈으로 목을 졸랐다고 말하기도 한다. 한쪽에서는 서태윤이 두 형사가 강압적으로 자백을 강요하여 녹취하는 것을 미심쩍은 눈길로 바라보고 있다.
장면14	경찰서 내부(밤): 민방위 등화관제 훈련이 발동 중인 가운데, 서태윤 형사는 플래시 불빛을 이용하여 사건 기록 서류를 검토한다.
장면15	경찰서 복도: 현장검증 준비로 한창 부산하다. 여장 경찰에게 이향숙의 이름이 씌인 팻말이 주어지고, 의기양양한 구희봉 반장과 박두만 그리고 조용구는 범인 검거 삼총사라는 명목으로 기념 촬영을 한다. 한

편 서태윤은 포승에 묶인 백광호의 손을 유심히 살펴
본다.

장면 16　들판(사건 현장): 구경꾼들이 길가에 늘어선 가운데,
이향숙 살해 사건의 현장검증이 진행된다. 서태윤은
백광호의 손이 불구라는 이유를 들어 그를 방면할 것
을 주장한다. 강행하려던 반장과 박두만은 결국 백광
호의 아버지마저 소동을 피우자 현장검증을 포기하
고 만다.

장면 17　중국 음식점: 테이블에 앉아 식사를 하려던 4명의 형
사는 각각 불편한 심기를 감추지 않는다. 박두만은
백광호의 진술이 갖는 신빙성에 확신을 갖는다. 나무
젓가락이 부러진 반장의 안색에 어두운 그림자가 드
리운다.

장면 18　철도 건널목: 배경음악이 흐르면서 신임 반장이 등
장한다.

장면 19　경찰서 내부: 박두만이 사건의 전모에 대하여 신동
철 신임 반장에게 브리핑을 한다. 그러나 제대로 정
리된 것이 없는 듯 횡설수설이다.

장면 20　농수로(첫 번째 사체 발견 장소): 사건 현장을 순시하
던 신임 반장은 서태윤 형사로부터 제3의 피해자가

있다는 추측성 정보를 전해 듣는다. 서류를 샅샅이 검토한 결과 그 동네 사는 미모의 여성인 독고현순이 벌써 여러 날 행방불명임을 예로 들어 내린 가정이다. 서태윤은 "서류는 절대로 거짓말을 안 한다."고 힘주어 역설한다.

| 장면21 | 갈대밭(세 번째 사건 현장): 서태윤의 제안으로 인근 갈대밭 수색이 진행된다. 한편 박두만과 조용구 형사는 하릴없이 농을 주고받는다. 또 다른 사체가 발견된다. |

| 장면22 | 부검실: 부검의가 시체 검사 결과를 보고한다. 정액이 검출되었으나 오래되어 분석 불가하다는 판단을 내린다. 이전에 발생한 사건들과 범행 유형이 동일하다는 것이 밝혀진다. |

| 장면23 | 갈빗집(백광호의 집): 시뻘건 고깃덩어리가 불판에 올려지면서 장면이 전환된다. 4명의 형사가 회식을 한다. 이때 다락방에서 백광호가 굴러 떨어져 내려온다. 박두만은 그에게 가짜 나이키 신발을 선물한다. |

| 장면24 | 노래방 주점: 박두만이 가요 〈꽃피는 봄이 오면〉을 열창한다. 박두만과 서태윤은 미국 FBI의 수사법(지능 수사)과 한국 경찰의 수사 방식(두 발로 뛰기)을 |

두고 설전을 벌인다.

장면 25   민가: 비가 추적추적 내리는 가운데 한 아줌마가 빨래를 걷는다. 이때 배경음악으로 유재하의 〈우울한 편지〉가 흘러나오면서 또 다른 살인 사건을 암시한다.

장면 26   거리(시위 현장): 대학생들의 데모가 진행되고, 진압반으로 투입된 조용구 형사가 시위 참여 여학생을 무자비하게 구둣발로 짓밟는다.

장면 27   경찰서 내부: 신동철 반장이 사건 발생에 대비하라고 지시한다.

장면 28   신작로(밤): 빗줄기가 굵어지는 가운데 붉은색 정장을 입은 권귀옥 형사가 범인을 유인할 표적으로 나선다.

장면 29   초소 안: 서태윤 형사, 권귀옥 형사, 의경 한 명이 초소를 지키다 지나가는 여학생 두 명에게 잠시 비를 피하라고 권한다. 여학생은 학생들 사이에 널리 퍼진, 화장실에 범인이 숨어 있다 나와서 범행을 저지른다는 괴소문을 들려준다.

장면 30   민가(장면 25와 같은 곳): 아줌마가 전화를 받고 마중 나가기 위해 우비를 챙겨 입는다. 손에는 손전등이 들려 있다.

장면31	논두렁 길: 한 손엔 우산과 다른 손엔 손전등을 든 여인이 불안한 표정으로 빗길을 바삐 걷는다. 그녀가 가요를 나지막하게 부르자 같은 곡조의 휘파람 소리가 들린다. 저 멀리에 거대한 형상의 레미콘 공장이 섬뜩한 모습을 드러낸다. 무언가 낌새를 느낀 여인이 달리기 시작하고 곧이어 정체불명의 괴한이 여인을 덮친다. 순간 여인의 손전등 불빛이 범인의 얼굴을 정면으로 비추면서 형상을 알아볼 수가 없다.
장면32	경찰서 내부: 전화벨 소리에 서태윤 형사가 쪽잠에서 깨어난다.
장면33	사건 현장: 피해자 시체가 발견되어 경찰들이 출동한다. 레미콘 공장에서 400미터 떨어진 지점에서 범인의 발자국 흔적들이 발견된다. 그러나 비 탓에 뭉개져 있다.
장면34	차 안: 형사들은 범인의 흔적들이 발견되지 않아 애로점을 호소한다. 이때 박두만 형사가 무모증인 사람의 소행이 아닐까 의심한다.
장면35	경찰서 내부: 반장을 위시하여 수사팀이 비교적 자유롭게 대책 회의를 한다. 박두만은 무모증자의 소행임을 역설하지만, 뾰족한 대처 방법이 없다. 이때 권

귀옥 형사가 FM 라디오 방송의 기록을 보여준다. 사
건 발생일마다 유재하의 〈우울한 편지〉가 엽서 신청
곡으로 나왔다는 정보다. 박두만은 외면하지만, 서태
윤은 큰 관심을 갖는다. 서태윤은 범인이 마치 조회
를 시작할 때 애국가를 제창하듯이, 범행에 돌입하기
전에 특정 음악을 듣는다는 논리를 펼친다.

장면 36	목욕탕: 박두만이 탕 속에서 무모증자들을 찾느라 두리번거린다.
장면 37	FM 방송국: 엽서를 찾는 서태윤 형사.
장면 38	목욕탕: 용의자를 찾는 박두만 형사.
장면 39	FM 방송국: 방송 관계자를 닦달하는 서태윤 형사.
장면 40	쓰레기 하치장: 쓰레기가 산더미처럼 쌓여 있다.
장면 41	박두만의 집: 방금 샤워를 하고 나온 아내와 하루 종일 목욕탕을 전전했던 박두만과의 대화가 또 다른 해프닝을 초래한다. 아내는 무당을 찾아가 보라고 권한다.
장면 42	무당집: 용하다는 무당은 박두만에게 처방전을 일러준다.
장면 43	무덤가(산속 사건 발생 현장): 무당의 처방에 따라서 박두만과 조용구는 창호지 위에 먹물을 뿌려 범인 형

상을 얻어내려 한다. 한편 서태윤 형사도 역시 사건 현장을 방문하여 무언가 단서를 찾으려 한다. 바로 그때 용의자로 보이는 한 사내가 다가와 브래지어와 팬티를 던져놓고 자위 행위를 한다. 세 형사는 동시에 달려든다.

장면44	동네 골목길: 용의자는 전력 질주하여 달아나고, 세 형사는 뒤를 쫓지만 허사다. 중간에 초소에서 만났던 여학생 집도 보인다.
장면45	도로(레미콘 공장으로 이어진다): 용의자와 형사들 간의 추격전이 이어지는데, 그는 레미콘 공장의 숱한 노동자들 속으로 유유히 사라진다. 박두만의 예리한 눈썰미로 결국 빨간색 팬티를 입은 사내를 검거하는 데 성공한다.(슬로모션Slow-Motion으로 보여진다.)
장면46	경찰서 내부: 박두만은 용의자 조병순에게 숲속에서 자위 행위를 한 이유를 따져 묻는다.
장면47	조병순의 집: 꾀죄죄한 방구석에 병든 부인과 어린 두 아들이 지내고 있다. 조용구 형사는 부엌에서 도색잡지들을 한 아름 발견한다.
장면48	지하 취조실: 구타를 당하며 심문을 받는 조병순은 도색잡지보다 실제 강간 살해 사건을 떠올리며 자위

행위를 하는 것이 더 쾌감을 준다고 실토한다.

장면49   지하 취조실 옆 통로 계단: 박두만과 반장이 취조 과

정을 지켜본다.

장면50   경찰서 정문에서 복도까지: 담당 기자가 반장에게

질문 공세를 펼친다.

장면51   지하 취조실: 조병순은 속옷 차림으로 가혹행위를

당하며 심문에 응한다. 그는 강압에 못 이겨 각본대

로 자백한다. 이때 공구 박스를 든 보일러 수리공이

계단을 통해 내려와 한쪽 구석에서 작업을 마치고 유

유히 사라진다. 작업 중 취조 과정을 흘끗흘끗 훔쳐

보는 모습이 예사롭지 않다.

장면52   지하 취조실 옆 통로 계단: 보일러 수리공이 취조 과

정을 지켜보던 서태윤 형사를 스쳐 지나 계단을 올라

간다.

장면53   지하 취조실: 박두만과 조용구 형사는 심문 과정에

서 조병순의 얼굴에 난 상처를 반항하는 피해자에게

돌로 맞은 것처럼 꾸미고 사진 촬영을 한다. 이때 조

병순은 학교 변소에 관련된 범인의 이야기를 꺼낸다.

이 말에 눈이 번쩍 뜨이는 서태윤 형사의 모습이 보

인다.

장면 54	학교 교정: 민방위 훈련이 한창이다.
장면 55	학교 복도: 서태윤 형사가 초소에서 만났던 여학생과 함께 복도를 거닐며 대화를 나눈다.
장면 56	양호실: 탈출 시범을 보이다가 등에 상처를 입은 여학생에게 일회용 밴드를 붙여주는 서태윤 형사.
장면 57	교내 화장실: 양호 선생과 맞닥뜨린 서태윤 형사는 그녀에게서 슬픔에 휩싸인 묘령의 여자 얘기를 듣게 된다.
장면 58	피해 여성의 집(전경): 넓은 배추밭을 지나 외딴집이 보인다. 가위를 들고 작업을 하던 여자가 외간 남자(서태윤 형사)를 보자 방 안으로 들어간다. 창호지 구멍으로 바깥을 응시하는 여자의 눈. 앞마당에는 속옷가지들이 널려 있다.
장면 59	피해 여성의 집(방 안): 권귀옥 형사가 그녀로부터 피해 사실을 전해 듣는다.
장면 60	들판(회상 장면): 깜깜한 밤. 비가 추적추적 내리는 가운데, 그 여자가 괴한에게 손목이 묶인다. 이어 그녀의 입에 돌을 넣은 스타킹으로 재갈이 물리어진다. "작년 9월이었어요.", "그의 손이 예뻤어요." 하는 소리가 보이스 오버voice-over되어 이어진다.

| 장면 61 | 피해 여성의 집(바깥): 서태윤 형사가 대기 중이다. |

| 장면 62 | 도로(야간): 서태윤과 권귀옥 형사가 자동차로 귀사 중이다. |

| 장면 63 | 지하 취조실: 빨간색 팬티를 입은 조병순이 천장에 거꾸로 매달린 채 최종 진술을 강요받고 있다. 이때 서태윤이 들이닥쳐 그의 손을 살펴보고는 그에게 혐의가 없다고 주장한다. |

| 장면 64 | 경찰서 내부: 박두만과 서태윤이 심한 몸싸움을 한다. 이 장면을 본 반장이 노발대발 호통을 치며 질타한다. 이때 FM 라디오 방송에서 〈우울한 편지〉라는 가요가 흘러나오고, 그 방송을 듣던 권귀옥 형사가 사태의 심각성을 알려준다. 바깥에는 비가 쏟아진다. 반장은 급히 상부에 전화를 넣어 전경 차출을 요청한다. 하지만 이미 시위 현장으로 모두 떠나서 인력이 없다는 답변만 듣는다. |

| 장면 65 | 인서트: 우중충한 밤하늘을 뒤덮고 있는 무수한 새 떼들. |

| 장면 66 | 논두렁: 물웅덩이 바로 옆에서 옷이 벗겨지고 손목이 묶인 채 살해된 여자의 시체가 발견된다. |

| 장면 67 | 부검실: 네 명의 형사가 지켜보는 가운데 부검의가 |

시체의 상태를 살피고 있다. 그는 여자의 질 속에 들어 있던 복숭아 조각들을 하나하나 꺼내는데, 모두 아홉 조각이다.

장면68	부검실 옆 복도: 박두만이 용의자 사진 및 인적사항으로 빼곡했던 형사 수첩을 찢어발긴다. 이를 물끄러미 바라보며 허탈해하는 서태윤 형사.
장면69	FM 방송국: 권귀옥 형사가 용의자의 주소를 파악했다고 알려준다.
장면70	터널: 터널 앞 철로 길을 바삐 걷는 두 형사.
장면71	박현규의 집: 박두만과 서태윤 형사가 방 안을 뒤지고 있을 때 주인 아줌마가 와서 회사 갔다고 일러준다.
장면72	레미콘 공장 전경: 거대한 위용이 섬뜩한 느낌이다.
장면73	박현규의 사무실: 형사들과 맞닥뜨린 박현규의 눈빛이 심상치 않다.
장면74	지하 취조실: 수사팀 4인방과 대면을 한 박현규의 모습은 조금의 꿀림도 없다. 서태윤 형사가 "손이 아주 부드럽네!" 하면서 운을 뗀다. 취조가 시작되고, 박현규는 작년 9월부터 이곳으로 이사 왔노라고 진술한다. 박현규는 "첫 사건 나기 조금 전이네." 하는 서태윤의 질문에 시인을 한다는 듯 고개를 살짝 끄덕인

다. 서태윤은 계속해서 "어제 밤 FM 라디오에 나왔던 너의 신청곡〈우울한 편지〉에 이어지는 DJ의 인상적 멘트를 기억하느냐?"고 묻는다. 박현규는 "기억이 없다."고 말한다. 서태윤은 다시 "그 음악을 들으면서 즐겁고 짜릿한 범행을 저지르는 거지?" 하고 다그친다. 그러면서 책상 위 램프 불빛을 박현규 얼굴 쪽으로 확 비춘다. 박현규는 강력 부인하며 다음과 같은 대사를 날린다. "아저씨들 죄 없는 사람 잡아다 족치는 것 동네 애들도 알아! 하여간 난 안 당해! 안 당한다구……." 순간 조용규 형사가 발로 박현규를 가격한다.

장면 75   지하 취조실 옆 통로 계단: 신동철 반장은 조용구 형사의 과잉 행동을 질타하면서 그를 호되게 걷어찬다. 계단으로 굴러 떨어지는 조용구 형사.

장면 76   경찰서 내부: 지친 두 형사가 사무실 책상에 엎드려 넋두리를 주고받는다. 신경이 곤두선 서태윤 형사는 박현규를 두들겨 패서라도 자백을 받아내야 한다고 주장한다. 순간 백광호의 진술 내용이 뇌리에 스친 서태윤은 녹음기를 다시 틀어 그의 진술이 실은 강요된 자백이 아니라 목격담임을 새삼 깨닫게 된다. 백

광호는 "빤쓰를 모자처럼 덮어씌우던데!" 하면서 마치 남 얘기하듯 진술했던 것이다(사실 이 대목은 약간 차이가 난다. 장면 13에서 백광호가 진술할 때는 "향숙이 빤쓰를 모자처럼 덮어씌웠다."라고 진술하고 있기 때문이다. '씌웠다'와 '씌우던데'라는 차이는 결코 사소한 게 아니다. 그러나 이는 디테일의 실수이기 때문에 내러티브 전개에 영향을 미치는 것은 아니다).

장면 77	갈빗집(백광호의 집): 반장에게 된통 당한 조용구 형사는 홀로 술을 퍼마시고 있다. TV에서는 당시 세간을 떠들썩하게 했던 '부천경찰서 성고문 사건'이 뉴스로 보도되고 있다. 백광호를 찾으러 온 박두만과 서태윤은 조용구와 합석하지만, 옆자리의 대학생들이 경찰을 비하하는 발언을 하자, TV를 깨버리고, 급기야 패싸움이 벌어진다. 이때 단속반 완장을 찬 백광호가 등장하여 조용구를 각목으로 가격을 하고 도망친다.
장면 78	철로변: 전봇대 위로 도망친 백광호를 달래서 내려오게 한 두 형사는 그에게 향숙이 사건을 물어본다. 그는 "향숙이 예쁘지!"를 되풀이한다.

장면 79   철로변 들판(회상 장면): 비가 퍼붓고 천둥번개가 치던 날 볏단에서 숨어 자고 있었던 백광호는 얼떨결에 그 근처에서 벌어지는 끔찍한 살인 현장을 목격하게 된다. 그의 증언대로 피해자의 옷가지를 이용해서 피해자를 결박하는 장면들이 간헐적으로 보여진다.

장면 80   철로변(장면 78에서 이어짐): 백광호의 증언을 들은 두 형사는 그에게 박현규의 사진을 보여주면서 그 범인이 맞느냐고 다그친다. 순간 백광호는 대답을 회피한 채 엉뚱한 소리를 해댄다. "불이 얼마나 뜨거운지 알아? 뜨거! 뜨거!" 그때 백광호의 아버지가 그를 찾아서 급히 달려오며 외친다. "광호야, 이 녀석아!" 이 소리에 백광호는 다음과 같이 말을 이어간다. "날 아궁이에 집어 던졌다. 저 사람이……." 이 때 갈빗집에서 다투던 대학생들이 이곳까지 따라와서 형사들에게 시비를 건다. 결국 난투극이 벌어지고 그 와중에 백광호는 또다시 사라진다.

장면 81   철로(위): 박두만은 철로 위에서 수신호를 하며 장난치던 백광호를 보고 위험하다며 내려오라 다그치지만, 그는 막무가내다. 결국 열차에 치어 사망하는 유일한 증인 백광호. 선혈이 낭자한 가운데 철로변에는 가짜 나이키 신발 한 짝만이 나뒹군다.

장면82	박두만의 집: 허탈한 표정으로 박현규의 사진만을 바라보고 있는 박두만.
장면83	지하 취조실: 장면 82의 사진 속 박현규의 모습에서 취조실의 실제 박현규로 장면이 전환되면서 그에게 무혐의 방면 조치가 내려진다. 옆 계단을 통해 밖으로 올라가는 박현규. 그 모습을 서태윤이 씁쓸하게 지켜본다.
장면84	경찰서 내부: 권귀옥이 반장에게 '국립과학수사본부'에서 연락이 왔음을 알려준다.
장면85	국과수 내부: 형사 4인방이 참석한 가운데 국과수의 박사가 피해자의 의류에서 정액이 검출되었음을 알려준다. 그는 이어 유전자 분석을 통해 신원 확인이 가능하다고 덧붙인다. 단 국내에서는 분석이 불가능하므로 미국으로 보내야 한다는 단서를 단다.
장면86	신작로: 시동이 꺼진 자동차를 밀고 가는 형사들. 미국서 서류만 도착하면 사건은 종결된다며 들떠 있다. 한편 다리를 심하게 절룩거리는 조용구 형사.
장면87	병원: 담당 의사가 박두만에게 조용구가 파상풍에 걸렸기 때문에 다리를 절단해야 목숨을 부지한다고

통고한다. 수술동의서에는 날짜가 1987년 10월 27일로 되어 있다.

장면 88   경찰서 내부: 망연자실한 표정으로 앉아 있는 박두만과 서태윤 형사는 서류가 도착하기만을 애타게 기다린다. 한쪽 구석에 있는 조용구 형사의 군화가 화면을 채운다.

장면 89   호수가: 박두만은 간호사였던 아내가 해주는 영양제 주사를 맞으면서 모처럼 한가로운 시간을 갖는다. 아내는 형사라는 직업에 대한 회의를 처음 표명한다.

장면 90   시내 도로변(식당가): 박현규의 일거수일투족을 감시하는 서태윤 형사의 얼굴에는 피로감이 역력하다. 식당에서는 박현규가 반주를 곁들인 식사를 하고 있다.

장면 91   시내 도로변(같은 곳, 시간 경과): 서태윤이 깜빡 조는 사이에 박현규는 버스를 타고 유유히 사라진다. 쫓아가려 시동을 걸지만, 차가 고장이다.

장면 92   약국: 약사로부터 가방 한가득 의약품들을 건네받는 박두만의 아내. 그녀는 퇴직 후 동네 사람들에게 무허가 약물치료를 해주고 있다.

장면 93   경찰서 내부: 반장에게 박현규의 동향 보고를 하면서 서태윤은 심한 자괴감 및 자책감에 빠져든다.

장면94 산속 길: 고객의 집으로 향하는 박두만의 아내와 귀
가하는 여학생이 서로 반대 방향으로 스쳐 지나간다.
산 중턱에서는 먹잇감을 노리는 범인의 그림자가 어
른거린다. 마침내 이상한 소리가 들리고, 박두만의
아내는 갈 길을 재촉한다.

장면95 시내 도로변(장면 91과 같은 곳이다): 자정 통금을 알
리는 사이렌이 울리고 약국이며 인근 가게들의 전등
불들이 하나둘씩 소등된다(여러 컷으로 나뉘어 인서
트된다).

장면96 산속(장면 94로부터 멀지 않은 곳): 재갈이 물린 여학
생이 손발이 뒤로 묶인 채 공포에 질려 있고, 범인은
그녀의 도시락 및 필통에서 포크며 연필 깎는 칼 등
쇠붙이 도구들을 챙긴다.

장면97 거리: 불 꺼진 깜깜한 거리를 헤매는 서태윤 형사.

장면98 산속(낮): 비가 내리는 가운데, 피해자의 시체가 발
견되고, 주변에는 경찰 관계자들로 북적거린다. 처
참하게 살해된 시체를 보고 구토하는 의경들. 시체의
등 쪽에는 일회용 밴드가 붙어 있어 관객들은 그녀의
신원을 알 수 있다. 부검의들이 피해자의 신체를 살

펴보다 음부에 박혀 있는 쇠붙이 등 이물질들을 확인하게 된다. 서태윤이 다가와 들추어져 있는 속옷을 내려 마지막 조의를 표한다.

장면 99   터널: 터널 앞에서 씩씩대는 서태윤 형사의 모습이 보인다.

장면 100   박현규의 집: 이불도 펴지 않은 채 새우잠을 자는 박현규를 깨워 바로 분풀이에 들어가는 서태윤 형사.

장면 101   터널(장면 99와 같다): 비가 억수같이 퍼붓는 가운데 '블랙홀' 같은 거대한 아가리를 벌리고 있는 터널 앞에서 서태윤은 사정없이 박현규를 구타한다. 이때 박두만이 미국서 날아온 서류 봉투를 들고 달려와 전달한다. 떨리는 심정으로 서류를 꺼내본 서태윤은 분노에 치를 떤다. 피해자 옷에서 나온 정액이 박현규의 그것과 불일치한다는 내용이었던 것이다. 서태윤은 극도의 분노 속에 권총을 꺼내들어 자백을 강요하지만, 결국 박두만의 만류로 박현규를 풀어주게 된다. 검은 블랙홀 속으로 유유히 사라지는 박현규. 박현규에게 던진 박두만의 대사 하나가 여운을 남긴다. "밥은 먹고 다니냐?"

장면 102   박두만의 아파트: 때는 2003년이고, 박두만은 두 자

264

녀를 거느린 전형적인 중년 가장의 모습이다.

장면 103	봉고차(안): 쥬스 믹서기 판매 부장인 박두만은 출장을 가던 중에 우연히 최초 사건이 발생했던 현장에 당도하게 된다.
장면 104	들판(논두렁길): 황금빛으로 출렁이는 들판이 무척이나 인상적이다. 농로에는 잡풀들로 무성하다. 차에서 내린 박두만은 배수로 안을 유심히 들여다본다. 물론 안은 텅 비어 있다. 이때 한 초등학교 여학생이 등장하여 얼마 전에도 한 아저씨가 다녀갔다고 말해준다. 인상착의를 묻는 박두만에게 소녀는 "그냥 평범한 얼굴이었어요. 아주 뻔한 얼굴이에요."라고 대답한다. 감회에 젖은 박두만의 얼굴이 클로즈업되면서 페이드아웃된다.
장면 105	들판 전경: 처음엔 먹구름이 잔뜩 낀 들판의 모습에서 청명한 하늘로 바뀌면서 엔딩 크레딧이 올라간다.

이제 구체적인 분석으로 들어가 보겠다. 이 영화는 말이 되는가? 즉 내러티브가 성립되는가를 따져볼 차례라는 것이다. 앞서 지적을 했듯이, 내러티브가 성립되려면, 인과관계로 엮인 사건들의 연쇄가 아귀가 딱 들어맞아야 한다는

것이다. 사건이 발생했으면 누구에 의해 어떻게 그렇게 되었는지가 밝혀져야 한다는 것이다. 범인이 있다면 반드시 밝혀져야 한다는 것이다. 물론 이때 범인의 체포는 부차적인 문제다. 영화가 시작되면, '장면 1'에서 보듯이, 논두렁 배수로에서 여인의 변사체가 발견된다. 알몸에 손발이 결박되고 입에는 재갈이 물린 상태다. 사망한 지 오래된 탓에 벌레 떼가 들끓는다. 시골티가 물씬 풍기는 박두만 형사가 사건 담당이다. 그의 특기는 발로 뛰는 근성根性과 예리한 직관력이다. 그런데 이 직관直觀과 근성이 사건을 미궁으로 빠뜨리는 데 일조할 줄은 박두만 자신은 미처 생각하지 못한다.

두 번째 유사 사건이 터진 시점에서 한 형사가 서울에서 파견되어 온다(장면 8). 서류가 모든 것을 말해준다는 서류 지상주의자 서태윤 형사다. 그러나 서 형사는 부임 첫날 예의 박두만의 직관에 걸려 강간 미수범으로 오해받고 호된 신고식을 치른다. 하지만 이 서류 지상주의조차 정말 결정적일 때 쓸모없는 것으로 드러난다는 것은 또 하나의 아이러니라 하겠다(장면 101). '장면 5'에서 보듯이 박두만은 아내의 결정적 제보로 용의자 백광호를 검거하는 데 성공한다. 백광호로부터 범행 일체를 자백받는 데는 조용구 형사(김뢰하)의 무데뽀 정신이 기여한 바가 크다(장면 7). 그야말로 개차반인 그의 주특기는 두 발 날아 차기이고, 여차하면 군홧발로 용의자를 짓밟기 일쑤인데, 바로 그 주특기 탓에 자신의 신세를 망침은 물론이고 사건의 해결마저 지지부진하게 만들고 만다(장면 77).

이처럼 다소 희화적으로 묘사된 세 형사의 모습이 영화적 과장이 아니라 당시 사건을 담당했던 실제 형사들을 모델로 했다는 점은 시사하는 바가 크다. 어쨌든 이들이 사건 해결을 위해 우왕좌왕하고 실수를 연발하는 장면들이 코믹한 분위기를 조성하게 되는데, 이로 인해 영화 초반부터 관객들은 영화적으로 재구성된 '실재계'의 미궁 속으로 슬그머니 빠져 들어가는 자신을 발견하게 된다. 그리하여 현실에서는 도저히 말이 되지 않았던 사건의 전모가 서서히 드러나는 것이다. 여기에 절묘한 미장센과 촬영, 절묘한 편집, 절묘한 음향효과 그리고 절묘한 연기 앙상블이 가세하면서 〈살인의 추억〉은 2003년 최고의 화제작으로 부상하게 된다.

어쨌든 영화는 초반의 코믹한 분위기에서 차츰 벗어나 다소 무거운 절정부를 거쳐 대단원을 향해 나아간다. 이때 범인의 윤곽도 서서히 드러난다. 비가 내리는 밤을 택하여 붉은 옷을 입은 여인네들을 무참하게 강간하고 살해하는 범인의 실체가 하나하나 드러나는 것이다. 범인 또는 용의자는 대담하게도 예고된 살인 행각을 펼치고 있다. 비가 오는 날 방송해달라는 신청곡 엽서까지 보내고, 그 음악을 들은 후 일을 벌이는 용의주도함을 보인다. 그것이 유일한 단서였고, 이 단서를 포착한 수사진은 마침내 그를 검거하는 데 성공한다. 그러나 그것은 그야말로 단서였을 뿐 결정적 증거는 되지 못했다. 영화는 여러 가지 정황 설정으로 그가 진범이라는 것을 암시한다. 그래야 말이 되기 때문이다. 물론 이 부분은 픽션이다. 그리고 바로 이런 픽션으로 인하여 이 영화의 내용은 실제 사건의 내용과 어느 정도 거리를 두게 된다. 요컨대 봉준호 감독은 미제의 사건(실화)을 왜곡하지 않으면서, 그 어불성설 실화의 진상을 반성적으로 되새겨 보는 작업을 성공적으로 수행했다는 것이다. 우리가 〈살인의 추억〉을 분석 대상으로 삼은 이유가 바로 여기에 있다.

　이제 특정 장면들을 중심으로 박현규가 범인일 수밖에 없는 이유를 따져보기로 하자. 먼저 범행이 실제로 벌어지는 '장면 31'을 보자. 한 손에 우산과 다른 손엔 손전등을 든 여인이 불안한 표정으로 빗길을 바삐 걷는다. 그녀가 두려움을 떨치기 위하여 가요를 나지막하게 부르자 같은 곡조의 휘파람 소리가 뒤따라 들린다. 누군가 미행하고 있다는 표시다. 저 멀리에 거대한 형상의 레미콘 공장이 섬뜩한 모습을 드러낸다. 무언가 낌새를 느낀 여인이 냅다 뛰기 시작하고 곧이어 정체불명의 괴한이 여인을 덮친다. 순간 여인의 손전등 불빛이 범인의 얼굴을 정면으로 비추면서 형상을 알아볼 수가 없게 된다. 바로 이 장면에서 우리가 범인의 얼굴을 바로 알아볼 수 있었다면, 굳이 범인이 있느냐 없느냐 갖고 따질 필요도 없을 것이다. 그런데 이 장면과 유사한 대목이 후반부에 또 나온다. '장면 74'에서 취조 중인 서태윤 형사가 박현규의 뻔뻔함을 못 참고 테이블 위 전등 불빛을 그의 얼굴에 비추는 장면이 바로 그것이다.

통상적으로 사람의 얼굴에 정면으로 불빛을 비춘다는 것은 모욕적인 일이다. 그래서 두 장면 간에 모종의 연관성이 있다고 보는 것이다. '장면 31'에서 순간적인 불빛으로 범인을 알아볼 기회를 놓쳤으니, 이제 똑바로 바라보자는 것이다. 여기서 혹자는 그 정체불명의 괴한을 연기한 배우가 박해일이 아니기 때문에, 극 중 박현규를 범인으로 보는 것은 어불성설이라고 말할지도 모르겠다. 실제로 그 장면의 사진을 확대하여 판독한 결과 그는 촬영 스태프 중 한 명으로 확인되었다. 실제로 〈살인의 추억〉 제작에 참여했던 한 스태프도 그 점을 확인해주었다. 만약 배우 박해일이었다면, 극 중 신동철 반장(송재호)의 대사처럼 "게임 끝"이었을 터인데 말이다.

이에 대한 반론은 이렇다. 예컨대 고도의 액션을 보여주는 영화에서 주인공이 고공 낙하를 할 경우 전문 스턴트맨을 기용하는 것은 지극히 당연한 영화적 관행이다. 어차피 범인의 정체를 알려줄 필요가 없다면, 박해일이 아니라 누가 그 역을 해도 무방한 것이다. 물론 여기에는 한 가지 예외가 있다. 디제시스 바깥의 누구라도 그 역을 대신할 수 있지만, 얼굴이 안 보인다고 해서 디제시스 내의 다른 캐릭터로 하여금 그 역을 대신하게 해서는 절대로 안 된다는 것이다. 그 괴한의 역할을 형사 조용구 역을 이미 맡고 있는 배우 김뢰하가 잠깐 대역을 할 수는 없다는 말이다. 그럴 경우 당연하게도 연쇄 살해의 범인은 조용구가 되기 때문이다. 숏 분할Shot by shot 연구가 관례화된 지금 그런 눈속임은 용납될 수 없다는 것이다. "텍스트 바깥에는 아무것도 없다."는 메츠의 비인칭적 발화작용의 이론은 이런 맥락에서 이해될 수 있을 것이다. 아무튼 이런 맥락에서 본 해석은 일말의 타당성을 갖는다고 하겠다. 그러나 그것만이 아니다.

좀 더 설득력을 높이기 위하여 '장면 51'을 예로 들고자 한다. 지하 취조실에서 조병순이 속옷(빨간색 팬티) 차림으로 가혹 행위를 당하는 장면이다. 그는 강압에 못 이겨 각본대로 자백을 한다. 이때 공구 박스를 든 보일러 수리공이 계단을 통해 내려와 한쪽 구석에서 작업을 마치고 유유히 사라진다. 그런데 작업 중 취조 과정을 흘끗흘끗 훔쳐보는 모습이 예사롭지 않다. 도대체 이 자의 정체는 무엇인가? 그냥 단순 수리공인가? 그렇다면 하필이면 그 살벌한 고문이 벌어지고 있는 현장에 뜬금없이 나타났다 사라지는 이유는 또 무엇인가? 자신의 임무에 충실한 디제시스 바깥의 '진짜' 수리공이 때마침 촬영이 진행되는 줄도 모르고 건물 주인의 신고대로 와서는 보일러를 고치고 간 것일까? 아니면 디제시스 바깥의 존재로서 宋강호의 연기를 구경한답시고 훔쳐본 것일까? 사실 그 수리공도 역시 스태프 중의 한 사람이었다. 일종의 대역인 셈이다.

그렇다면 디제시스 내의 그의 정체는 도대체 무엇일까? 그 해답을 '장면 83'에서 찾을 수 있었다. 이 장면은 지하 취조실에서 일어난다. 앞의 '장면 82'의 사진 속 박현규의 모습에서 실제 취조실의 박현규에게 전환되면서 그에게 무혐의 방면 조치가 내려진다. 그리하여 박현규는 옆 계단을 통해 밖으로 걸어 올라간다. 물론 그 모습을 서태윤이 씁쓸하게 지켜보고 있다. '장면 52'과 '장면 83'에서 계단을 올라가는 수리공과 박현규의 하반신 사이즈가 비슷한 크기로, 즉 허벅지 아래로 화면에 포착되고 있다는 점도 눈여겨 볼 만하다. 그렇다면 이런 해석이 가능하지 않을까? 그 수리공이 다름 아닌 박현규 자신이었다는 것이다. 말하자면 희대의 살인마 박현규는 수사가 진척되는 상황이 궁금했고, 그리하여 공장 사무직 직원이라는 이점을 활용해 수리공으로 가장한 채 일종의 염탐을 하러 다녀갔다는 설명이 가능한 것이다.

그것이야말로 너무 자의적인 해석이 아닌가 하고 반문을 제기할 수도 있겠다. 약간 소급해서 '장면 74'로 되돌아가보자. 다시 지하 취조실이다. 수사팀 4인방과 첫 대면을 한 박현규의 모습은 조금의 꿀림도 없다. 먼저 서태윤 형사가 "손이 아주 부드럽네!" 하면서 운을 뗀다. 그는 거듭해서 "그 음악을 들으면서 즐겁고 짜릿한 범행을 저지르는 거지!" 하고 다그친다. 이 같은 유도신문에 박현규는 강력히 부인하며 다음과 같은 대사를 날린다. "아저씨들 죄 없는 사람 잡아다 족치는 것 동네 애들도 다 알아! 하여간 난 안 당해! 안 당한다구……." 이 대사는 마치 사정을 훤히 아는 사람이 아니고서는 할 수 없는 그러한 뉘앙스를 풍긴다. 자신은 용의자 조병순이 천장에 거꾸로 매달리는 고문을 당한 끝에 허위 자백을 했던 것처럼은 절대 당하지 않겠다는 의지의 표명이 아니겠는가?

여기서 잠깐 다른 장면을 살펴보도록 하겠다. 혹자는 〈살인의 추억〉을 한 경지에 오른 시나리오로 인정하고 수업 교본으로 삼고 있다고 한다. 그만큼 스토리 전개라든가 극작법dramaturgy은 물론이고 대사 처리 등이 완벽하다는 얘기다. 이처럼 잘 쓰인 시나리오에, 또 그것을 바탕으로 한 영화 디제시스 속에 범인이 부재한다는 것은 참으로 어불성설이 아닐 수 없다. 제아무리 사건이 미궁에 빠졌다고 해도 그것이 외계인이 출몰하여 저지른 엽기적 또는 신비적 사건이라고는 아무도 생각하지 않을 것이다. 하물며 이 영화는 비록 실제 상황을 모델로 삼고 있다 해도 엄연한 범죄스릴러라는 장르영화다. 그래서 극 중에서 찾아낸 정황증거를 하나 더 추가하겠다. 어째서 박현규가 범인인가?

'장면 80'을 살펴보자. 철로변에서 펼쳐지는 '장면 78'에서 계속 이어진다. 백광호의 증언을 들은 두 형사는 그에게 박현규의 사진을 보여주면서 그 범인이 맞느냐고 다그친다. 백광호의 한 마디에 모든 문제가 해결되는 결정적인 순간이 아닐 수 없다. 두 눈만 껌벅이는 백광호의 침묵에 두 형사는 애간장이 녹지만, 순간 백광호는 대답을 회피한 채 엉뚱한 소리를 해댄다. "불이 얼마나 뜨거운지 알아? 뜨거! 뜨거!" 그때 백광호의 아버지가 그를 찾아서 급히 달려오며 외친다. "광호야, 이 녀석아!" 이 소리에 백광호는 다음과 같이 말을 이어간다. "날 아궁이에 집어 던졌다. 저 사람이……." 어렸을 때 아버지가 자신을 아궁이에 집어 던졌다는 것이다.

이때 갈빗집에서 다투던 대학생들이 이곳까지 따라와서 형사들에게 시비를 건다. 결국 난투극이 벌어지고 그 와중에 백광호는 또다시 사라진다. 여기서 우리는 백광호가 던진 그 대사에 주목을 해야 한다. 이를 위해선 앞서 '장면 5'에서 박두만과 그의 아내가 나누는 대사들을 상기할 필요가 있다. 부부 관계를 가진 두 사람은 사건 진척에 관하여 이야기를 주고받는다. 이때 아내가 남편 박두만에게 피해자 이향숙이 살해되던 날 백광호라는 동네 청년이 그녀를 쫓아다녔다는 말을 들려준다. 이어 그녀는 백광호 아버지의 과거 행적을 거론하며 백 씨가 '덮쳐라 백 씨'임을 알려준다. 백광호 아버지가 천하의 난봉꾼이었다는 얘기다.

'장면 5'와 '장면 80'을 종합해보면 우리는 어째서 백광호의 얼굴이 그리 흉하게 화상으로 일그러졌는지 이해할 수 있게 된다. 요지는 백광호가 어렸을 때 광호 아빠가 희대의 바람둥이였는데, 어느 날 순진한 광호가 아빠의 불륜 행각을 엄마에게 '고자질'하는 바람에 사태를 그르친 아빠가 홧김에 어린 광호를 아궁이에 던졌다는 얘기가 된다. 참으로 비정한 아빠라 아니할 수 없다. 의도했든 아니든 불륜 행위를 저지하려다 된통 당한 백광호는 당연히 안과 밖으로 상처를 당하게 된다. 거의 전신에 걸친 화상과 뼛속까지 스며든 외상trauma이 바로 그것이다. 백광호는 겨우 고자질 하나로 인생이 망가졌다고 해도 과언이 아니다. 그런 그 앞에 또 한 번의 시련이 다가온다. 그 사진 속 주인공이 진짜 범인이 맞느냐고 형사들이 물어온 것이다. 말하자면, '고자질'을 하라는 것이었다. 이미 본의 아닌 고자질로 엄청난 상처를 받은 백광호가 순순히 "그자가 범인이 맞아요."라고 할 수 있을까? 게다가 그 순간 자신을 불구덩이에 던졌던 장본인이 달려와 소리를 지르는데, 백광호의 심정은 어떻겠는가? 발설의 순간 자신은 또 한 번 불구덩이에 던져질지 모른다는 그 절박한 위기감이 백광호로 하여금 철길로 뛰어들게 한 것이 아닐까? 이렇게 본다면, 〈살인의 추억〉의 시나리오는 참으로 절묘하다고 아니할 수 없다.

결정적인 증거는 다음 대목이다. 이번에는 숫자에 얽힌 몇 가지 예를 살펴보기로 하겠다. 먼저 '장면 66'이다. 논두렁의 물웅덩이 바로 옆에서 옷이 반쯤 벗겨지고 손목이 묶인 채 살해된 여자(안미선)의 시체가 발견된다. 그 다음 '장면 67'의 부검실 장면에서는 네 명의 형사가 지켜보는 가운데 부검의가 피해자 시체의 상태를 살피고 있다. 그는 여자의 질 속에 들어 있던 복숭아 조각들을 하나하나 꺼내는데, 모두 아홉 조각이다. 그렇다면 여기서 이 아홉 개의 복숭아 조각들이 의미하는 것은 도대체 무엇일까? 그것이 상징하는 어떤 단서라도 있는 것일까? 물론 영화 속에 그 해답이 있다. 이 영화에는 유독 아홉수에 얽힌 단서들이 유난히 많다는 것이다. 우선 극 중 언론에 공개된 첫 사건은 1986년 10월 20일에 일어났는데, 실은 그보다 한 달 전인 9월에 이미 피해자가 있었다는 것이다. 학교 뒷산에 사는 '우는 여자'가 바로 그 당사자임은 물론이다. '장면 58'에서 '장면 61'까지가 그녀에 대한 얘기다. 그녀는 여형사 권귀옥과의 인터뷰에서 작년(즉 1986년) 9월에 범행을 당했다고 진술한다. 그녀는 구사일생으로 살았기에 공식적 수사 대상에는 포함되지 않았다.

그다음 단서는 이미 살펴본 대로, 박현규의 첫 취조 때 나온다. 공장에서 일한지는 얼마나 됐냐며 서태윤 형사가 묻는다. 물론 박현규는 작년 9월부터라고 대답을 한다. 계속해서 서태윤은 "그럼! 작년(1986년 9월)에 일어난 '첫 사건'이 나기 조금 전이네."라고 되묻는다. 박현규는 무심코 고개를 끄덕인다. 그렇다. 박현규는 무심코 동의를 한 것이었다. 즉 그가 진범이라면 첫 사건을 모를 리가 없으니까 말이다. 서태윤 형사는 계속해서 압박하며 "그러니까 너가 온 후부터 사건이……"라고 재차 다그친다. 이때 박현규는 아차 싶었는지 외면하면서 강하게 부인한다. 앞서 지적했듯이 공식적으로 기록된(언론에 보도된) 첫 사건은 10월 20일로 되어 있지만, 실제로 첫 사건은 그 여자(피해자)의 증언에 따르면, 9월에 일어났다. 그래서 일반인은 모르지만 가해자, 피해자 그리고 경찰(특히 극 중 수사팀)은 알 수밖에 없게 된 상황이다. 아무튼 피해자 질 속 아홉 조각의 복숭아에 대한 의문은 조금 풀린 셈이다. 극 중 박두만의 표현대로 일종의 "힌뜨hint"였던 것이다. 이렇게 해서 우리는 한 발자국 더 진범의 실체에 다가간 셈이 된다.

그러나 진범의 실체를 인정하기에 앞서 한 가지 의문점이 먼저 해소되어야 한다. 영화의 거의 라스트신(장면 101)에서 박현규는 결국 '혐의 없음'으로 판명되고 만다. 미국에서 보내온 서류에 피해자에게서 검출한 용의자의 정액과 박현규의 정액이 불일치한다고 명기되어 있기 때문이다. 공신력 있는 서류가 그렇다는데 달리 무슨 할 말이 더 있겠는가? 그러니 무데뽀로 밀어붙이던 박두만도 두 손을 들 수밖에 없었던 것 아닌가? 막판 서류고 뭣이고 다 때려치우자던 서태윤 마저도 더 이상 손을 쓸 수가 없게 된 것이다. 그렇다고 이 분석에서마저 진범 확인을 포기해야 하는가?

'장면 85'로 돌아가 보도록 하자. 국립과학수사본부다. 형사 4인방이 참석한 가운데 국과수의 한 박사가 피해자의 '의류'에서 정액이 검출되었음을 알려준다. 그는 이어 유전자 분석을 통해 신원 확인이 가능하다고 덧붙인다. 단 국내에서는 분석이 불가능하므로 설비가 갖추어진 미국으로 보내야 한다는 단서를 단다. 여기서 우리가 눈여겨보아야 할 대목은 그 진범 확인에 결정적 단서가 되는 정액이 피해자 여성의 몸속에서가 아니라 그 여자의 옷가지에서 채취한 것이라는 박사의 증언이다. 왜 하필이면 옷가지일까? 체내와 체외라는 얼핏 사소하게 보이는 차이는 그러나 경우에 따라서 엄청난 결말로 귀결될 수 있다.

요컨대 문제의 그 정액이 체내에서 검출된 것이라면, 박현규는 100퍼센트 진범이 아니라는 확증이 된다. 그런데 그것이 체외에서 채취한 것이라면 그 확률은 50퍼센트로 떨어지게 된다. 이미 살해된 피해자의 사체에다 대고 제3자인 누군가(변태적 성행위자)가 자위 행위를 할 수도 있는 일이기 때문이다. 우리는 이미 '장면 43'에서 그러한 경우를 목격한 바가 있다. 늦은 저녁 시간 살해 사건이 일어났던 산속

무덤가에 박두만과 조용구 두 형사가 찾아온다. 두 사람은 무당의 처방에 따라서 사건 현장에서 채취한 흙을 먹물에 섞어 한지에 뿌려 범인 형상을 얻어내려 한다. 한편 서태윤 형사도 역시 사건 현장을 방문하여 무언가 단서를 찾으려 한다. 바로 그때 용의자로 보이는 한 사내가 다가와 브래지어와 팬티를 던져놓고 자위 행위를 한다. 그는 비록 사건을 떠올리며 '변태적' 자위 행위를 했을지라도, 직접 범행을 저지른 것은 아니었다. 요컨대 피해자를 살해한 범인이 따로 있고, 그 사체를 통해 성적 쾌락을 추구한 변태가 따로 있었다는 얘기다. 아무튼 미국에서 온 그 서류가 말해준 것은 채취된 정액과 박현규의 그것이 일치하지 않는다는 것이었다. 결국 서류는 서류일 뿐이었던 것이다.

마지막으로 박현규가 진범일 수밖에 없는 단서를 살펴보기로 하겠다. 그것은 이 영화 속에서 가장 드라마틱한 부분이기도 하다. 앞서도 잠깐 언급했듯이 박현규가 FM 방송국에 보낸 엽서 신청곡 〈우울한 편지〉가 등장한 시간과 살해 사건이 일어난 시점이 대체로 일치한다는 대목이다. '장면 35'에서 그 엽서 얘기가 처음 부각된다. 수사팀이 대책회의를 하는 와중에 권귀옥 형사가 사건 발생 때마다 FM 방송에서 유재하의 노래가 나왔다는 사실을 보고한다. 이에 눈이

번쩍 뜨인 서태윤 형사는 범인이 마치 조회를 시작할 때 애국가를 제창하듯이, 범행에 돌입하기 전에 특정 음악을 듣는다는 논리를 끄집어낸다. 박현규가 범인이 아니라면, 그것은 그야말로 우연의 일치에 불과할 것이다. 하지만 그가 진범이라면, 범행 전에 그가 행한 일종의 의식은 커다란 의미를 부여받게 된다. 그것은 대타자(큰 타자)에게 보내는 일종의 메시지라는 것이다.

　요컨대 연쇄살인범들은 그들의 행동을 관찰하고 또한 그들이 더한 희생을 낼 수도 있다는 것을 납득시키려고 하는 큰 타자를 필요로 한다는 점이다. 인정에 대한 이와 같은 필요는 히스테리증자에게 있어 매우 중요한 것이기 때문이다. 라캉은 "신(대타자)이 존재하지 않는다면, 그 어떤 것도 더 이상 허용되지 않는다."[3]라고 했다. 이미 보았듯이 극 중 범인은 나름대로 자신의 흔적을 남긴다. 범인은 그러니까 연쇄살인 행각을 벌이고 다니기에 경찰의 추적을 받는 게 아니라, 자신이 벌이는 게임을 보아줄 누군가(타자들)가 있기에 역설적으로 계속 살인을 저지르는 것이다. 그래서 산속에서 발견된 마지막 피해자(여학생)의 음부에 박혀 있는 쇠붙이 등(장면 98)은 이전 피해자의 질 속에 들어 있던 복숭아 조각들(장면 67)에 대한 응답으로 읽혀야 하는 것이다. 박현규는 이미 복숭아 건으로 서태윤의 강도 높은 심문을 받았고, 그에 대한 응답(앙갚음)으로 금속을 이용했던 것이다.

이러한 해석이 가능한 것은 박현규가 범인이라는 전제하에 소급적으로 영화 속 실마리들을 읽었기 때문이다. 그가 진범이라는 전제를 무시한다면, 그냥 영화 속에서 피상적으로 보인 것처럼 유력 용의자에 불과했다면, 결론은 전혀 달라질 것이다. 그렇다면, 어째서 형사들은 범인을 검거하는데 실패했던 것일까? 이를 위해서는 라캉의 『도둑맞은 편지』에 관한 세미나가 도움을 줄 것이다. 그것은 경시청장이 여왕의 편지를 슬쩍해 간 D 장관의 저택을 샅샅이 뒤지고도 결국 문제의 편지를 발견하지 못했던 상황과 거의 상동관계에 있다.

박두만은 자신의 스타일을 고수하는 한 절대로 범인을 놓치는 일이 없었다. 그는 우선 심증心證을 굳히고 거기에 맞추어 물증物證을 찾아가는 방식을 채택했었다. 그리고 그가 그러한 수사 방식으로 일관하는 한 그의 손아귀로부터 범인이 빠져나간다는 것은 불가능했다. 그래서 그에게는 먼저 백광호가 범인이었고, 또 그다음에는 조병순이 범인일 수밖에 없었던 것이다. 이것이 다름 아닌 상상계the imaginary의 논리다. 적어도 박두만의 또 다른 자아alter ego라 할 수 있는 서태윤이 등장하기 전까지는 그는 범인 검거율 100퍼센트의 민완 형사였던 것이다. 하지만 서태윤의 등장으로 모든 게 꼬여버렸다. 서태윤의 서류 지상주의가 박두만의 직관에 의존한 수사 방식을 무화시키고 말았던 것이다. 요컨대 박두만은 박현규를 조병순을 다루었던 것처럼 천장에 거꾸로 매달 수가 없었기 때문에 그를 범인으로 만드는 데 실패했던 것이다. 그가 진범임에도 불구하고 말이다.

그렇다면 서태윤의 경우는 어떤가? 그는 상징계the symbolic를 대변한다. 알다시피 그는 서류는 절대로 거짓말을 안 한다고 믿었던 서류 지상주의자였다. 그런데 그의 서류 지상주의는 아이로니컬하게도 그가 서류는 단지 서류일 뿐이라고 선언하는 순간 그의 손아귀로부터 그 권능이 빠져나가 버리고 만다. 실제로 서태윤은 서류의 힘을 믿었을 때 나름대로 성과를 거둘 수 있었다. 비록 사전 예방에는 실패했지만 독고현순의 사건을 찾아낸 것도 순전히 서류 덕분이었다. 박현규를 유력 용의자로 지목하고 취조까지 할 수 있었던 것도 역시 서류(FM 방송 기록) 덕분이었다.

서류는 절대 거짓말을 하지 않는다. 그것이 진실만을 말하기 때문에 그런 것이 아니다. 서류에 기입되어 있는 것은 그것이 진실이든 거짓이든 상관없이 그 자체로 하나의 기표로 작용한다. 진실이면 진실인 대로 거짓말이면 거짓말인 대로 서류에 기입된 것은 언제나 기록된 그 자체로 존재한다. 그것이 진실이냐 거짓이냐를 판단하는 것은 서류 자체가 아니라 그것이 놓여 있게 되는 맥락에 달렸다. 라캉이 예로 들었던 '도둑맞은 편지'는 그 단적인 예다. 그리하여 서류(편지)는 그것을 의미 있게 해독하는 사람의 몫이 되는 것이다. 서류 자체가 그것까지(즉 진실 여부) 스스로 드러내 주는 것이 아니라는 뜻에서 서류는 절대로 거짓말을 하지 않는다고 할 수 있다. 그것은 언제나 절반의 진실만을 이야기하고 있기 때문이다. 서태윤의 오류는 바로 거기에 있었다. 그는 어리석게도 서류 스스로가 진실을 드러낸다고 믿었던 것이다. 그가 미국에서 온 서류 봉투를 뜯었을 때, 그는 진실이 그 안에 담겨 있기를 바랐다. 그는 "박현규가 범인이오."라는 진실만을 그 서류에서 기대했던 것이다. 그런데 서류에는 불일치한다고 적혀 있었다. 100퍼센트 진실만을 기대했던 그에게 50퍼센트만을 이야기하고 있는 서류는 100퍼센트 수용할 수 없는 것이었다. 그래서 나머지 50퍼센트를 활용할 여지를 스스로 봉쇄해버린 것이다. 요컨대 서태윤은 절반의 가능성을 믿고 다시 시작했어야 했다는 것이다.

여기서 박두만과 서태윤은 '욕망의 피조물'을 대변하고, 박현규는 '욕동의 피조물'을 대변한다는 필자의 주장을 좀 더 구체화할 필요가 있겠다. 지젝에 따르면, 욕망의 피조물은 거세의 위협 속에 살아간다. 그에게 있어서 욕망이란 결여로 기능하며, 결여란 물신의 형성물(즉 대체물)에 의해 충족될 수 있을 뿐이다. 그에 반해 욕동의 피조물은 욕망에 종속되지 않는다. 그것은 말하자면 무데뽀적인 어떤 것이다. 그것을 멈추게 할 수 있는 것은 아무것도 없다. 우선 극 중 희생자들을 대하는 형사들의 태도를 살펴보자. 사건이 일어난 지역의 토박이였던 박두만 형사는 피해자들의 신상에 대하여 훤히 꿰고 있다. 특히 피해자 이향숙과 독고현순의 미모는 대단한 것으로 묘사되고 있다. "향숙이 이뻤다."라는 대사는 한때 유행어가 될 정도였다. 게다가 박두만은 독고현순의 부검실에서 그녀의 이름을 부르면서 연민의 눈시울을 붉히기도 한다. 형사 신분만 아니라면, 또한 그들이 무참하게 희생되지 않았더라면 한번 데이트라도 청해보고 싶을 정도로 그녀들은 매혹의 대상이었던 것이다.

서태윤의 경우도 별반 다르지 않다. 그는 잠복근무 중에 만난 두 명의 여학생 가운데 좀 더 눈에 띄는 학생에게 관심을 갖는다. 그 학생이 민방위 훈련 도중 다치자 반창고를 붙여주기도 한다. 하지만 그 여학생마저 희생양이 되자 서태윤 형사는 그녀의 벗겨진 윗옷을 끌어 내려주어 조의를 표하고는 격분한 상태로 용의자에게 달려간다. 그러나 안타깝게도 심증만 있을 뿐 물증이 없다. 울분이 극에 달한 서태윤은 권총을 꺼내들지만, 그러나 진범임이 분명한 박현규를 감히 처단하지는 못한다. 두 사람은 모두 결여된 것(이성異性에 대한 성적 욕구와 살해 의지)을 욕망할 따름이다. 그 모두는 법에 의해 금지된 것이기 때문이다.

이런 맥락에서 볼 때, 좀 더 과격한 성격의 조용구 형사라고 해서 달라질 것은 없다. 그도 역시 대학생들이 MT에 가면 남학생들이 여학생들을 농락한다는 편견을 부러움에 찬 태도로 지껄여대지만 정작 시위 현장에서 만난 여대생을 두들겨 패는 것으로 자신의 은밀한 성적 욕망을 잠재울 따름이다. 그리하여 욕망의 피조물들인 그들은 상징계에 머물러 있을 수밖에 없다. 그러나 박현규는 다르다. 그는 욕망에 종속되지 않은 유일한 인물이다. 그는 자신의 충동(욕동)에 따라 범행을 저지르면서 조금의 가책도 느끼지 못한다. 그리하여 충동의 주체(욕동의 피조물)로서 그는 실재계에 자리를 잡게 된다.

이제 결론을 내려야 할 때가 되었다. 박두만의 상상적 직관(상상계)이 위력을 발휘할 시점에 범인(도둑맞은 편지)은 아직 그의 손아귀에 들어와 있지 않았다(도착하지 않았다). 그리하여 서태윤의 서류 지상주의가 위력을 상실할 때쯤 도착한 편지는 이미 상징계적 의미 작용의 체계(상징계)로는 포착할 수 없게 된다. 실재계the Real로 미끄러져 들어가 버렸기 때문이다. 영화의 라스트신에서 검은 아가리를 벌리고 있는 터널은 '실재계'로 들어가는 입구였던 것이다. 라캉이 말하는 실재계는 의외로 간단하다. 그는 그의 『세미나 II』에서 다음과 같이 말한다. "사람들이 실재적인 것에 부여하는 의미는 다음과 같다. 그것은 사람들이 그곳에 있든지 없든지 항상 같은 자리에 있는 것이다." 실재계란 그것을 바라보는 사람이 그곳에 있든지 없든지 항상 그 자리에 있다는 얘기다.

라캉은 이와 관련하여 『세미나 IV』에서 도서관의 예를 든다. 누군가가 도서관에 책을 빌리러 갔다. 그런데 책꽂이에 찾는 책이 없었다. 사서는 그 책이 대출 중이라고 대답했다. 그러나 사실 그 책은 바로 옆에 꽂혀 있었던 것이다. 사람들이 책을 찾지 못한 이유는 책이 실제로 꽂혀 있던 그 자리에 없어서가 아니라 원래 있어야 하는 그 자리에 없었기 때문이다. 다시 말해 책은 실제적으로 존재하지만 상징적으로는 존재하지 않는다. 책은 항상 그 자리에 있다. 항상 그 자리에 있는 것, 다시 제자리를 찾아 되돌아오는 것, 즉 항상 동일한 것이 바로 모든 사람들이 부여하는 '실재적인 것'의 의미이다. 라캉은 이런 맥락에서 상징적인 질서(상징계), 즉 차이가 존재하기 위해서는 실재적인 것(동일성)이 존재해야 한다고 덧붙인다. 상징적인 것이 실재적인 것으로부터 솟아난다는 얘기다.[4]

필자가 주목했던 부분은 바로 이러한 실재계의 개념이 〈살인의 추억〉의 미완의 구조를 해명할 열쇠를 제공한다는 전제였다. 이 영화에서 연쇄살인 사건은 실제적으로 일어났지만, 범인의 실체는 끝내 밝혀지지 않는다. 그래서 일반 관객은 물론이고 전문가들도 역시 범인의 존재 의미에 대해서 커다란 중요성을 부여하지 않았다. 어차피 현실적으로 미궁에 빠진 사건이고 당시 진범이 여전히 체포되지 않은 마당에 그 실화를 바탕으로 해서 만든 영화 속에서 진범 여부를 찾는 것이 무의미하다는 견해가 지배적이었다. 그러나 필자는 바로 그 점에서 이 영화는 기존의 범죄스릴러와는 전혀 다른 지평에 서 있고, 그러한 지평을 제대로 파악하기 위해서는 정신분석학적 개념 틀, 특히 라캉의 세 가지 질서order 개념이 매우 유용하다는 판단을 했다. 필자는 〈살인의 추억〉

이야말로 실재계 개념을 가장 극명하게 드러내 보여주는 흔치 않은 텍스트라는 전제를 갖고 분석에 임했다.

현실적으로 살인 사건이 존재했다면, 당연히 그 범행을 저지른 행위자도 존재하게 마련이다. 그러한 행위 자체가 있었다는 것 자체가 라캉적으로 말하면, 실재적인 것이다. 실재적인 것이란 존재의 개념이다. 그러나 범인은 잡히지 않았다. 그렇다고 범인이 없다고 말할 수는 없다는 것이다. 위의 도서관에 있는 책의 예에서 보듯, 범인이 '있다 없다'라는 것은 실재계에서는 통용될 수 없는 말이다. 실재계는 정의상 충만한 것이기 때문이다. 그리하여 실재계에서는 아무것도 결여되지 않는다는 것이다. 우리가 결여(부재)를 확인 할 수 있는 것은 오직 우리가 어떤 특별한 것을 기대하고, 그리하여 그것의 부재를 정신적으로 깨닫기 시작할 때뿐이다. 무無는 지각이 아닌 사고의 수준에서만 존재할 뿐이다. 요컨대 결여를 깨닫기 위해서는 상징적인 체계가 없이는 불가능하다는 것이다.

도서관의 선반의 예를 다시 살펴보자. 지각의 관점에서 볼 때, 우리는 책이 결여되어 있다고 말할 수 없다.[5] 왜냐하면 우리는 거기에 있는 것만을, 다시 말해서 진열되어 있는 것만을 볼 수 있기 때문이다. 우리가 책이 제자리에 없다거나 결여되어 있다고 말할 수 있는 것은 그 책에 대해 이름을 붙이는 드웨이식 10진법 체계나 국회 도서관의 도서분류법과 같은 상징적인 격자(예를 들면, BF 173, F23, 1899, V.2)가 있기 때문이다. 공간을 좌표화하는 기표 체계가 아니라면 아무것도 결여되어 있다고 말할 수 없다. 우리는 언어가 없이는, 즉 상징적 질서가 없이는 무엇이 결여되어 있다고 말할 수 없는 것이다.

일반 관객이나 영화 관련 전문가들이 〈살인의 추억〉에서 범인이 없다(결여되어 있다)고 말하는 것은 기존 현실 개념을 그대로 유지한 상태에서는 당연한 논리적 귀결이다. 일반 현실 개념에서는 존재냐 부재냐 혹은 현실이냐 아니냐(즉 환상이냐)하는 이분법적 논리가 지배적이다. 그리하여 적어도 영화 속에서만큼은 범인이 없기 때문에 결국 범인을 잡지 못했다는 것을 당연하게 받아들이는 것이다.[6]

그러나 라캉의 세 질서 개념에 의거할 때, 범인은 실제적으로 존재했지만(실재계), 그러나 상징적으로 체포하지 못했다(상징계)는 논리가 가능하게 된다. 필자가 이미 지적했듯이, 박두만을 상상계적 질서에, 서태윤을 상징계적 질서에, 그리고 박현규를 각각 실재계에 위치시켰다. 박두만은 철저하게 자기 직감과 소신에만 의거하여 수사를 펼친다.

객관적 실체보다는 자기의 주관적 판단을 출발점으로 삼는다는 점에서 그의 주체 단계는 라캉의 상상계의 그것과 닮아 있다는 것이다. 사실 박두만의 이 부분은 좀 더 논의의 여지가 있다.

그러나 서태윤의 수사 방식은 상징계적 질서의 한 전형을 보여준다는 점에서 시사하는 바가 크다. 알다시피 그는 서류 지상주의자다. 우선 무엇보다도 서류는 언어로 되어 있다. 그는 '장면 20'에서 보았듯이, 서류 검토를 통하여 제3의 피해자가 있음을 밝혀낸다. 그렇지 않았더라면, 영원히 실재계로 머물러 있을 살인 사건을 상징적 질서로 끌어올리는 데 성공을 한 셈이다. '장면 35'에서 권귀옥 형사가 FM 라디오 방송의 예를 설명하자, 그는 사건 발생 날짜와 음악을 틀어준 날짜의 일치를 근거로 하여 그 당사자를 용의자로 지목한다. 하루에도 수십 곡씩 그저 신청 엽서에 의해 틀어지는 불연속적인 음악들이 기표의 연쇄 속으로 들어오면서 의미 작용을 하게 된 것이다. 즉 용의자(박현규)의 존재 여부는 상징적 질서 속에서만 가려질 수 있었던 것이다. 그리하여 상징계적 질서에서 진범의 존재 여부는 오로지 서류만이 밝혀낼 수 있게 된다. 박현규가 실제적으로 범행을 했든 하지 않았든 여기서 중요한 것은 서류상으로 그의 범행을 입증할 수 있느냐의 여부다. 그는 실제로 연행되었다가 증거 불충분으로 풀려났다. 그 문제의 서류가 바로 용의자의 것으로 보이는 정액 샘플과 박현규의 그것을 대조해보는 일이었다. 도서관에 찾는 책이 존재하느냐의 여부는 실제적으로 밝혀질 수 있는 것이 아니고 상징적인 격자를 통해서만 가능한 것이다.

영화의 후반부에서 박현규가 진범임을 결정적으로 확인할 수 있었던 계기가 주어졌는데, 그것은 유일한 목격자인 백광호의 고자질(언어 발설)에 의존한 것이었다. 백광호의 플래시백(장면 79)에서 보였던 현실의 적나라한 사실성facticity, 즉 실재계가 상징적 질서로 편입되려는 절체절명의 순간이 그만 그의 아버지의 개입으로 무산되고 말았던 것이다. 이런 예들을 통하여 영화 〈살인의 추억〉에서 결국 범인을 잡을 수 없었던 이유는 박두만으로 대변되는 상상계와 서태윤으로 대변되는 상징계의 그물망으로 박현규의 실재계를 포착하는 데 실패했기 때문이라고 결론을 내릴 수밖에 없다. 그러한 결론을 이 영화에서 도출하려면 누군가 실재계의 진범이 있어야 했고 그래서 박현규를 그 당사자로 지목을 했다. 그리하여 그가 진범임을 밝히는 메타비평(상징화)이 당연히 선행되어야 한다. 그러니까 박현규가 실재계적 존재라는 것을 입증하는 영화 바깥의 또 다른 상징적 질서(상징화 작업)가 필요하다는 것이다.

그런데 여기서 전제되는 것은 그 상징화를 위해 필요한 단서들은 반드시 텍스트 내재적인 요소들이어야 한다는 것이다.[7] 여기서는 메츠의 비인칭적 발화 작용의 한 예만을 들어보기로 하겠다. 메츠는 영화적 발화 작용에서 필요한 것은 오로지 대용어anaphora뿐이라고 했다. 언술의 한 음절을 해석하기 위해 같은 언술을 다른 분절로 언급해야 할 때, 그 부분을 대용적이라고 한다. 이 대용어 개념을 〈살인의 추억〉에 적용시켜 본다면, 이 영화에서 유난히 여러 번 등장하는 손에 대한 모티프가 그 단적인 예가 될 수 있을 것이다.

이 텍스트에는 세 가지 유형의 손에 관한 얘기가 나온다. 공장 노동자의 투박한 손과 일종의 화이트칼라의 섬세하고 예쁜 손, 그리고 장애인의 꼬인 손이 그것들이다. 물질적 증거를 중요시하는 서태윤 형사는 백광호가 손가락이 꼬여 정교한 매듭을 만들 수 없다는 이유를 들어 그의 무죄를 주장하고, 조병순의 경우 투박한 손의 전형이라는 이유를 들어 무죄방면을 권한다. 이제 하나 남은 손은 피해자의 증언처럼 무척이나 예쁜 손이다. 영화 속에서 그 예쁜 손은 여러 차례 클로즈업된다. 즉 부분적인 대상으로 비춰지는 것이다.

그러나 그 부분 대상들을 메츠가 말하는 대용어의 선행사로 갖는 결정적인 장면이 존재한다. 다름 아닌 서태윤이 박현규의 예쁜 손을 유심히 살펴보는 장면이다. 영화 내러티브상에는 분명 세 가지 유형의 손만이 존재하고 그 가운데 하나가 바로 박현규의 손이다. 결국 영화적 발화 작용의 맥락에서 보았을 때, 여성 피해자의 입에 재갈을 물리는 문제의 예쁜 손의 클로즈업(대용어)은 미디엄 숏으로 잡은 박현규의 손(선행사)을 가리킨다고 할 수 있다는 것이다. 그 밖의 다른 해석은 불가하다.

지하 취조실에서 고문 현장을 훔쳐보면서 수리를 하고 유유히 계단을 빠져나가는 수리공의 발걸음은 역시 그 지하 취조실에서 무혐의로 풀려나 의기양양하게 계단을 빠져나가는 박현규의 발걸음과 정확히 대용어적 관계에 있는 것이다. 그리고 그러한 맥락에서 해석을 해야만 그저 무의미하게 산발적으로 흩어져 있던 숏들이 의미 작용의 연쇄화로 편입되고, 결국 상징적 질서로 들어오게 됨으로써 범인의 윤곽도 드러나게 되는 것이다.

2. 르네 지라르의
'욕망의 삼각형'을 통한
〈기생충〉의 재해석

봉준호 감독의 〈기생충〉은 지난 2019년 5월 칸영화제에서 황금종려상을 받은 후, 2020년 2월 아카데미 작품상을 비롯한 4관왕을 차지해 많은 사람들의 이목을 끌었다. 관심을 끌었던 만큼 현재까지 1년 사이에 〈기생충〉을 포함한 봉준호 감독을 다룬 단행본을 위시하여, 〈기생충〉을 주제로 한 소논문이 무려 20편 가까이 된다. 그런데 대부분의 연구가 인물의 욕망보다는 공간 구분을 중심으로 한 자본주의적 계급 구조에 중점을 두고 분석하고 있다.

영화 〈기생충〉은 표면상 세 계층의 대립과 갈등을 다루고 있는 것처럼 보인다. 많은 평자들이 그렇게 해석을 했고, 이 영화를 본 많은 외국인들도 또한 계급 관계에 주목했다. 예컨대 지상의 낙원을 꾸며놓고 사는 박동익 사장 가족, 반지하에 사는 기택 가족, 지하실 밑의 지하 벙커에 숨어 사는 근세와 그의 아내 문광의 위계적 관계가 그렇게 해석할 여지를 준 것도 부인할 수 없는 사실이다. 혹자는 등장인물들을 지상, 반지하, 지하 벙커에 사는 세 가족으로 설정한 것은 위계를 시각적으로 명징하게 보여주기 위함이라고 설명하기도 한다.

그런데 이처럼 계급 관계의 관점에서 해석을 할 경우 극의 지향점이 어떤 계급을 향하고 있느냐에 따라서 감독의 작가적 성향까지 문제로 삼을 수 있게 된다. 이를테면 감독이 특정 계급의 입장을 옹호하고 있다는 점을 근거로 해서 그의 진보성 내지 보수성을 논할 수 있다는 것이다. 당파성의 문제가 필연적으로 제기될 수밖에 없다. 봉준호 감독은 기택 가족의 시선으로 박 사장네와 문광과 근세 부부를 바라보고 있다는 점에서 일단 중간계급을 옹호하고 있는 것처럼 보인다. 하지만 극의 전개를 보면 기택 가족이 박 사장 가족을 전복시키고 그 자리를 차지하려는 모습은 보이지 않는다. 처음부터 그런 의도조차 가지고 있지 않았다. 그저 착한 부잣집에, 비록 위장이긴 하지만 온 가족이 취업을 해서 공존 공생을 하면 그만이었다. 요컨대 계급 관계가 계급투쟁으로 이어지지 않는다는 점에서 이 텍스트는 지극히 보수적으로 읽힌다는 것이다.

그럴 경우 〈기생충〉은 새로운 해석의 여지를 주지 않는 아주 평면적인 텍스트에 머물고 말 것이다. 〈기생충〉은 한국 사회의 신자유주의 문제를 영화 속 가족의 희비극을 통해 우회적으로 비판한다. 하지만 〈기생충〉은 이러한 신자유주의 문제를 되돌아보게 한다. 냄새가 곧 계급이 된 기택은 계급의 이름으로 동익을 살해한다. 그 동기는 칼에 맞아 쓰러진 근세의 냄새를 맡고 얼굴을 구기는 동익이었다.

이렇듯 같은 하층계급끼리 피 터지게 싸우던 기택과 근세가 돌연 계급 연대를 통해 상층계급에 맞서게 되었다는 해석도 가능하지만, 그 동기가 너무 약하다는 것이다. 딸인 기정이 근세의 칼에 찔렸을 때도 수수방관하던 기택에게 갑자기 계급적 연대 의식이 생겼다는 것은 논리의 비약일 따름이다. 계급적 연대가 아주 잠깐 동안 '폭발적인 화학반응'을 일으켰다는 것은 어불성설이다. 연대는 서서히 쌓아가는 것이기 때문이다. "기택과 근세의 냄새는 동일하지 않다."는 것도 자의적 해석일 뿐이다. 박동익 사장에게는 별다른 차이가 없는 동일한 냄새였던 것이다.

이런 맥락에서 우리는 심층 분석을 통해서 〈기생충〉을

다른 시각에서 해석하려고 한다. 우리는 르네 지라르^{René} $_{Girard}$의 '욕망의 삼각형'이라는 개념 틀을 가지고 극 중 세 가족의 모방 욕망과 그로 인한 파국을 구체적인 장면 분석을 통해서 입증해보려고 한다. 잘 알려져 있다시피, 타인을 모방하려는 욕망 속에서 경쟁이 일어나고, 그 경쟁이 폭력을 만들고, 그 폭력을 해소하기 위해 희생양이 필요하다는 것[8]이 지라르 이론의 요체이다. 그렇다면 공동체의 존재를 위협하는 폭력은 어떻게 통제되어 왔을까? 지라르에 따르면, 공동체 내부의 "폭력을 막는 것은 또 다른 폭력"에 의해서 이뤄지는데, 그 폭력이 폭력처럼 여겨지지 않게 하는 장치가 바로 '희생양 메커니즘'이라는 것이다.[9]

　지라르에 따르면, 모방적 경쟁이 극단으로 치달으면서 결국 모방의 주체와 대상 간에 차이가 소멸되고 그로 인해서 폭력이 발생하는데, 그 폭력을 미연에 방지하기 위해서 희생양이 필요한 것이다. 〈기생충〉을 분석하고 있는 이 글에서 우리는 이 텍스트가 등장인물들의 차이 소멸로 인한 폭력적 파국의 과정을 묘사하고 있다는 것을 밝혀내고자 한다.

지라르의 욕망 이론으로 본 〈기생충〉 인물관계

지라르에 따르면, 기존 소설 작품에서는 주체the subject와 대상the object의 관계가 곧은 직선으로 표시되는데, 이 경우 열정을 불러일으키는 대상과 자발적 욕망을 가진 주체가 전제된다. 하지만 이는 낭만적 거짓romantic deceit이라는 것이다. 이에 대한 대안으로 그는 소설적 진실romanesque truth이라는 개념 쌍을 내세운다.[10] 지라르는 『돈키호테』로 대표되는 일련의 소설들의 분석을 통하여 주체와 대상 간에는 빛을 퍼뜨리는 중개자가 존재한다고 보고, 이를 욕망의 중개자the mediator of desire라고 지칭한다.[11] 돈키호테가 기사騎士로서 이상적 여인인 둘시네아 델 토보소에게 헌신하는 것은 전설적인 기사 아마디스Amadis의 욕망을 모방했기 때문이라는 것이 지라르의 출발점이다. 그렇다면 모방적 욕망이란 무엇인가? 여기서 욕망이란 대상의 실제적 쟁취를 의미하지 않는다는 것이 중요하다. 즉 대상 자체가 주체가 지향하는 목적이 아니라는 것이다. "대상을 주체의 눈에서 볼 때, 영원히 탐나는 것으로 만드는 것이 바로 이 (중개자의) 욕망이며 그것이 사실이든 가정된 것이든 상관없다. 그러한 중개 행위는 중개자의 욕망과 완전히 똑같은 두 번째 욕망을 낳는다. 이것은 욕망을 하는 사람이 언제나 두 개의 경쟁적 욕망을 대하게 됨을 뜻한다."[12]는 것이다.

　말하자면, 중개자는 장애물의 역할을 하거나, 또는 그 역할을 하는 것처럼 보여지지 않고는 모델의 역할도 행할 수 없다는 것이다. 욕망의 주인은 내가 아니며, 욕망의 감정이란 타인으로부터 빌려온 감정이다. 이때 이 타인을 중개자the mediator라고 하며 그를 통해 욕망의 주체와의 관계가 이루어진다. 욕망의 본질이 이 중개 작용mediation에 있다는 말이다. 이처럼 지라르는 소설 작품은 두 개의 기본적인 범주로 나눠진다고 보는데, 외적 중개external mediation와 내적 중개internal mediation가 바로 그것이다. 중개자와 주체 사이의 거리가 커 서로 접촉할 가능성이 적어, 이때 주체는 욕망을 위협적으로 선언하고 모방은 공개적으로 인정된다. 이를 외적 중개라 하며 중개자와 주체의 거리가 좁아 서로 영역을 침범할 수 있게 되는 경우를 내적 중개라 한다. 이때 욕망은 공개적으로 인정되지 않고 부정된다. 중개자 아마디스와 욕망의 주체 돈키호테는 '외적 중개'의 대표적인 예이며, 『적과 흑』에서 욕망의 주체 줄리앙 소렐이 페르바크 부인을 중개자로 하여 마틸드를 욕망의 대상으로 삼는 것은 '내적 중개'의 단적인 예이다.

　그러므로 〈기생충〉에서 기우가 친구 민혁이 좋아하는 사람에게 마음이 끌리는 것은 전형적인 내적 중개의 경우라고 할 수 있다. 기우는 다혜가 친구 민혁이 점찍어놓은 여자임을 누구보다도 잘 알고 있다. 그럼에도 기우가 다혜에게 끌리는 것, 바로 이것이 모방적 욕망인 것이다. 영화를 보면 알겠지만, 기우는 늘 민혁을 롤 모델로 삼고 있는데, 롤 모델의 다른 이름이 바로 모방이다. 지라르의 용어로 하자면, 기우라는 주체가 다혜라는 대상을 욕망하는 것은 중개자(즉 모델)로서 민혁의 욕망을 모방한 결과라는 것이다. 여기서 기우가 민혁을 모방하는 것은 기우보다 민혁이 더 우월한 위치에 있기 때문이다.

　욕망의 주체는 중개자를 신성시하며 자신의 모방 욕망이 중개자의 우월성을 훔치는 것이라 생각한다. 영화에서 기우는 민혁을 롤 모델(중개자)로 삼아서, 처음에는 그의 여자 다혜를 훔치고, 그 다음에는 박 사장의 대저택을 소유하려고 한다. 하지만 그 장밋빛 계획에 차질이 생기자 그는 민혁을 떠올리면서 "민혁이라면 이럴 때 어떻게 했을까?" 하고 반문하는 자신을 발견하게 된다. 민혁이 그에게 준 산수경석이 신성한 것처럼 기우에게 민혁은 신성한 존재였던 것이다. 좀 더 큰 틀에서 보면 기택 가족은 박 사장 가족을 선망의 대상으로 삼고 있다. 공교롭게도 모두 4인 가족이다. 하지만 기택 가족은 박 사장 가족을 대체하여 그 자리를 차지하려는 것은 꿈도 꾸지 않는다. 빈자(프롤레타리아 계급)가 부자(부르주아 계급)를 타파하여 계급 철폐를 이룬다는 계급투쟁과는 아무런 상관이 없는 것이다. 기택 가족은 그저 박 사장 가족이 외출을 한 틈을 타서 잠시 지상낙원의 주인 행세를 하면 그것으로 만족이었다. 이는 일종의 상호 공존의 모색으로 볼 수 있다.

그런데 나중에 밝혀지는 일이지만, 기택 가족에게는 이미 중개자가 존재했다. 문광의 존재가 바로 그것이다. 처음에는 소박했던 기택 가족의 꿈(기우의 취업)은 기정과 기택의 취업까지 이룬 직후 문광의 제거에 이르러서 절정에 달한다. 예컨대 문광을 몰아내기 위해 기택 가족이 나누는 대화는 문광의 위상을 단적으로 보여준다.

기정: 생긴 건 둥글둥글한데, 그년이 속은 아주 능구렝이야. 어떨 때는 싸모님 행세를 할 때도 있어. 지가.
기우: 맞어! 그리고 그 집 사람들 통틀어서 그 집에서 제일 오래 산 것도 그 여자야. 원래 거기에 살던 그 누구야? 건축가 남궁현자 선생. 그 집 가정부를 하다가 그걸 계속 이어서 다혜네 가정부까지 하고 있는

거지. 남궁현자 선생이 이사 가면서 그 아줌마를 소
개시켜준 거야. 박 사장 부부한테. 이 집 관리 정말 잘
하는 아줌마니까 계속 쓰시죠. 그러면서.

기정: 집주인은 바뀌었는데, 가정부는 안 바뀐 케이
스구만. 그런 여자를 도려내려면 우리도 뭔가 준비를
해야겠다.

윤 기사를 바꾸는 것은 기택의 취업 자리에 불과했지만,
집안의 사모님 같은 존재인 문광을 내치는 것은 그녀를 통
해 주인 자리를 욕망하는, 보다 유리한 위치에 서게 됨을 의
미한다. 기택 가족을 자신과 같은 사용인으로 보지 않고 주
인 행세를 하는 문광을 가족들은 존경스러워하는 한편 가족
들에게 그녀는 잠재적 경쟁자였다. 말하자면 문광이 욕망의
중개자로 부각된 것이다.

욕망의 주체는 중개자에게 존중과 경쟁을 동시에 느낀다.
이때 경쟁이 가능한 곳에 존재함과 동시에 모방 욕망의 대
상이 되는 모순이 극심한 갈등을 낳기도 한다. 〈기생충〉에서
볼 때, 비록 위장 취업이기는 하지만, 기우는 실력 있는 과외
선생이고, 기정은 아동의 심리까지 꿰뚫어보는 미술 교사
다. 기택은 내비게이션 없이 서울 시내를 자유자재로 갈 수

있는 베테랑 운전기사다. 충숙은 처음 듣는 음식(짜파구리)
조차도 순식간에 완벽히 만들어내는 타고난 요리사다. 사실
이들의 존재는 박 사장 가족에게도 해가 될 것이 전혀 없는
것이다. 한 지붕 두 가족의 매끄러운 조화만 유지된다면 가
능한 일이었다. 그런데 이런 조화가 깨지는 순간이 다가온
다. 극 중 박 사장은 그것이 선을 넘는 순간이라고 누누이 강
조하고 있는데, 지라르에 따르면 그것은 다름 아닌 차이 소
멸의 순간이다.

사회 질서와 평화는 문화적 차이로 유지되며 오히려 차이
가 소멸될 때 극단적 투쟁이 일어난다. 그러니까 욕망의 주
체와 욕망의 중개자가 같은 대상을 놓고 서로를 모방하다가
경쟁 관계에 진입하게 되는 셈이다.

모방 욕망은 전염성이 강해 퍼지기 쉽다. 또한 '모방'을
욕망하는 것의 결과는 자연스럽게 주체와 모델 사이의 차이
소멸로 이어진다. 이런 점을 염두에 두고 텍스트 분석으로
들어가 보기로 하자. 다음 장에서는 '차이'를 통한 공존과
'차이 소멸'로 인한 폭력의 분출 과정을 상세히 살펴보고자
한다.

지라르의 욕망 이론으로 본 〈기생충〉 장면 분석

이 장에서는 〈기생충〉의 텍스트를 장면별로 분석하면서 기택의 가족들이 집단적으로 '욕망의 삼각형'의 고리 속으로 빠져들어 가는 과정을 살펴보도록 할 것이다. 이 영화의 장면들을 꼼꼼하게 분류한 결과 대략 130여 개의 신들로 나눌 수가 있는데, 그 가운데 욕망의 삼각형과 직접적으로 연관되는 장면들만을 선별하여 분석하고 해석할 것이다. 아래 장면은 기우가 산수경석을 처음 본 장면에서의 반응이다.

> 민혁이 오토바이를 타고 찾아온다. 민혁이 가져온 나무상자에 잘 다듬어진 수석이 들어 있다. 기택은 수석을 들어 살피면서 "오! 이게 산수경석인가……. 추상적으로 볼 수도 있고." 하고 말을 꺼낸다. 민혁은 "특히 이 돌은 가정에 많은 재물운과 합격운을 가져다준다고 합니다."라고 설명해준다. 이에 기우가 그 돌을 꼼꼼히 보면서 "민혁아! 이야! 이거 진짜 상징적인 거네." 하고 의미심장한 말을 건넨다.

위의 장면처럼 영화에서 기우는 극 중 '상징적'이라는 말을 자주 쓰는데, 그 첫 번째 대사가 여기서 나온다. 영문 자막에는 상징적symbolic이 아니라 은유적metaphorical이라고 되어 있다. 극 중 내내 이 돌이 기우를 따라 다니고 심지어 물에 뜨기까지 한다. 게다가 라스트 시퀀스에서 기우는 이 돌로 머리를 강타당하지만, 기적적으로 살아난다. 도대체 그 돌의 실체는 무엇인가? 은유가 무언가를 대체하는 수사법이라고 했을 때 산수경석은 민혁의 분신으로 해석할 여지가 많다. 그런데 무엇보다도 기우의 일련의 행동들이 민혁의 모방이라는 것이다. 다음 장면에서 기우가 처음 다혜의 사진을 봤을 때의 반응에 주목할 수 있다.

동네 슈퍼 앞에서 맥주를 마시면서 민혁은 기우에게 핸드폰 속의 여자 사진을 보여주며 "귀엽지?" 하고 말을 건넨다. 그러면서 기우에게 "박다혜, 고2. 니가 내 대신 얘 과외 선생님 좀 해줘라. 영어." 하고 부탁을 한다. 기우가 "그게 뭔 소리야?" 하고 반문하자, 민혁은 "내후년에 다혜가 대학에 입학하면 정식으로 사귀자고 할 거야. 그러니까 그때까지만 너가 좀 잘 챙겨줘라. 너라면 내가 진짜 믿고 떠날 수 있다."고 재차 당부를 한다.

위의 장면은 '욕망의 삼각형'이라는 틀에서 볼 때, 민혁은 기우를 중개자로 하여 자신의 애인을 지키려고 하지만, 기우의 입장에서 이런 제안은 모방 욕망을 불러일으키는 계기가 된다고 볼 수 있다.

민혁의 소개로 박 사장 집에 과외 선생으로 들어가게 된 기우는 이어지는 장면들에서 자신의 가족들을 이 집으로 끌어들일 계획을 세운다. 기우는 기정을 연교에게 일리노이주립대 응용미술과를 다니다 한국에 다시 나온 '제시카'라고 소개하면서 연교가 솔깃하게 관심을 표명하게 만든다. 이후 미술 교사로 채용돼 연교의 마음을 사로잡은 기정 역시 기우와 마찬가지로 운전기사 자리에 자기 아버지인 기택을 앉히려고 한다. 큰아빠 댁에서 일했던 김 기사님이라고 속여, 워낙 점잖고 푸근하셔서 어릴 때 삼촌, 삼촌 하면서 따랐다고 하면서 연교의 관심을 사로잡는 데 성공하여 기택도 기사로 박 사장 일가에 발을 들여놓게 된다. 이후 운전기사로 채용된 기택은 바로 작업에 들어간다. 그는 차 안에서 동익에게 명함을 건네주면서 멤버십 위주로만 운영이 되는 VIP 같은 고객 분들 가정에 가사 도우미, 간병인, 수행기사들 같은 엄선된 베테랑급 인력들만 추려서 공급하는 전문 회사라며 소개한다. 더욱이 기택은 그 명함을 박 사장 본인이 직접 물색하여 알아낸 것이라고 연교에게 말해 점수를 얻으라는 치밀함을 보이기도 하는데 결국 연교가 명함대로 전화를 걸어서 충숙을 가정부로 맞이하게 된다.

위에서 제시한 장면들은 사실 연교가 굳게 믿고 있는 '믿음의 벨트'라고 할 수 있다. 연교는 사실상 속고 있는 것이었지만, 기택 가족의 입장에서는 끈끈한 가족애로 엮인 완벽한 '믿음의 벨트'였던 것이다. 이 벨트가 유지될 수 있었던 이유는 각각의 차이성이 철저하게 보장되었기 때문이다. 기우와 케빈, 기정과 제시카, 기택과 김 기사, 충숙과 언니로 구별되는 차이들이 바로 그것이다. 그리하여 이 차이들이 유지되고 있을 때는 아무런 탈 없이 한 지붕 두 가족의 평온함이 지켜지고 있었던 것이다. 그런데 그런 외관상의 평온에 균열이 발생하기 시작한다.

마트에서 각종 물건을 한 아름 사들고 들어온 기택과 충숙이 부엌 테이블 위에 짐을 내려놓고 있는데, 막내 다송이 짐들을 보면서 "우와!" 하고 감탄하다가 이내 코를 킁킁거리면서 냉장고 앞에 있는 충숙의 냄새를 맡아본다. 민망해진 동익이 "그만!"이라고 외치며 만류하지만, 다송은 "똑같다. 둘이. 냄새가 똑같

애." 하면서 이번에는 기택을 끌어들인다. 연교가 재차 말리면서 "제시카 쌤 기다리시잖아." 하고 다그치자, 다송은 한술 더 떠서 "제시카 쌤한테서도 비슷한 냄새가 나던데." 하면서 자신의 주장을 굽히지 않는다.

동익과 연교가 다른 계열의 사람들이라고, 즉 차이가 있다고 굳게 믿었던 사람들에게서 다송은 모종의 동일성을 감지했던 셈인데, 그것은 다름 아닌 냄새를 통해서였던 것이다. 사실 이 영화의 전편을 통해서 냄새라는 모티프는 상당히 많이 등장하는데, 그것은 계급 간의 경계를 가르거나 넘나드는 은유로 작동하기도 하지만, 본 연구의 목적에 비추어 봤을 때 차이를 무화시키는 결정적인 동인動因이 된다는 것이다. "냄새가 똑같다."는 다송의 이 한마디는 기택 가족을 긴장하게 만들기에 충분했다. 이후 기택 가족은 부엌에서 러닝셔츠 차림으로 고기를 구워 먹으면서 대책 회의를 하게 된다.

기택이 자신이 입은 러닝셔츠의 냄새를 맡아보면서 "아니! 그럼 우리가 비누를 제각각 다른 걸로 써야 하나?" 하고 대안을 제시하자, 기우가 "저희 빨래 세제도 각자 다른 유형으로 해야 되지 않을까요? 섬유 유연제도 그렇고." 하고 거든다. 이에 충숙이 "아니! 그러면은 빨래를 사람별로 다 따로따로 돌리란 말이야? 참나. 으휴!" 하고 한숨을 내쉰다. 이에 기정이 "그게 아니라, 반지하 냄새야." 하면서 고기를 자르던 가위를 들어 허공을 가리킨다. 그리고 "이 집을 떠나야 냄새가 없어진다"는 정확한 진단을 내린다. 이 말에 충숙도 자신의 옷 냄새를 맡아본다.

앞서 보았듯이, 어린 다송이 기택, 충숙, 기정의 냄새가 동일하다는 것을 감지해냈다. 각각 차이가 있는 개별적 존재자들이 냄새라는 공통분모를 갖고 있음이 드러나는 순간이다. 하지만 어른들은 이를 알아주지 않는다. 다송이 기우까지 거론하지 않은 것은 두 사람이 접촉할 기회가 상대적으로 적었기 때문으로 풀이된다. 기택 가족으로서는 그나마 다행스러운 일이 아닐 수 없다. 위 장면에서 기정은 그 냄새가 반지하방에서 연원함을 일깨워 준다. 그리고 그들 가족 앞에는 반지하보다 훨씬 더 깊은 지하 벙커라는 심연이 도사리고 있었다.

지하 벙커 장면은 영화의 전반부에 흘렀던 코믹한 분위기를 일시에 뒤바꾸고 있다는 점에서 매우 중요한 대목이다. 박 사장 가족이 캠핑을 떠나고, 빈집에서 주인처럼 행세하던 기택 가족 앞에 홀연히 나타난 문광의 존재는 앞으로 벌어질 파국을 예고한다. 충숙의 양해를 얻어 집으로 들어온 문광은 지하로 내려가게 해달라고 부탁한다. 문광이 쇠문을 옆으로 밀어내자 지하 벙커로 내려가는 좁은 계단이 보인다. 충숙은 가방을 메고 서둘러 들어가는 문광과 젖병을 물고 아기처럼 우유를 빨아 마시는 근세의 모습을 보고 충격이 가시지 않은 듯 경악스러워하며 주변을 둘러본다. 지하 벙커 같은 음침한 지하실의 모습이 한눈에 들어온다.

이때 충숙을 발견하고 근세가 어리둥절해한다. 문광은 그에게 좋은 분이라며 안심시킨다. 충숙은 "이게, 다 뭐야?" 하면서 놀라움을 넘어 분노를 표명한다. 문광은 "저라도 황당할 것 같아요. 하! 저기, 같은 일 하는 사람끼리. 그쵸? 충숙이 언니!" 하면서 설득을 하려 한다. 기가 막힌 충숙은 근세의 존재를 확인하고는 경찰에게 신고를 하겠다고 윽박지른다. 이에 문광이 달려와 바닥에 엎드려 두 손을 빌면서 "언니, 제발. 불우이웃끼리 이러지 말자, 언니야." 하고 통사정을 한다. 충숙은 정색하면서 "난 불우이웃 아니야!" 하면서 잘라 말한다. 문광은 "저희는 불우해요. 저기, 집도 없고. 돈도 없고." 하면서 애처로운 표정을 짓는다.

그때 계단 끝에서 이 광경을 지켜보던 기택이 발을 헛디디며 기정과 기우를 밀면서 함께 넘어진다. 다 같이 지하 바닥에 굴러떨어지는 기우, 기택, 기정. 잠시 어리둥절하던 문광은 그들을 자세히 보더니 "어머! 제, 제시카!" 하면서 놀라움을 나타낸다. 이어 문광은 김 기사까지 알아보고는 핸드폰을 꺼내 그들을 촬영하기 시작한다. 엎친 데 덮친 격으로 기우가 기택에게 "아버지!" 하고 부르는 바람에 산통이 깨져버린다.

위에서 제시한 장면은 이 영화 전체에서 가장 많은 비밀이 폭로되는 중요한 장면이다. 지하 벙커에 사람이 살고 있었다는 중요한 사실은 봉준호 감독이 반전反轉을 위해서 영화 개봉 후에도 근세의 존재를 철저하게 감추기까지 했을 정도다. 문광은 불우이웃끼리 서로 돕자고 제안한다. 충숙은 일언지하에 거절한다. 계급이 다르니까. 온 가족이 취업을 해서 안락한 중산층을 꿈꾸고 있는 자신들과 남의 집 지하 벙커에 숨어 사는 문광 부부와는 격이 다르다는 얘기다. 차이를 강조하고 있는 것이다. 그리하여 협상 여하에 따라서 공존의 가능성도 있었다. 하지만, 기우의 실수로 가족들

의 신분이 몽땅 노출되면서 두 가족 간에 차이가 소멸되고
만다. 박 사장 집에 얹혀사는 기생충이긴 그들도 마찬가지
였던 것이다. 그리하여 상호 모방적 경쟁이 시작된다. 그 장
면을 계속 읽어보면 다음과 같다.

> 핸드폰을 잡고 손가락질하며 어이없어하는 문광은
> "어쩐지. 윤 기사 갑자기 잘릴 때부터 이상하드라니."
> 하면서 저간의 사정을 이해한다는 태도를 보인다. 그
> 리고 "야! 너네 뭐 일가족 사기단 뭐 이런 거냐?" 하면
> 서 역공을 펼친다. 충숙이 문광에게 "동생!"이라고
> 부르면서 사태를 수습하려 애써보지만, 문광은 "동
> 생은 얼어죽을. 아가리 닥쳐. 이 개쌍년아! 내가 찍은
> 거 이거. 사모님 번호로 전송할까 하는데, 어떻게들
> 생각하셔?" 하면서 역으로 협박을 한다. 핸드폰에는
> 기정, 기우, 기택이 바닥에서 아파하는 영상이 찍혀
> 있다.

이 장면은 수세에 몰려 있던 문광 부부가 역전의 기회를
잡는 과정을 웅변적으로 보여준다는 점에서 의미심장하다.
지라르 식으로 하면, 문광 부부는 자신들이 모델로서 선행

자였음을 깨닫게 된 것이다. 욕망이 전염되면 원래 주체와 중개자였던 관계가 서로를 모방하면서 서로의 중개자가 된 다. 이때 모방 욕망의 우선권을 주장하며 갈등은 증폭된다. 그리하여 두 가족 간에 경쟁이 촉발된다. 문광 부부의 입장 에서는 자기들이 4년 전부터 이 공간을 점유해왔는데, 가족 사기단에게 우선권을 양보할 수는 없었던 것이다. 이어지는 아래의 장면들은 기택 가족과 문광 부부 간에 상호모방이 일어나는 과정을 극명하게 보여준다.

상황은 다시 역전되어 문광과 근세 부부가 기택 가족 에게 제압되어 감금되는 처지에 놓인다. 근세가 파이 프에 테이프로 묶여 있다. 기택이 딱하다는 표정으 로 근세를 바라보자, 근세는 벽에 붙은 잡지의 표지 사진을 바라보면서 "뭘 그렇게 봐. 민망하게. 박 사장 님! 오늘도 잘 먹여주시고 재워주시고. 리스펙트!" 하면서 큰 소리를 지른다. 기택이 어이없는 표정으로 "너, 맨날 이러고 있는 거야?" 하며 핀잔을 준다. 그 러자 근세는 "모스 부호로 박 사장에게 감사 인사를 올려 보낼 때도 있다."고 대답한다.

기택이 지하 벙커 주변을 둘러보면서, "아니! 어떻게 살면 또 살아지나? 이런 데서도?" 하고 의구심을 표명하자, 근세는 "아니. 땅 밑에 사는 사람이 한 둘인가? 반지하까지 치면 더 많지." 하면서 천연덕스럽게 대답을 한다. 기택이 앞으로의 계획을 묻자, 근세는 "난 그냥 여기가 편해." 하고 대답한다. 이어 근세는 "아예 여기서 태어난 것 같기도 하고. 결혼식도 여기서 한 것 같고. 국민연금이야 뭐 나는 해당 없고. 노후는 정으로 다 사는 거지. 그래서 말인데, 나 여기 계속 좀 살게 해주쇼."라며 기택에게 통사정을 한다.

위의 장면들에서 기택은 근세가 4년 동안 지하 벙커에서 생활했으면서도 박 사장에게 존경심respect을 표명하는 것을 보고 충격을 받지만, 영화의 결론부에서는 근세의 행동을 그대로 모방하게 된다. 근세나 기택 모두 계급적 관점에서 박 사장을 미워하고 배척하려고 했던 것이 아니라 오히려 존경하고 따라야 할 이상이었던 것이다. 이때 동익을 두고 기택과 근세는 상호중개에 빠지고 기택과 근세 사이의 차이는 소멸된다. 곧 기택과 근세 개인의 존재는 사라지고 이는 한 집단으로 번져 전체의 차이 소멸을 일으키게 된다.

요컨대 애초의 모델이 방해물이 되고, 또한 역으로 방해물이 모델이 되는 과정에서 경쟁의 당사자들 사이에는 차이가 없어진다는 것이다. 하지만 이때까지도 기택 가족은 자신들이 근세 문광 부부와 같은 처지라는 것을 깨닫지 못하고 있었다.

이 영화에서 가장 극적인 장면은 앞서 제시된 장면(박 사장 집 복도 및 거실)에서 거론됐던 냄새라는 화두가 다시 등장하는 장면이라는 점에서 매우 주목할 만하다. 폭우로 인해 캠핑 도중 돌아온 박 사장 부부는 다송이 때문에 거실 소파에서 잠을 청하게 되는데, 미처 피하지 못한 기택, 기정, 기우가 테이블 밑으로 기어들어 가 숨을 죽이고 있다. 이때 동익이 코를 킁킁 거리더니 "가만있어 봐! 야, 어디서 그 냄새가 나는데?" 하며 주변을 둘러본다. 연교는 동익 팔에 베개를 놓고 소파에 앉으며 "뭔 냄새." 하면서 반문한다. 동익은 "김 기사님 스멜."이라고 전제하고, "당신도 알 텐데. 은은하게 처음에 퍼지는 냄새인데. 그 뭐라고 해야 하나." 하고 골똘히 생각을 한다. 연교가 "노인 냄새?"라고 되묻자 동익은 "아! 그 오래된 무말랭이 냄새? 그, 아니다. 행주 삶을 때 나는 냄새 있지. 그런 거랑 비슷해." 하고 예를 들어 설명을 해준다.

테이블 밑에서 이들의 대화를 듣고 있던 기택은 슬며시 자신의 옷을 코로 가져와 냄새를 맡아본다. 이어 동익은 "아무튼 그 양반. 하! 전반적으로 많은 행동이 선을 넘을 듯 말 듯 하면서도 결국엔 절대 선을 안 넘거든. 그건 좋아. 인정." 하고 말하면서도 "근데 냄새가 선을 넘지. 냄새가. 차 뒤쪽으로도 존나게 넘어와 냄새가, 씨발." 하고 불만을 토로한다. 동익이 마침내 기택의 냄새가 선을 넘어왔음을 선언한 것이다. 이 선언을 테이블 밑에서 빠짐없이 들은 기택은 참담한 심정이 된다. 자신의 존재가 그저 역한 냄새로 인지되고 판단되고 있었던 것이다. 아래 장면의 다송의 파티 장면에서 기택이 내내 안색이 안 좋았던 것도 바로 이 장면에서 기인한다.

박 사장네 정원 장면은 영화 전체를 통틀어 가장 비극적인 상황이 펼쳐진다는 점에서 주목할 만하다. 인디언 복장을 한 동익과 기택이 작은 나무에 숨어 있다. 기분이 좋지 않은 표정으로 인디언 모자를 쓰고 있는 기택에게 동익이 웃으면서 "아이 참! 우리가 이 나이에 뭘 하는 건지, 참. 진짜 민망하네요. 네, 정말 죄송합니다. 김 기사님! 애기 엄마 등쌀에 나도 어쩔 수가 없네요. 근데 핵심은 뭐 간단해요. 좀 이따가 제시카 선생님이 그 생일 케이크 들고 행진 비슷한 거 할 거예요.

그때 우리가 짜잔하고 나타나 가지고 제시카 쌤을 습격하는 겁니다. 이 인디언 도끼를 막 휘두르면서……." 하고 깜짝쇼를 설명해준다. 이 대목에서 기택이 다소 불평 어린 표정을 지어 보이자, 동익은 휴일 수당에 다 포함되어 있는 것이라며 상명하복의 관계를 분명히 한다.

　마침내 이 장면에서 극단적 폭력이 발생한다. 근세가 부엌칼로 케이크를 들고 나오던 기정의 가슴을 찌른 것이다. 기정을 응급처치 하려던 기택의 손에도 피가 흥건하다. 충격을 받은 다송이 까무러치자 동익은 기택을 보면서 다급하게 차 키를 달라고 소리친다. 기택이 주머니에서 차 키를 꺼내 동익에게 던지는데, 하필이면 차 키가 몸싸움을 벌이는 충숙과 근세에게 부딪치면서 바닥으로 떨어지고 만다. 충숙은 근세의 칼부림을 간신히 피하고 근세의 옆구리에 칼을 찔러 넣는다. 근세가 쓰러지면서 차 키를 깔아뭉갠다. 동익은 근세에게 달려가 그의 몸을 뒤집고 차 키를 집으려 하는데, 근세가 쓰러진 채 동익을 보면서 "안녕하세요? 박 사장님! 리스펙트!" 하면서 아는 체를 한다. 동익은 황당해하며, "나 알아요?" 반문하고 근세의 몸을 뒤집으려는데, 악취가 풍겨오자 코를 움켜잡는다. 이를 보는 기택의 표정이 일그러진다. 동익이 코를 막고 차 키를 집어 일어나는 그 순간 기택이 떨어져 있던 부엌칼을 집더니 동익에게 가서 가슴을 찌른다. 사람들은 경악하고 동익은 쓰러진다. 그 순간 동익을 내려다보던 기택은 뒤돌아 충숙과 기정을 본 후 연교를 본다. 연교는 정신을 잃고 쓰러지고, 정신이 혼미한 듯 눈을 감던 기택은 서둘러 정원을 빠져나간다.

기정이 근세의 칼에 맞아 죽는 현장에서도 냉정을 유지하던 기택이 어느 순간 돌변하여 동익의 심장에 칼을 꽂는 것은 동익이 근세의 몸에서 나는 역한 냄새에 진저리를 치는 순간에 일어난 일이었다. 기택은 지하 벙커에서 4년씩 버티었던 근세에게 나름대로 동정심을 갖고 있었다. 하지만 그 동정심 역시 자신이 근세보다는 나은, 우월한 위치에 있다고 여겨 발현된 것뿐이었다. 동익의 행동은 기택과 근세 간의 차이를 소멸시키는 매우 위험한 제스처였다. 그리하여 폭력적 파국이 초래된 것이다. 바로 이 장면에서 장전된 뇌관이 마침내 폭발을 하게 된 것이다.

이 지점에서 지라르의 '희생양 메커니즘'이 작동한다는 것을 알 수 있다. 기정이 인디언식의 생일 파티를 하는 과정에서 난데없는 죽음을 맞이하기 때문에 이에 대한 해명은 필수적이다. "희생물(양)은 정상적인 인간관계에서 분리되어 있는 사람, 무엇인가 독립적이고 다른 부류에 속한 사람들 중에서 선택된다. 이 두 가지 경우를 종합해볼 때 가장 이상적인 희생물(양)의 조건은 공동체에 속하면서 동시에 속하지 않은 존재, 공동체의 내부와 외부에 동시에 속한 존재, 다시 말해 공동체의 경계에 위치한 존재여야 한다는 것이다.”[13]

그렇다고 해서 기정이 이 같은 희생양의 요건에 들어맞는 캐릭터라고 할 수는 없다. 사실 근세가 애당초 죽이려고 목표 삼았던 대상은 충숙이었다. 충숙이 문광을 지하 계단으로 떠밀어 결국 사망에 이르게 했기 때문이었다. 그리하여 근세가 복수를 위해 충숙을 찾아 헤맸지만, 파티의 진행 속에서 케이크를 들고 무방비 상태에 있던 기정이 대신 칼을 맞게 된 것이었다. 기정의 죽음은 충숙을 대신했다는 점에서 희생이기는 하지만, 이는 모방적 경쟁이 초래할 파국을 막기 위한 예비적 조치가 아니라 그 귀결이라는 점에서 비극적 죽음이었던 것이다.

지금까지 지라르의 ‘욕망의 삼각형’이라는 개념 틀로 봉준호 감독의 〈기생충〉을 분석했다. 지라르의 전제는 욕망의 주체는 대상을 직접적이고 자발적으로 욕망하는 것이 아니라 반드시 중개자를 통해서 모방한다는 것이었다. 기우가 박 사장의 딸 다혜를 사랑하게 된 것은 민혁이란 중개자를 통해서였다. 그런데 이 모방 욕망은 전염성을 가지고 있다. 다혜의 입장에서 볼 때, 그녀가 기우에게 적극적일 수 있었던 것은 아이로니컬하게도 기정의 존재 때문인데, 이는 다혜가 기정을 기우의 여자 친구로 오인하는 데서 분명하게 드러난다. 다혜에게 기정이 욕망의 중개자로 등장한 셈이다.

기택과 근세도 동익을 둘러싸고 결국 상호 중개를 통한 '욕망의 삼각형'을 형성하게 되는데, 지하 벙커에 살면서 박 사장에게 존경을 표하던 근세의 행동을 기택이 나중에 그대로 모방하게 되는 것이다. 다송의 생일파티에서 살인을 저지르고 박 사장 집 지하 벙커에 숨어들게 된 기택이 근세가 했던 그대로 아들 기우에게 모스 부호로 편지를 쓰는 장면은 그 단적인 예다.

충숙과 문광도 연교를 둘러싸고 역시 상호 중개를 통한 '욕망의 삼각형'을 형성하게 되는데, 사모님처럼 보였던 문광의 행보를 나중에 충숙이 그대로 모방하게 되는 것이다. 이처럼 근세와 문광은 욕망의 중개자로 각각 기택과 충숙의 모방 욕망을 부추겼던 것이다. 우리는 이미 박 사장 집 지하 벙커에서 충숙과 문광이 서로에게 욕을 퍼부으면서 대립하는 장면을 목격했는데, 특히 문광의 입장에서는 자신의 우선권을 주장하는 것이고, 충숙의 입장에서는 어렵사리 얻은 특권을 결코 포기할 수가 없었던 것이다. 결국 서로의 입장이 같았기 때문에 둘은 양립할 수가 없었던 셈이다.

가족 구성원 개개인을 집단으로 확대하면 '욕망의 삼각형'은 보다 분명한 형태로 드러난다. 앞서 살펴본 것처럼, 기택네 가족은 문광과 근세 부부의 중개를 통해서 박 사장 가족을 욕망의 대상으로 삼게 된 것인데, 모방적 경쟁으로 인한 갈등이 증폭되고 결국 양자 간의 차이가 소멸되면서 파국을 맞게 된다. 이렇게 볼 때 〈기생충〉은 모방 욕망 실현의 장이라도 되는 것처럼 지라르의 욕망이론에 잘 부합하는 텍스트인 것이다.

그렇다면, 다음과 같은 질문이 제기될 수 있을 것이다. 왜 굳이 자라르의 욕망이론인가? 우리는 서론에서 기존 〈기생충〉에 대한 해석이 대체로 계급투쟁의 관점에 입각해 있다고 보고, 이를 보완할 필요성이 있음을 강조했다. 지라르는 차이의 중요성, 곧 차이의 공존을 강조했는데, 차이가 소멸되는 순간 폭력이 발생한다고 보았다. 이는 차이가 있기에 갈등이 생긴다는 기존 통념에 대한 도전이었다. 봉준호 감독은 전작인 〈설국열차〉에서 '차이의 공존'이라는 주제를 다루기도 했다.

　앞서 텍스트 분석에서 살펴보았듯이, 봉준호 감독은 냄새라는 독특한 모티프를 영화 전편에 깔고 있는데, 평자들은 대체로 냄새가 계급을 가르는 주된 요소라고 보는 데 의견의 일치를 보인다. 상류층의 향기scent와 하류층의 악취smell라는 대립이 바로 그것이다. 혹자는 반지하와 지하 벙커 간의 차이까지 지적하기도 한다. 가족들이 박 사장 집 거실 테이블 밑으로 숨어들었던 장면에서 보았듯이, 동익은 급기야 기택의 쾨쾨한 냄새가 선을 넘었다고까지 지적한다.

　사실 냄새는 영화적으로는 표현하기가 가장 까다로운 감각이기도 하다. 시각화하거나 청각화할 수가 없기 때문이다. 기껏해야 등장인물의 표정이나 말에 의존할 수밖에 없는 것이다. 그럼에도 불구하고 봉준호 감독은 냄새라는 화두를 곳곳에서 강조했고, 그것을 통해서 결국 반지하나 지하 벙커나 같은 동류항임을 드러내고 있다는 것이다. 우리의 분석 결과는 시각적으로 차이를 보이는 등장인물들이 후각적으로는 동질적同質的이라는 점을 봉준호가 역설하고 있다는 점이다. 냄새는 그것이 향기든 악취든 선을 넘을 만큼 무차별적이고, 그러한 차이 소멸로 인하여 세 가족이 파국을 맞게 된다는 것이 결국 〈기생충〉의 주된 내용이라는 것이다.

4장

기생충의
국제적 현상

1. 〈기생충〉과 아카데미

콘텐츠의 힘 축적해 '문화 공화국'으로

작가 밀란 쿤데라는 "카프카는 벽을 넘은 사람이 아니라, 벽에 구멍을 뚫은 사람"이라고 평했다. 미국 아카데미 주요상 4관왕과 칸영화제 황금종려상을 수상한 〈기생충〉역시 영화 자체의 흥행은 물론이고 한국영화의 해외 수출 면에서 벽에 구멍을 뚫은 효과를 낼 것이다. 지난 주말 동안 오스카 효과로 〈기생충〉이 그동안 북미에서 거둔 총 수입의 20퍼센트에 해당하는 수익을 거뒀다고 한다. 이 외에도 영화 콘텐츠가 VOD나 DVD 등으로 출시되면서 부가가치를 창출하는 것까지 포함하면 연일 기록을 갱신할 것이다. 영화진흥위원회의 2019년 한국 영화산업 결산 보고서에 따르면, 지난해 한국영화 완성작 수출 총액은 약 3천 788만 달러(약

448억 원)로 전년보다 8.9퍼센트 감소했다고 한다. 그렇다 하더라도 국내 자동차 회사가 배기량 2000cc급 중형 승용차 한 대를 수출할 때 200달러의 순이익을 얻는 것과 비교하면 이는 중형 승용차 19만 대를 수출해서 벌어들일 수 있는 액수이다. 〈기생충〉 수상 이후 이에 따른 국가 경쟁력 및 경제적 상승 효과도 만만치 않을 것으로 생각된다.

한국영화계로의 할리우드 러브콜도 많아질 것으로 기대된다. 최근 10년간 할리우드 시스템에 가장 먼저 진출한 한국 감독은 아널드 슈워제네거를 주연으로 한 상업영화 〈라스트 스탠드〉의 김지운 감독이다. 이 영화는 김지운 감독의 매력이 드러나기는 하지만 참신한 소재도 아니었고, 흥행도 국내 7만 명 관객, 북미에서도 쓴맛을 보았다. 니콜 키드먼과 미아 바시코프스카가 주연을 맡은 〈스토커〉의 박찬욱 감독의 경우, 독특한 감독만의 스타일로 여러 국제영화제로부터는 많은 초청을 받았지만, 흥행에 있어서는 국내 37만 명 관객에 북미에서도 165만 달러의 저조한 흥행 수입밖에 올리지 못했다. 이후 온라인 스트리밍 회사인 넷플릭스의 투자로 만든 봉준호 감독의 〈옥자〉는 칸영화제 경쟁 부문에 진출했지만 흥행에는 성공했다고 보기 어렵다. 그러나 〈기생충〉 이후 한국 영화인들의 할리우드 진출은 분명 활성

화될 것으로 보인다.

대중예술 장르인 영화는 대중성과 예술성의 부정교합의 운명을 지녔는지도 모른다. 그래서『동아일보』에 영화 별점을 쓰던 십여 년 전에는 대중성과 예술성 별점을 각각 따로 쓰기도 하였다. 그런데 〈기생충〉으로 대중성과 예술성이 이란성 쌍둥이가 될 수 있다는 것이 증명됐다.

〈기생충〉의 성공은 영화계 대내외적 상황을 성찰하게 한다. 영화 제작 과정의 요소 중 중요치 않은 것은 없지만, 〈기생충〉에서 가장 인상적인 부분은 자본으로 계급을 나누는 '냄새'라는 디테일의 발화점이다. 오감 중 후각이 가장 원시적이면서 근원적인 감각이라고 한다. 파트리크 쥐스킨트는 소설『향수』에서 냄새의 천재 그르누이를 탄생시켜 근대 이성 중심주의가 후각에 굴욕을 당하는 스토리텔링을 구현했다. 〈기생충〉처럼 글로벌 경쟁력을 가지려면 스토리텔링에서부터 정교하고 상징적인 디테일의 완성도를 중시하는 것이 무엇보다 필요할 것이다.

외적으로는 자본을 들여 만들어진 문화콘텐츠를 브랜드화하여 또 다른 자본을 끌어들일 수 있는 가능성을 제고해야 한다. 즉 스토리텔링의 문화 콘텐츠화는 미래의 블루오션인 컬처 비즈니스가 될 수 있다. 최근 〈기생충〉 촬영지를 배경으로 '영화 전문가와 함께하는 팸투어familiarization tour'를 계획한다는 서울시와 서울관광재단의 소식은 바람직해 보인다. 영화 촬영지를 콘텐츠화하여 방문객을 유치하는 것은 전 세계에 새로운 한류를 보여주는 것뿐만 아니라, 관광 수입을 부가가치로 올리게 되는 것이다. 방문객들은 영화 속 주인공이 된 듯한 느낌으로 자신만의 영화를 재탄생시키는 경험을 할 수 있다.

이제 〈기생충〉 수상을 기뻐하기만 할 것이 아니라, 기생충으로 높아진 문화적 위상으로 문화적인 한류를 넘어서 경제적인 시너지를 낼 수 있는, 2·3차 효과를 창출할 수 있는 기회로 삼아야 할 것이다. 콘텐츠의 힘으로 문화공화국을 만들 수 있는 절호의 기회를 놓쳐서는 안 될 것이다. 김연아 개인의 성공이 평창올림픽 개최에 긍정적 효과를 미쳤던 것처럼, 국가적 홍보 전략을 발휘하여 봉준호 개인의 영화적 역량이 우리나라가 웰메이드 영화의 본산지로, 제2의 할리우드로 인식되도록 하는 국민적 관심과 제도적 문화 기획이 필요한 때이다.

2. 한국적 소재
'글로벌 영화'의 경쟁력

한국영화사 101년에 봉준호 감독의 〈기생충〉이 미국 아카데미상 작품상을 비롯해 감독상, 각본상, 국제장편영화상 수상으로 4관왕이 됐다는 소식은 무엇을 기대하든 기대 이상이라는 말이 무색할 정도로 전율이 느껴지는 성과다.

지난해 프랑스 칸영화제에서 수상한 황금종려상의 경우 작품성과 독창성, 사회적 함의를 기준으로 수상작을 선정해왔다고 할 수 있다. 그래서 대중성과는 거리가 먼 작품이 수상한 적이 많았다. 그런데 〈기생충〉은 국내 천만 관객 동원과 북미 개봉 한국영화 흥행 1위가 증명하듯 대중성과 작품성이라는 두 마리의 토끼를 모두 잡은 격으로, 그동안의 황금종려상 수상작과는 애초에 길이 달랐다.

특히, 아카데미 작품상과 국제장편영화상(전 외국어영화상), 칸영화제 황금종려상 수상이라는 기록은 세계영화사상 최초다. 비영어권의 영화로 어떻게 이런 일이 가능했을까. 한국영화가 아카데미상을 받은 경우는 전무하다. 그러면 최근 20년 동안 국제 영화제에서 수상한 기록을 통해 한국영화가 세계에서 인정받는 코드가 무엇인지 생각해보자.

칸영화제 감독상을 받은 임권택 감독의 〈취화선〉은 한국적 느낌이 물씬 풍기는 화면으로 유럽 영화계를 매혹한 것으로 볼 수 있다. 김기덕 감독의 베니스영화제 감독상 〈빈집〉은 장자 사상을 기반으로 한 동양적 사상을 바탕에 깔고 있다는 점이 어필했다고 볼 수 있다. 또, 베니스영화제 황금사자상을 수상한 〈피에타〉의 경우 서구 문명의 기반이 되는 기독교 사상을 바탕으로 극적인 독특함을 구현한 점을 들 수 있다. 박찬욱 감독의 〈올드보이〉(칸영화제 심사위원대상 수상)는 작품 속에 깔려 있는 오이디푸스콤플렉스나 엘렉트라콤플렉스 등의 헬레니즘적 요소로 유럽 영화인들의 가슴속 깊이 안착할 수 있었던 것으로 보인다. 결국, 한국영화의 국제영화제 수상은 한국적 매력과 서양의 기본 문화를 잘 접합한 것이 긍정적으로 평가받은 결과라고 볼 수 있다.

이렇게 보면, 봉준호 감독이 그동안 〈설국열차〉와 〈옥자〉에서 추구해왔던 글로벌적 시각으로의 접근은 칸영화제뿐만 아니라 아카데미를 사로잡을 만한 요소가 됐을 것이다. 〈설국열차〉에서 자본에 의한 사회 계급화와 그 극복 과정이라는 전 지구적 문제를, 해외 올 로케이션에 송강호 등 한국인 배우를 제외하곤 대부분 해외 배우와 함께 만들었고, 주 언어도 영어를 사용한 것은 세계 영화계에 인정받을 만한 밑작업을 해온 것이다. 〈옥자〉 역시 많은 부분 할리우드의 배우들과 작업했으며, 세계적으로 뜨거운 이슈인 환경문제와 유전자조작 식품 문제를 다룬 점은 칸영화제 경쟁 부문에 진출하기에 충분한 요소가 됐을 것이다. 한마디로, 아카데미상에서 주요 부문 4관왕이라는 역사적인 위업은 〈기생충〉 한 편만으로 이뤄진 게 아니라는 얘기다.

물론, 〈기생충〉이 지닌 자본의 양극화로 인한 계층 갈등 문제를 다룬 주제적인 측면, 봉테일이라고 불리는 이름값에 걸맞은 디테일이나 공간 구성 및 각본상을 받을 만한 구성과 대사, 캐릭터 등도 빼놓을 수 없는 주요한 요소임이 분명하다. 〈기생충〉의 영화사적 쾌거에서 보듯이 이제 한국영화계가 한국적인 소재를 세계인이 공감할 수 있는 글로벌 시각으로 풀어내는 노력이 필요하다는 점은 더욱 분명해졌다. 또한, 5000만 인구 중 한 해에 2억 관객을 동원하는 한국 영화 시장에 대한 과감하고도 지속적인 공적, 사적 투자도 더 많이 이어져야 할 것이다.

3. 과연 '기생충'은 누구인가?

봉준호 감독의 〈기생충〉이 미국 아카데미상의 작품상, 감독상, 각본상, 국제장편영화상 4관왕이 됐다. 아카데미 시상식이 개최된 10일부터 일주일 동안 연일 톱뉴스를 장식해온 터라 얼마나 대단한 성과이기에 이처럼 요란한지 의아해하는 분들도 있다. 스포츠를 좋아하시는 분들은 월드컵 축구에서 우승한 경우에 비교하기도 하지만, 사실 그 이상이라고 볼 수 있을 것이다. 월드컵 축구 우승이 국가 경쟁력과 동일시되지는 않지만, 문화 수출은 그 이상이다. 〈기생충〉은 아카데미상 4관왕 이전에도 손에 꼽을 수 없을 만큼의 해외 국제영화제에 수상을 했고, 여러 국가에 수출하여 많은 수입을 올렸다. 그러나 아카데미상 이후에는 상상을 초월할 만큼의 해외 흥행을 할 수도 있다. 더구나 아카데미 4관왕에 칸영화제 황금종려상을 수상한 〈기생충〉은 과거 1조 8천억 원의 흥행 수입으로 10년간 흥행 성적 1위를 고수해왔던 〈타이타닉〉의 흥행 성적에 감히 도전할 만한 기대도 가능한 것이다. 문화적 측면에서 국가 경쟁력 제고에도 크게 기여할 것으로 기대된다.

아카데미상 측면에서 볼 때 아카데미상 92년 역사상 외국어영화상이라고 불렸던 국제장편영화상과 작품상을 함께 받는 경우가 처음이라고 한다. 〈기생충〉은 그야말로 영화계의 루비콘강을 건넌 것이다. 이제 아카데미상도 〈기생충〉 이전과 이후가 나뉘게 될 것이다. 그동안 아카데미상은 미국에서 상영된 영어로 된 영화를 대상으로 해왔기 때문에, 백인 위주의 영화 축제의 장이라는 평판이 알게 모르게 있어왔다. 이런 편견을 불식시키는 것에 대한 고려가 있었는지는 모르겠지만, 2019년 작품상은 〈그린북〉이라는 흑백 인종 갈등을 보여주는 영화가 수상했고, 2017년 작품상은 〈문라이트〉라는 흑인 사회의 문제와 삶을 그린 영화가 수상했다. 〈기생충〉이 작품상과 국제장편영화상을 함께 수상한 의미는 미국 영화계가 백인 및 영어권 중심주의에서 변화하고자 하는 세계적 문화 전반의 흐름과 맥을 함께하는 것으로 해석될 수 있다. 〈기생충〉의 수상이 세계 문화를 변화시키는 시금석이 될 수 있다는 것은 얼마나 멋진 일인가.

〈기생충〉의 작품성은 열거할 수 없을 정도로 많지만, 주제라는 내용적 측면과 영화 언어로 표현되는 형식적 측면만 간단히 언급하고자 한다. 제목에서 비롯되듯 〈기생충〉에 대한 의미를 다시 생각해보자. 봉준호 감독은 왜 제목을 〈기생충〉이라고 지었을까. IT 기업 최고경영자인 부잣집 박 사장의 이층집에 기생하며 반지하에 살고 있는 기택 가족이 기생충인가. 그보다도 더 아래 지하 공간에서 사는 가족들이 기생충인가. 그런데 한편으로 보면 인간들은 누구랄 것도 없이 다른 사람에게 기생하지 않고 살아가는 사람들은 없다고 볼 수 있다. 누구나 어릴 적에는 부모에 기생하면서 자란 셈인 것이다. 영화에서 부자들도 과외 선생에게 아이들 교육에 대해서는 기생하고 있는 것이며, 박 사장도 일에 있어서나 운전에 있어서나 다른 사람의 도움을 받으며 기생하고 있는 것이다. 단지 돈을 지불하느냐 하지 않느냐의 차이일 뿐인 것이다. 필자도 〈기생충〉에 기생하며 영화 평론을 쓰고 있다. 그런 점에서 기생충의 의미는 인간 존재와 관계의 의미를 다시 생각해보게 한다. 현재 지구촌의 가장 문제인 신자본주의의 양극화 문제를 핵심 주제로 삼아 전 세계의 공감을 얻어냈다.

또한 형식적인 측면에서 내러티브 구성이나 화면에서 볼 때 웰메이드 영화로 인정받기에 부족함이 없다. 봉테일이라는 별명답게 디테일 면에서도 거의 완벽에 가깝다. 또한 끝을 예상할 수 없는 반전이 스릴러로서의 긴장감을 갖추고 있다. 게다가 작품성 높은 영화들이 간과할 수 있는 유머도 갖추고 있다. 웃다가 보면 가슴 한구석을 도끼로 찍히는 듯한 충격을 주기도 한다.

〈기생충〉은 한국영화 100년을 맞이하는 작년 5월 프랑스 칸영화제의 작품상인 황금종려상을 수상했다. 세계 3대 영화제 중 베를린, 베니스 국제 영화제보다 칸영화제의 위상은 가장 높다. 그때도 축제 분위기였지만, 칸영화제는 순수히 작품성 위주로 선택하기 때문에 그동안 흥행과 직결되기 어려운 경우가 많았다. 그러나 아카데미상 4관왕이라는 위업은 흥행과도 연결될 수 있기 때문에 이 두 상의 최고상을 수상했다는 것은 상승효과를 지닐 수밖에 없다. 수상 결과로 영화의 모든 것을 판가름할 수는 없지만, 한국영화 101년에 한국영화계는 산타클로스가 준 핵폭탄급 선물을 받은 것임에 틀림없다.

이제 봉준호 〈기생충〉으로 한국영화계는 비전을 가지고

새로운 도약을 해야 할 것이다. 꿈으로만 여겨왔던 황금종려상과 아카데미 주요 상 4관왕을 한국영화가 받았듯이 더 높은 단계로의 욕심도 내볼 만하다. 그러나 경제적, 문화적 뒷받침이 더해질 때 가능한 일일 것이다. 한국에서 봉준호 감독이 세기에 한 번 나올 만한 천재 감독이 아니길 바란다. 〈기생충〉이 받은 화려한 스포트라이트로 한국영화계에 서광이 비치게 될 것으로 보인다. 바야흐로 영화의 세기가 시작됨으로써 많은 인재들이 영화계로 모이고, 영화계로의 자본 유입 가능성이 높아질 수 있을 것이다. 그러나 중요한 것은 작품성을 가진 영화가 창조될 때 이 모든 시너지가 효과를 발휘할 수 있을 것이다. 봉준호 감독도 감독 초기 어려운 고난의 시절을 겪었다. 제2의 봉준호 감독이 탄생될 수 있도록 사회는 인내하며 기다려주는 힘을 길러야 할는지도 모른다.

4. 미국 아카데미가
〈기생충〉을 선택한 이유

봉준호 감독의 〈기생충〉이 지난 2월 9일(현지 시간)에 열린 제92회 아카데미 시상식에서 최우수 작품상을 비롯하여, 감독상, 각본상, 그리고 국제장편영화상(전 외국어영화상)을 휩쓸며 세계영화사의 새로운 한 페이지를 장식하게 됐다. 〈기생충〉은 이미 지난해 칸영화제에서 황금종려상을 수상했고, 프랑스 최초 100만 관객도 돌파했다. 지난해부터 북미 상영에 들어간 〈기생충〉은 대중 관객의 호응을 받으면서 박스오피스 상위권에 진입했으며, 아카데미 결과에 힘입어 향후 1억 달러 이상의 흥행 수입도 기대된다.

봉준호 감독과 제작진은 지난 2019년 가을부터 오스카 캠페인에 들어갔고, 미 전역 상영관을 떠돌며 홍보에 열중

했는데, 100여 회의 GV로 쌍코피까지 흘렸다고 한다. 참고로 지난해 아카데미에서 감독상과 외국어영화상을 수상한 알폰소 쿠아론의 〈로마〉는 제작사인 리플렉스에서 1200억 원의 오스카 홍보비를 썼다고 한다. 보통 오스카 레이스에 참여하면 2000만 달러 정도의 경비가 소요된다고 한다.

외국 관객들이 〈기생충〉에 열광하는 이유가 도대체 무엇일까? 빈부격차의 계급이라는 '보편적 주제'를 다루었기 때문이라고 말하는 것은 너무 단순한 견해다. 부잣집에 가난한 운전기사나 파출부가 고용되는 것은 일반적 소재일 수 있지만, 운전기사, 파출부, 미술 교사, 과외 교사 모두가 알고 봤더니 한 가족이라는 설정은 매우 이례적이고 특수한 설정이다. 픽션에서나 가능한 얘기라는 것이다.

아무튼 꼭 짚어 이것이라고 할 수는 없겠지만, 외신 반응을 보면 "몰입감 있는 스토리 전개와 예측을 불허하는 결말 처리"가 그들이 이 영화를 재미있게 감상한 포인트가 아닐까 싶다. 요컨대 이 영화는 기존 장르영화의 관습에 익숙한 미국 관객들에게 매우 신선한 이야기로 다가갔다는 것이다. 장르영화에 정통하면서도 기존 장르의 관습으로는 설명할 수 없는 '봉준호식 장르'야말로 그들에게 새로운 영화적 체험을 선사하기에 충분했던 것이라 하겠다.

사실 〈기생충〉이 애초에 목표로 했던 국제장편영화상을 넘어서 작품상까지 수상하게 된 것은 이변 중의 이변이라고 할 만한 사건이다. 샘 멘데스 감독의 〈1917〉과 쿠엔틴 타란티노 감독의 〈원스 어폰 어 타임 인 할리우드〉, 마틴 스코세이지 감독의 〈아이리시맨〉과 토드 필립스 감독의 〈조커〉 등 쟁쟁한 경쟁 작품들을 뒤로 하고 비영어권인 〈기생충〉이 주요 부문상 4관왕이 된 것은 전무후무한 일이다.

그렇다면 아카데미가 〈기생충〉에 몰표를 준 이유는 무엇일까? 최근 몇 년 전부터 아카데미는 변화를 모색해왔다. 영화 전편을 '원 콘티뉴어스 숏one continuous shot'이라는 새로운 기법으로 촬영하여 기술적 완벽성을 과시한 〈1917〉을 제치고 〈기생충〉이 작품상을 거머쥔 것은 여러모로 의미가 있다. 미국 영화인들은 이제 현란한 기술과 화려한 스펙터클보다는 새로운 이야기를 갈망했다는 것이다. 또한 판에 박힌 장르영화들의 확대재생산보다는 새로운 스타일의 영화를 보고 싶어 했다는 것이다. 이에 부합하는 영화가 바로 〈기생충〉이었다.

주석

→ 2장 개별 작품론: 두 개의 시선

1   이춘재 연쇄살인 사건은 1986년도에 발생했으며 공소시효
는 그로부터 15년 후인 2001년에 종료됐다.

2   김경욱 외, 『살인의 추억』(영화와 시선 9), 연세대학교 미디
어아트연구소 편, 새물결, 2006, 250쪽.

3   위의 책, 102쪽.

4   김형주, 「로만 폴란스키의 영화에 나타난 불안과 공포의 미
학―〈악마의 씨〉, 〈차이나타운〉, 〈유령 작가〉를 중심으로」,
『한국콘텐츠학회 논문지』 12권 4호, 한국콘텐츠학회, 2012,
141쪽.

5   사이드 필드, 유지나 역, 『시나리오란 무엇인가』, 민음사, 1992,
126~133쪽.

→ 3장 심층 분석

1   영화 속에서 펼쳐지는 스토리 세계를 전문적인 용어로 디제

시스라고 한다. 본래 그리스어에서 유래한 디제시스란 용어는 '지난 이야기를 자세하게 얘기하기recounted story'쯤으로 번역될 수 있을 터인데, 말하자면 법정에서 지난 사건에 대하여 진술하는 것이 이에 해당할 것이다. 이때 시시비비를 가리기 위해서 중요한 것은 얼마나 조리 있게 논리적으로 자신의 알리바이를 주장하느냐 하는 것이다. 요컨대 사건 자체, 즉 사실들 자체가 진리를 말해주는 것은 아니라는 것이다. 영화 개봉 당시, 범인인 이춘재가 검거되지 않은 상황이었다. 디제시스 구축에 실패한 것이다. 말을 바꾸면, 그 사건 자체는 내러티브 영화에 부합하는 좋은 소재감이 될 수가 없다는 것이다.

2 요컨대 1980년대 후반 부도덕한 전두환 정권이 정권 유지에 급급해 치안을 방치한 결과 부녀자 연쇄살인 사건을 미궁에 빠뜨리고 말았다는 식의 비판적 함의도 작품 전체로 볼 때 부차적인 것일 뿐이다. 그렇다면 여기서 그 작품이 갖는 사회 역사적 맥락을 망각한 채 심미주의에 빠질 우려가 있다는 비판도 제기될 수 있을 것이다. 이에 필자는 한 작품이 갖는 담론적 효과가 진정성을 획득하기 위해서는 먼저 꼼꼼한 텍스트 분석이 선행되어야 하리라는 점을 강조하고 싶다.

3 이 말은 도스토옙스키가 "신이 존재하지 않는다면, 모든 것이 허용된다."라고 했던 것을 라캉이 자기 식으로 역전시킨 것이다. 라캉은 금욕주의적 성자만이 큰 타자와 연계되지

않은 향유를 찾을 수 있다고 했다. 레나타 살레클, 이성민 역, 『사랑과 증오의 도착들』, 도서출판b, 2003, 186쪽 참조.

4   최용호,「라깡과 쏘쉬르 ─ 실재하는 것에 대한 물음」, 김상환, 홍준기 엮음,『라깡의 재탄생』, 창작과 비평사, 2002, 239쪽.

5   브루스 핑크, 맹정현 역,『라캉과 정신의학 ─ 라캉 이론과 임상분석』, 민음사, 2002, 306~307쪽.

6   인지주의적 관점에서〈장화, 홍련〉을 분석했을 때 보았듯이, 여기서 중요한 것은 어느 것(장면)이 현실이고 어느 것이 환상이냐는 것을 분간하는 것이 분석의 주된 목표였다.

7   예컨대 인지주의적 내레이션 이론과 기호학적 발화 작용의 이론들은 그러한 전제에 정확히 부합한다.

8   김진식,『르네 지라르』, 커뮤니케이션북스, 2018, 4쪽.

9   위의 책, 95쪽.

10   지라르는 "낭만적romantic이란 용어를 중개자가 드러남이 없이 나타나는 작품에 사용하고, 소설적romanesque이라는 용어를 중개자의 존재를 드러내주는 작품에 사용할 것"이라고 전제한다. 르네 지라르, 김윤식 역,『소설의 이론Deceit, Desire, and the Novel』, 삼영사, 1994, 27쪽.

11   위의 책, 11~12쪽.

12   위의 책, 18쪽.

13   르네 지라르, 김진식 역,『희생양』, 민음사, 1998.

출처

→ **1장 감독론**

1. **봉준호 감독과의 인터뷰** 인터뷰는 2020년 10월 17일 토요일 오전 10시부터 오후 1시경까지 화상으로 이루어졌고, 김혜리의 도움으로 녹음된 내용을 정리함.

2. **부조리한 사회에 대한 패자들의 유쾌한 반란**＿황영미:『영화평론』18호(2006)에 게재한 글을 바탕으로 그 이후에 제작된 영화를 첨가하여 수정함.

3. **봉준호 영화 삐딱하게 보기**＿김시무

→ **2장 개별 작품론: 두 개의 시선**

1. **플란다스의 개**
봉테일의 빅 픽처＿김시무:『CULTURA』(쿨트라, Vol.61), 도서출판작가, 2019. 7.

봉준호의 헤테로토피아적 공간 _ 황영미

2. 살인의 추억

미국판 〈살인의 추억〉인 〈조디악〉의 경우 _ 김시무

〈살인의 추억〉과 〈차이나타운〉에 나타난 아이러니 _ 황영미 : 『숙명문학』 8호, 와이겔리, 2020. 11. 15.

3. 괴물

괴수의 정치경제학 _ 김시무

〈괴물〉과 〈일본 침몰〉 논란 _ 황영미

4. 마더

엄마라는 이름의 다층적 의미 _ 김시무 : 『공연과 리뷰』 제66호 가을호, 현대미학사, 2009.

디테일로 구현한 우리 시대 어머니의 초상 _ 황영미 : 『영화평론』 제22호, 한국영화평론가협회, 2009.

5. 설국열차

세기의 종말과 시작 _ 황영미 : 『매경이코노미』 제1719호, 『매일경제』, 2013. 8. 7.

계급투쟁이 아닌 탈주 이야기 _ 김시무

6. 옥자

전 지구적 환경문제에 대한 환기_황영미:「황영미의 영화산책」,『세계일보』, 2017. 6. 15.

글로벌과 로컬리티의 대결_김시무

7. 기생충

자본주의와 한국형 가족이기주의가 빚은 희비극_황영미:「황영미의 영화산책」,『세계일보』(2019. 5. 31)에 게재한 글을 수정함.

왜 하필이면 막내딸 기정만 죽는가?_김시무:『여성신문』(2019. 6. 20)에 게재한 글을 수정함.

→ 3장 심층 분석

1. 〈살인의 추억〉: 라캉의 '실재계' 개념을 통한 텍스트 심층 분석_김시무:『영화평론』 제16호, 한국영화평론가협회, 2004.

2. 르네 지라르의 '욕망의 삼각형'을 통한 〈기생충〉의 재해석_김시무·황영미:「르네 지라르의 '욕망의 삼각형'을 통한 〈기생충〉의 재해석」,『영화연구』, 한국영화학회, 2020.

→   4장 기생충의 국제적 현상

1. 〈기생충〉과 아카데미_황영미:『동아일보』오피니언, 2020. 2. 19.

2. 한국적 소재 '글로벌 영화'의 경쟁력_황영미:『문화일보』, 2020. 2. 12.

3. 과연 '기생충'은 누구인가?_황영미:『교수신문』(2020. 2. 14)에
게재한 글을 수정함.

4. 미국 아카데미가 〈기생충〉을 선택한 이유_김시무

봉준호를 읽다

1판 1쇄 인쇄	2020년 11월 16일
1판 1쇄 발행	2020년 11월 25일
지은이	황영미 김시무
펴낸이	임양묵
펴낸곳	솔출판사
편집장	윤진희
편집	최찬미 윤정빈
디자인	오주희
마케팅	이원지
제작관리	박정윤
주소	서울시 마포구 와우산로29가길 80(서교동)
전화	02-332-1526
팩시밀리	02-332-1529
홈페이지	www.solbook.co.kr
이메일	solbook@solbook.co.kr
출판등록	1990년 9월 15일 제10-420호

© 황영미 김시무, 2020

ISBN   979-11-6020-148-2   (03680)